**C. Peter Wagner**
Eine wachsende Gemeinde leiten

*Wenn es Ihnen darum geht, in Ihrer Gemeinde den Status quo beizubehalten; wenn Sie nach Möglichkeiten suchen, Mitgliederabgänge mit Vernunftsgründen zu erklären; wenn Sie zwar an der Pflege, nicht aber am zahlenmäßigen Wachstum der Gemeinde interessiert sind - dann ist dieses Buch nichts für Sie. Möchten Sie jedoch einfach verstehen, was Sie für Ihre Gemeinde tun können, damit diese zur vollen Entfaltung ihrer Möglichkeiten heranwächst, dann allerdings ist dieses Buch für Sie gerade richtig.*

# Eine wachsende Gemeinde leiten

## C. Peter Wagner

Das Geheimnis der fruchtbaren
Zusammenarbeit zwischen Pastor und Gemeinde

Wolfgang Simson Verlag
Lörrach

Deutsch von Arnold Sperling-Botteron

Titel der Originalausgabe »Leading Your Church to
Growth«, Regal Books, Rosemead, USA.

Die Bibelzitate sind der Elberfelder Bibelübersetzung
entnommen.

Umschlaggestaltung: MediaCreativ, Grönenbach
Satz: Martin Fischer-Wachter, Riehen

Printed in Germany


ISBN 3-927534-07-2

# INHALT

Wie verbindlich ist Ihr Christentum?
Anmerkungen

# EINLEITUNG

In diesem Buch geht es um wachstumsorientierte Gemeindeleitung. Dieses Thema ist bewußt eingegrenzt. Das Buch will absichtlich keinen Überblick über gemeindebezogene Leitungstheorien darstellen und ist auch kein Lehrbuch über Pastoraltheologie. Es will auch nicht aufzeigen, wie sich bestimmte organisatorische Grundsätze in einer Gemeinde verwirklichen lassen. Viele andere Bücher haben das getan und damit einen guten Dienst geleistet.

Dieses Buch konzentriert sich ausschließlich auf das Thema Leiterschaft - eine auf das Wachstum der Gemeinde ausgerichtete Leiterschaft. Wenn es Ihnen darum geht, den Status quo beizubehalten, ist dieses Buch nicht für Sie bestimmt. Wenn Sie nach Vernunftsgründen für Mitgliederabgänge suchen, brauchen Sie dieses Buch nicht. Wenn Sie zwar an der Pflege der Herde, nicht aber an ihrem Zuwachs interessiert sind, so gibt es viele andere Bücher, die Ihnen helfen können.

Es forderte mich zum Nachdenken heraus, als ich unlängst eine Kritik der Gemeindewachstumsbewegung las. Der Autor anerkannte, daß in wachsenden Gemeinden neben anderen Faktoren immer wieder deutlich zu sehen ist, daß dynamische Leiterschaft eine wichtige Rolle spielt. Doch dann behauptete er, die Gemeindewachstumsbewegung habe »wenig getan, um über die Art von Leiterschaft, die notwendig sei, zu orientieren«. Er wollte gerne wissen, welche Art von Leiterschaft in welcher Situation am besten paßt.

Das ist, glaube ich, eine genaue Einschätzung der Situation sowie ein berechtigtes Anliegen. Wenn ich an die beträchtliche Menge von Literatur zum Thema Gemeindewachstum denke, die im Verlaufe der letzten anderthalb Jahrzehnte erschienen ist, so finde ich darunter keine fortgesetzte Auseinandersetzung mit der Frage, wie und warum denn Leiterschaft das Wachstum positiv oder negativ beeinflußt.[1] Wohl wird regelmäßig eine starke Gemeindeleitung als positiver Wachstumsfaktor dargestellt, aber immer noch fehlt eine gründliche Analyse. Meine Absicht ist, diesem Mangel abzuhelfen. Das vorliegende Buch wird sicher nicht das letzte über dieses Thema sein. Ich hoffe aber, daß es wenigstens den Weg zu einer fruchtbaren Diskussion ebnet.

Aus dieser Zielsetzung heraus ergibt sich notwendigerweise, daß ich für Vollamtliche wie auch für Laien schreibe. Beide sind unentbehrliche Faktoren für das Wachstum einer Gemeinde, wobei der Begriff Leiterschaft für beide Gruppen eine ziemlich unterschiedliche Bedeutung besitzt. Ich sage es jedoch schon jetzt: Ich bin für eine starke Gemeindeleitung. Ich weiß natürlich genau, daß diese in vielen unterschiedlichen Stilarten ihren Ausdruck finden kann. Zum anderen werde ich mich für eine sensible Mitarbeit der Laien aussprechen, um Extreme wie Passivität oder Unterwürfigkeit zu vermeiden. Ohne eine gute Zusammenarbeit von Pastor und Laien gibt es kein kräftiges Wachstum der Gemeinden. Zahlreiche Pastoren verstehen einfach nicht die ihnen von Gott übertragene Verantwortung zur Leiterschaft. Aber auch wenn sie diese entdecken, sind viele unter ihnen nicht imstande, ihrer Gemeinde zu einem Wachstum zu verhelfen, weil die maßgeblichen Laien-Verantwortlichen der Gemeinde nie erkannt haben, wie man mit einem Pastor, der Wachstum will, zusammenarbeitet. Ich hoffe und bete, Gott möge dieses Buch gebrauchen, um Verständnis und Harmonie zwischen Pastoren und Laien zu bewirken, um unnötige Wachstumshindernisse in vielen Gemeinden zu beseitigen, damit das Reich Gottes den Scharen offensteht, die noch zum Glauben an Jesus kommen werden, um seinen Namen zu verherrlichen.

### Anmerkung

1. Der Teil VI »Gemeindewachstum fördern« in Donald A. McGavrans 1990 neuaufgelegtem Buch »Gemeindewachstum verstehen« (Wolfgang Simson Verlag, Lörrach) befaßt sich zum größten Teil mit Grundsätzen des evangelistischen Brückenschlages, konkreter Zielsetzung und Planung, nicht aber mit der Wechselbeziehung zwischen dem Pastor und den Gemeindegliedern.

# 1.
## WARUM EINE WACHSENDE GEMEINDE?

Wie wichtig ist die Person des Gemeindeleiters, wenn die Gemeinde wachsen soll? Welcher Stellenwert kommt ihm zu?

Es liegt auf der Hand, zunächst einmal nach dem Sinn von Gemeindewachstum überhaupt zu fragen. Inwieweit ist es gerechtfertigt, zahlenmäßiges Wachstum als ein Ziel der örtlichen Gemeinde anzusehen? Wenn Wachstum unerwünscht oder belanglos wäre, hätte es wenig Wert, sich darum zu bemühen, eine Gemeinde in diese Richtung führen zu wollen. Aus diesem Grunde ist es nötig, gleich zu Beginn die Frage zu erörtern: Besitzt Gemeindewachstum seine Berechtigung?

Die Gemeindewachstumsbewegung hat unumwunden erklärt, daß Gemeindewachstum nicht nur ein berechtigtes Anliegen ist, sondern dem ausdrücklichen Willen des allmächtigen Gottes entspricht. Seit Donald McGavran die Bewegung 1955 gründete, hat er mit der unermüdlichen Beharrlichkeit eines Propheten bezeugt, daß Gott seine verlorenen Schafe finden und in die Herde bringen möchte. Diejenigen, die sich mit der von McGavran ausgelösten Bewegung identifizieren können - und ich selbst zähle mich zu diesen -, haben als biblischen Bezugspunkt stets auf den Missionsauftrag Jesu hingewiesen:»Geht nun hin und macht alle Nationen zu Jüngern« (Matth. 28,19).

Während der ersten Jahre war praktisch die ganze Wachstumsforschung und -schulung auf die Dritte Welt ausgerichtet. McGavran gründete 1965 die *Fuller School of World Mission* in Pasadena, Kalifornien, und die mehr als 400 Diplomarbeiten und Dissertationen, die seitdem geschrieben wurden, haben sich fast ausschließlich auf die Verbreitung des Evangeliums in Asien, Afrika und Lateinamerika konzentriert. Erst 1972 wurden anfängliche und versuchsweise Anstrengungen unternommen, um festzustellen, ob sich Gemeindeaufbaugrundsätze auch auf die amerikanische Szene anwenden lassen.

Viele amerikanische Pastoren und kirchliche Mitarbeiter betrachteten die Lehrinhalte der Gemeindewachstumsbewegung als hilfreiche Ergänzung zu ihrer theologischen Ausbildung. Der

Einfluß der Bewegung nahm ständig zu. Der Gemeindeberater Lyle E. Schaller wertete in seinem Überblick über das religiöse Panorama Amerikas die Gemeindewachstumsbewegung als »die einflußreichste Entwicklung der siebziger Jahre«.

Zunächst interessierten sich hauptsächlich evangelikale Personen, Lokalgemeinden und Denominationen für die Inhalte der Gemeindewachstumsbewegung. Die »Church of the Nazarene«, die »Evangelical Covenant Church«, die »Southern Baptists« und die »Missouri Synod Lutherans« gehörten von Anfang an zu den eifrigsten Vertretern. Das Ausmaß der veröffentlichten Literatur war beträchtlich. Theologische Ausbildungsstätten nahmen das Fach Gemeindewachstum in ihren Lehrplan auf.[2] Es entstanden Institute, die Kurse zum Thema Gemeindewachstum anboten und praktische Schulungen in örtlichen Gemeinden durchführten. Einzelne Personen sind zu professionellen Gemeindewachstumsberatern geworden und arbeiten auf konfessioneller wie auf überkonfessioneller Basis.[3] Meines Wissens war es die »Evangelical Covenant Church«, die als erste Denomination ein nationales Büro für Gemeindeaufbauberatung eröffnete; doch auch andere Denominationen richteten ähnliche Distrikts- und Konferenzbüros ein.

Mitte der 70er Jahren betrachteten die meisten der traditionellen Kirchen die Gemeindewachstumsbewegung mit großem Argwohn. Es wurden Bücher veröffentlicht mit Titeln wie »*Church Growth Is Not the Point*«. Doch gegen Ende des Jahrzehnts nahm der Mitgliederschwund in diesen Kirchen, welcher in den sechziger Jahren eingesetzt hatte, derartige Ausmaße an, daß sich viele Kirchenführer beunruhigt zeigten. Die üblichen Versuche, diesen Mitgliederschwund mit theologischen Argumenten zu erklären, klangen hohl. In einer vom *National Council of Churches* ausgearbeiteten Studie »Was tun die herkömmlichen Kirchen in Sachen Evangelisation?« heißt es, »die große Neuigkeit der vergangenen drei Jahrzehnte ist, daß die Gemeindewachstumstheorie, die ihren Ursprung im Fuller Seminary hat, in den großen Denominationen Fuß gefaßt hat«.[4] So schreibt Richard G. Hutcheson jr. in seinem fesselnden Buch »*Mainline Churches and the Evangelicals*«. Zum Teil bestand die Reaktion der traditionellen Denominationen auf die Gemeindewachstumsbewegung in einer fortgesetzten Kritik. Es waren vor allem die mehr sozial engagierten Christen, die in Artikeln und Büchern die Sozialethik der Gemeindewachstumsbewegung als wenig überzeugend beurteilten.[5] Doch Hutcheson sagt:»Trotz der Kontroverse ist die Gemeindewachstumstheorie eindeutig und in beachtlichem Ausmaß von den traditionellen Kirchen aufgenommen worden.«[6]

Als einen der Gründe für ihr Zögern, sich die Gemeindewachstumslehre zu eigen zu machen, nannten einige der traditionellen Kirchen ihre Verlegenheit, einzugestehen, daß der Frage nach dem Überleben eine berechtigte Priorität zukommen könnte. Es dauerte geraume Zeit, bis die rebellische anti-institutionelle Sozialpsychologie der 60er Jahre an Einfluß verlor. Doch jetzt verändert sich das Klima. Die *United Church of Christ*, die seit 1965 über 300.000 Mitglieder verlor, schrieb kürzlich in einer ihrer offiziellen Publikationen:»Es ist an der Zeit, daß die UCC-Gemeinden dem Mitgliederschwund Einhalt gebieten und sich Wachstumsziele setzen.«[7] William P. Thomson, Erster Sekretär der *United Presbyterian Church*, gab vor der Generalversammlung von 1982 bekannt, daß die Kirche allein im vorangegangenen Jahr 46 232 Mitglieder verloren habe. Thompsons Kommentar dazu:»Der Mitgliederverlust läßt sich nicht wegdiskutieren ... Er ist eine Anklage an unseren trägen Eifer für die Sache des Evangeliums und zeigt Schwächen bei der Gewinnung und sinnvollen Beteiligung von neuen Mitgliedern auf. Dafür tragen wir alle die Verantwortung.«[8]

## Ist es in Ordnung, nicht zu wachsen?

Ein weiterer Grund, weshalb sich viele Verantwortliche der Großkirchen der Gemeindewachstumslehre gegenüber verschlossen hatten, war eine gewisse übertrieben-enthusiastische Überheblichkeit auf seiten mancher Verfechter des Gemeindewachstums. Auch ich gehörte zu ihnen. In der ersten Zeit sagten wir oft:»Jede Gemeinde kann wachsen, wenn sie nur will.« Und dann der logische Folgesatz:»Jede Gemeinde sollte wachsen. Wenn ihre Gemeinde nicht wächst, stehen sie nicht im Willen Gottes.« Nur noch wenige Gemeindewachstumslehrer machten allerdings solche verallgemeinernden Aussagen. Man hat inzwischen gelernt, auf die Kritiker zu hören. Die Perspektiven haben sich geweitet. Die Standpunkte sind ausgereifter.

Überall gibt es zahlreiche kleinere Gemeinden mit 200 oder weniger aktiven Mitgliedern, die es innerlich fast zerreißt, wenn sie mit der Frage konfrontiert werden, ob sie wachsen wollen oder nicht. Für sie ist es viel schwerer, auf eine solche Frage mit ja zu antworten, als für die meisten mittelgroßen oder großen Gemeinden. Woher kommt das? Der Grund dafür ist ihr Wertsystem. Sie haben sehr großen Wert darauf gelegt, eine Ein-Zellen-Gemeinde zu sein. Carl S. Dudley, der die Dynamiken kleiner Gemeinden wie kaum ein anderer analysiert hat, sagt:»Die Erfahrung, einer kleinen Gemeinde anzugehören, erfüllt ein grundlegendes menschliches Bedürfnis nach sozialer Stellung und metaphysischer Ordnung.«[9].

Gemeinden, die eine Zeitlang klein geblieben sind, sind nicht einfach Miniaturausgaben großer Gemeinden. Sie besitzen einen völlig anderen Charakter. Der Hauptunterschied liegt in den zwischenmenschlichen Beziehungen. In der kleinen Gemeinde gibt es keine Fremden. Jeder kennt jeden. Die soziale Situation ist voraussagbar und darum beruhigend. Die Bewahrung dieses Wertes durch die Beibehaltung des Status quo ist für viele Gemeindeglieder sehr wichtig.

Carl Dudley weist darauf hin, daß dies das wichtigste Hindernis das Wachstum kleiner Gemeinden ist. Die Intimität der kleinen Gemeinde ist nicht eine Zufälligkeit, sondern Bestandteil ihres eigentlichen Wesens. Dudley meint:»Das wesentliche Merkmal der kleinen Gemeinde besteht eben in dieser Fähigkeit, sich um die Menschen persönlich zu kümmern. Die kleine Gemeinde kann nicht mitgliedermäßig wachsen, ohne ihre kostbarste Anziehungskraft, ihre Intimität, preiszugeben.«[10]

Manche kleine Gemeinden sind allerdings bereit, ihr Festhalten am»behagliches Nest« der eigenen vertrauten Gruppe aufzugeben und zu wachsen. Häufig können sie aber wegen ihrer sozial festgefahrenen Situation hier nicht über ihren Schatten springen. Solche Gemeinden sind todkrank. Entweder verändert sich die Art ihre Gemeinschaft grundlegend, oder - wie es in manchen ländlichen Gegenden der Fall ist - die Gemeinde hat keine Zukunft. Realistisch eingeschätzt, wird die Gemeinde sterben. Die Wachstumsmöglichkeit ist gleich null. Man sollte Gemeinden, die sich in einem solchen Stadium befinden und nicht wachsen, keinen Vorwurf machen; was sie brauchen, ist Beistand und Rat. Solche »Krankheiten« sind übrigens nicht nur auf kleine Gemeinden beschränkt. Sie können auch den Tod mittelgroßer und großer Gemeinden bedeuten.

Andere Gemeinden wachsen, obwohl sie zahlenmäßig vor Ort nicht zunehmen. Gemeinden in einer Umgebung mit extrem hoher Mobilität, wie zum Beispiel einer Universitätsstadt oder einer Stadt mit viel Militärpersonal, wächst nicht so leicht. Es ist nichts Ungewöhnliches für solche Gemeinden, wenn sie eine jährliche Austrittsrate von 30 Prozent oder mehr verzeichnen. Der nationale Durchschnitt liegt in den USA bei 7 Prozent. Viele dieser Gemeinden haben ein ausgezeichnetes Evangelisationsprogramm. Sie führen eine ansehnliche Anzahl von Nichtgläubigen zu Jesus Christus und nehmen sie in die Gemeinde auf; und doch bleibt die Gemeinde Jahr für Jahr gleich groß.

Von diesen drei Gemeindearten - kleinen Gemeinden mit ausgeprägter Ein-Zellen-Struktur, todkranken Gemeinden und Gemeinden in einer sehr mobilen Umgebung - sollte man kein besonderes Wachstum erwarten. Wir müssen allerdings einräumen, daß Gott solche Gemeinden durchaus einen anderen Weg führen und sie dabei segnen und sie zu seiner Verherrlichung gebrauchen kann. Wenn Gott diese Gemeinden so führt, dann läßt sich nichts dagegen einwenden, wenn sie nicht wachsen. Es gibt viele bewundernswert hingegebene Pastoren, die berufen sind, solchen Gemeinden zu dienen. In Anbetracht ihrer Persönlichkeit, ihres Temperamentes, ihrer geistlichen Gaben, ihres Gesundheitszustandes, ihres Alters, ihrer Familiensituation oder irgendeiner Kombination dieser Umstände werden sie wahrscheinlich nie eine wachsende Gemeinde leiten. Ich möchte keinen Zweifel daran lassen, daß Gott solche Gemeindeleiter nichtsdestoweniger liebt. Wenn er sie liebt, so sollten auch wir - ich eingeschlossen - sie ebenfalls von ganzem Herzen lieben. Nichts liegt mir ferner, als daß irgend etwas in diesem Buche als eine Herabwürdigung dieser Männer und Frauen Gottes verstanden werden könnte.

Doch es gibt Tausende von Pastoren, deren Gemeinden trotz vorhandener Wachstumsmöglichkeiten dennoch nicht wachsen. Die Hindernisse für das Wachstum dieser Gemeinden lassen sich eigentlich recht einfach identifizieren. Damit ergibt sich natürlich auch die Möglichkeit, diese Wachstumshindernisse gezielt aus dem Weg zu räumen. Es sind diese Pastoren und diese Gemeinden, an welche sich das vorliegende Buch richtet. Wenn es dort, wo Wachstumsmöglichkeiten an sich vorhanden wären, aufgrund mangelnden Wachstums zu Schuldgefühlen kommen sollte, so wäre ich deswegen durchaus nicht unglücklich. Ich meine sogar, daß das ein Wink vom Heiligen Geist selbst sein könnte. Weshalb? Weil - abgesehen von den von mir bereits erwähnten Ausnahmen - Gemeindewachstum dem Willen Gottes entspricht. Ich möchte das eingehender ausführen.

## Gemeindewachstum und der Wille Gottes

Die Bibel bejaht wachsende Gemeinden. Theologen bestätigen, daß der Hauptzweck des Kommens Jesu auf diese Erde darin bestand, daß er am Kreuz starb, um die Menschheit zu erlösen. Das Kreuz, zusammen mit der Auferstehung, ist der Mittelpunkt der Weltgeschichte. Jesus selber sagt: »Der Sohn des Menschen ist gekommen, zu suchen und zu erretten, was verloren ist« (Luk. 19,10). Wer sind die Verlorenen? Offensichtlich sind es jene Menschen in der Welt, die die Gute Nachricht, daß Jesus am Kreuz für ihre Sünden gestorben ist, noch hören und annehmen sollten. Wenn sie das glauben und Jesus als Heiland und Herrn anerkennen, werden sie mit Gott versöhnt und sind nicht länger verloren. Joh. 3,16 faßt dies so zusammen:»Denn so sehr hat Gott die Welt geliebt, daß er seinen eingeborenen Sohn gab, damit jeder, der an ihn glaubt, nicht verloren gehe, sondern ewiges Leben habe.«

Auf welche Weise soll die Gute Nachricht vom Heil durch Jesus Christus den Verlorenen vermittelt werden? Jesus selbst tut es nicht und will es auch nicht tun. Er hat diese Verantwortung absichtlich seinen Nachfolgern übertragen. An einer Stelle vergleicht er die verlorenen Menschen der Welt mit einem Erntefeld und gebot seinen Jüngern, »den Herrn der Ernte zu bitten, Arbeiter in seine Ernte zu senden« (Matth. 9,38). Gott ist es, der nach den Worten des Apostels Paulus die Ernte heranreifen läßt: »Ich habe gepflanzt, Apollos hat begossen, Gott aber hat das Wachstum gegeben« (1.Kor. 3,6). Doch während Gott wohl die

Ernte *reifen* läßt, *bringt er sie nicht selber ein.* Er erwartet von uns als seinen Beauftragten, daß *wir* die Ernte einbringen.

Das ist eine schwerwiegende Verantwortung. Jesus sagte zu seinen Jüngern:»Wenn ihr jemandem die Sünden vergebt, dem sind sie vergeben, wenn ihr sie jemandem behaltet, sind sie ihm behalten« (Joh. 20,23). Dicke theologische Bücher sind darüber geschrieben worden, doch eines ist klar. Wenn wir nicht den Verlorenen die Evangeliumsbotschaft bringen, werden sie verloren bleiben. So heißt es im Römerbrief:»Wie aber werden sie hören ohne einen Prediger? ... Wie geschrieben steht: 'Wie lieblich sind die Füße derer, die das Evangelium des Friedens verkündigen'« (Röm. 10,14-15).

Mit diesem Gedanken erteilte Jesus den Jüngern seinen allerletzten Auftrag. Er kam auf die Erde, führte ein Leben ohne Sünde, lehrte seine Jünger, wurde am Kreuz hingerichtet, stand von den Toten auf und erschien seinen Jüngern vierzig Tage lang. Nach all diesem sagte er zum Schluß, ehe er in die Wolken aufgehoben wurde:»Ihr werdet Kraft empfangen, wenn der Heilige Geist auf euch gekommen ist; und ihr werdet meine Zeugen sein, sowohl in Jerusalem als auch in ganz Judäa und Samaria und bis an das Ende der Erde« (Apg. 1,8). Wenn wir diesen großen Auftrag nicht ernst nehmen, haben wir den Kern des historischen Christentums nicht begriffen.

Was Gott von uns in bezug auf den Missionsbefehl erwartet, wird in den Schlußworten des Matthäusevangeliums eingehender dargestellt.»Geht nun hin und macht alle Nationen zu Jüngern, indem ihr diese tauft auf den Namen des Vaters und des Sohnes und des Heiligen Geistes, und lehrt sie alles zu bewahren, was ich euch geboten habe!« (Matth. 28,19-20). Drei der Tätigkeitswörter in dieser Aussage stehen im griechischen Grundtext in der Partizip-Form: *gehen, taufen* und *lehren. Zu Jüngern machen* hingegen weist die Befehlsform auf. Was Gott also von seinen Jüngern erwartet, ist, daß sie darum bemüht sind, daß nach Möglichkeit jeder verlorene Mensch auf der Erde ein Jünger Jesu Christi wird.

Woran wird ein Jünger erkannt? Offensichtlich ist er ein Mensch, der sich von seiner früheren Lebensweise abgewendet und Jesus als Herrn und Heiland anerkannt hat. Aber ein verbales Glaubensbekenntnis allein genügt nicht. Jesus sagte: »An ihren Früchten werdet ihr sie erkennen« (Matth. 7,16). Es gibt viele vom Heiligen Geist gewirkte Früchte im Leben eines echten Christen. Doch auf eine Frucht als Kriterium der Jüngerschaft hat sich die Gemeindewachstumsbewegung besonders konzentriert: die verantwortungsvolle Gemeindemitgliedschaft. Diese Wahl mag zwar etwas willkürlich erscheinen; doch Jesus nennt bei einer anderen Gelegenheit den Zweck seines Kommens, indem er sagte: »Ich will meine Gemeinde bauen« (Matth. 16,18). Die Gemeinde wird der Leib Christi genannt. Sie ist die Braut Christi. Sie liegt Gott sehr am Herzen. Hingabe an Christus ohne eine gleichzeitige Hingabe an den Leib Christi, die Gemeinde, ist unvollständig.

Evangelisation bedeutet nicht nur, Menschen mit der Evangeliumsbotschaft zu erreichen und sie zur Entscheidung für Christus zu führen, sondern heißt auch, sie zu Jüngern zu machen. Die von mir bevorzugte Definition von Evangelisation ist jene, die von den anglikanischen Erzbischöfen 1918 aufgestellt wurde: »Evangelisieren heißt, Jesus Christus in der Kraft des Heiligen Geistes so zu bezeugen, daß Männer und Frauen durch Ihn ihr Vertrauen auf Gott setzen, Ihn als ihren Heiland annehmen und Ihm als ihrem König in der Gemeinschaft Seiner Gemeinde dienen.« Das verknüpft die Hingabe an Christus mit der Hingabe an die Gemeinde.

Gottes Wille ist klar. Er will nicht, »daß Menschen verloren gehen, sondern daß alle zur Buße kommen« (2.Petr. 3,9). Er möchte, daß überall Männer und Frauen zu ihm und in die Gemeinde Jesu Christi kommen. Mit anderen Worten: Es ist Gottes Wille, daß die christlichen Gemeinden wachsen.

Eine Modellgemeinde im Neuen Testament ist die Jerusalemer Urgemeinde, die an Pfingsten ins Leben gerufen wurde. An diesem einen Tag wurden zum Kern der Hundertzwanzig dreitausend neue Glieder hinzugetan. Sie wurden getauft, sie wuchsen im Verständnis der christlichen Lehre, sie kamen regelmäßig zum Gottesdienst zusammen, sie teilten ihre materiellen Güter untereinander, sie dienten mit ihren geistlichen Gaben. Als Folge davon wuchs die Gemeinde, und »der Herr tat täglich hinzu, die gerettet werden sollten« (Apg. 2,47). So sah eine gesunde Gemeinde aus. Eines der Merkmale gesunder Gemeinden besteht tatsächlich darin, daß sie wachsen.

## Und wozu die vielen Zahlen?

Manche sagen, sie möchten sich nicht auf die Gemeindewachstumsbewegung einlassen, weil sie nicht das »Spiel mit Zahlen« mitmachen wollen. Sie meinen, Gemeindeaufbau beschäftige sich zuviel mit dem Erstellen von Statistiken, mit Wachstumsgraphiken, mit dem Errechnen von Zehnjährlichen Wachstumsraten, mit dem Vergleichen einzelner Gemeinden und dem Setzen von meßbaren Wachstumszielen. Manche sind über diese Dinge so erbost, daß sie Gemeindewachstum als pure »Zahlenvergötterung« bezeichnet haben.

Vor einiger Zeit nahm ich an einer Diskussionsrunde teil. Einer der Teilnehmer ereiferte sich wegen der Sache mit den Zahlen und ließ sich im Verlauf der Diskussion zu der Aussage hinreißen: »In meiner Bibel steht, daß wir die Schafe *weiden*, nicht aber *zählen* sollen!« Damals gab ich keine Antwort darauf, doch später las ich Phillip Kellers Buch »Psalm 23 - Aus der Sicht eines Schafhirten«. Keller ist Schafzüchter von Beruf und zugleich ein einfühlsamer Schriftsteller. Keller äußert sich eingehend über das Weiden der Schafe. In diesem Zusammenhang sagt er: »Aus diesem Grunde ist es so wichtig für einen Schafhirten, daß er seine Herde jeden Tag aufmerksam kontrolliert und die Schafe *zählt*, ob sie auch noch alle auf den Beinen sind.«[11] Er erzählt, welch ein großer Segen es sei, wenn ein Mutterschaf Zwillingslämmer anstatt nur ein einziges Lamm bekommt. Ich glaube, die Zählung von Schafen ist ein solch natürlicher Bestandteil des Hirtenlebens, daß Jesus es als selbstverständlich voraussetzte, daß seine Nachfolger es wußten. Es ist biblisch, die Schafe zu weiden, aber auch sie zu zählen.

Gott selber zählt sehr viel. Er hat sogar die Haare auf dem Kopf eines Menschen gezählt. Wenn ein Mensch zum Glauben an Jesus Christus kommt, wird der Name eines jeden im Buch des Lammes aufgeschrieben. Auch die kleinste Person ist wichtig im Himmel und wird dort beachtet. Es herrscht Freude im Himmel über *einen* Sünder, der umkehrt (Luk. 15,7); also muß dort oben jemand bestens informiert sein.

So wie ich es sehe, bemühen sich Menschen, die etwas gegen Zahlen haben, jede Oberflächlichkeit im christlichen Leben zu vermeiden. Ich stimme damit überein. Ich bin überhaupt nicht an bloßen Namen auf Gemeindemitgliederlisten interessiert. Es gibt schon zu viele nominelle, untätige und nicht in Gemeinden eingebundene Kirchenmitglieder. Ich bin nicht interessiert an Gemeinden, die nichts anderes als religiöse gesellschaftliche Clubs sind. Ich bin auch nicht interessiert an Entscheidungen für Christus, deren Zahl durch Handaufheben oder durch »Nachvornekommen« in einer Evangelisationsversammlung ermittelt wird. Ich bin nicht interessiert an Christen, die wohl sagen, daß sie an Christus glauben, aber dieses Bekenntnis nicht im Alltag ausleben. Solche Zahlen sind tatsächlich unwichtig.

Was mich brennend interessiert, sind ehemals verlorene Männer und Frauen, die inzwischen wirklich an Jesus Christus glauben und wiedergeboren sind. Ich bin sehr interessiert an echten Jüngern, die täglich ihr Kreuz auf sich nehmen, um Jesus nachzufolgen. Ich bin interessiert an Menschen, die Jesus als ihren Herrn anerkennen. Ich bin interessiert an geisterfüllten Menschen, welche um die Kraft des Heiligen Geistes wissen und ihre Geistesgaben gebrauchen. Ich bin interessiert an verantwortungsvollen Gemeindegliedern, die »in der Lehre der Apostel und in der Gemeinschaft verharren, im Brechen des Brotes und in den Gebeten« (Apg. 2,42), wie es die Gläubigen in der Jerusalemer Gemeinde taten.

Wenn es um Zahlen dieser Art geht, so bedeuten sie viel mehr als ein bloßes »Spiel mit Zahlen«. Hier geht es um mehr als um naive Neugier. Hier geht es um Leben und Tod, um Zeit und Ewigkeit. Das Allerwichtigste steht auf dem Spiel, denn »wer den Sohn hat, hat das Leben; wer den Sohn Gottes nicht hat, hat das Leben nicht« (1.Joh. 5,12).

## Mitglied sein allein genügt nicht

Quantität ohne entsprechende Qualität genügt nicht. Aber was Qualität genau bedeutet, versteht sich nicht von selbst.

Allzuoft habe ich Menschen getroffen, die mir sagten: »Unsere Gemeinde ist an Qualität interessiert und nicht an Quantität.«

Ich hätte lieber, sie würden sagen:»Unsere Gemeinde ist sowohl an Qualität wie an Quantität interessiert.« Dem kann ich von Herzen zustimmen; aber ich glaube nicht, daß wir Qualität gegen Quantität ausspielen sollten. Wir können und sollten beides haben.

Es geht bei der Diskussion um die Qualität einer Gemeinde um mindestens zwei entscheidende Themenkreise. Einmal geht es darum, einen gültigen Maßstab für Qualität zu finden, und zum anderen besteht die Möglichkeit, daß die wahren Gründe für einen Konflikt mit dem Thema »Qualität« weniger theologischer als psychologischer Natur sind.

Es kommt z. B. vor, daß eine Gemeinde starkes Wachstum erlebt. Ein Pastor bemerkt dazu über die Arbeit eines Kollegen in der Nachbarschaft:»Oh ja, die Gemeinde von soundso wächst; aber ich habe da ein paar Anfragen. Predigt der Pastor auch wirklich das *Evangelium*? Ist das Endresultat auch tatsächlich eine *Gemeinde*?« Bemerkungen wie diese habe ich bei unzähligen Gelegenheiten gehört.

Wir müssen sehr nachdrücklich darauf hinweisen, daß Fragen nach der Qualität einer bestimmten Gemeinde naturgemäß unbeantwortet bleiben müssen. Gegenwärtig besitzen wir keinen Maßstab, der sowohl vom Fragesteller wie auch von der fraglichen Gemeinde akzeptiert würde. Bis dahin konnten wir wohl die Qualität zweier Gemeinden, welche die gleiche Auffassung vom geistlichen Dienst besitzen, miteinander vergleichen, oder wir konnten die Entwicklung, die eine Gemeinde in einem bestimmten Jahr aufweist, mit jener vom Vorjahr vergleichen. Doch auch darin sind uns Grenzen gesetzt.

Jeder besitzt seine eigene Vorstellung davon, worin denn eigentlich die hohe Qualität einer Gemeinde besteht. Pfingstgemeinden haben ein spezielles Augenmerk darauf, wie groß der Prozentsatz derer ist, die im Heiligen Geist getauft sind und in neuen Sprachen reden. Die *Southern Baptists* sehen das anders. Bei ihnen zählt die Anzahl derer, die sich für die (Erwachsenen-)-Sonntagsschule eingeschrieben haben. Die Episkopalkirche sieht es wieder anders. Dort kommt es auf die Zahl der Abendmahlsteilnehmer an. Damit sind wiederum die Quäker nicht einverstanden. Bei ihnen gilt, wie viele sich für Gewaltlosigkeit einsetzen.

Bei den Sieben-Tage-Adventisten zählen die Personen, die den Zehnten geben. Die Lutheraner trinken Bier und kämpfen für unverfälschte Lehre. Bibeltreue Baptisten kämpfen ebenfalls für unverfälschte Lehre, trinken aber kein Bier. Presbyterianer glauben, daß Heiligung ein Prozeß ist, während die Nazarener überzeugt sind, sie sei etwas Plötzliches und Vollkommenes.[12]

Richard L. Gorsuch von der *Fuller Seminary School of Psychology* und ich haben versucht, Ordnung in das Ganze zu bringen. Wir haben uns zusammengetan, um an der Entwicklung eines geeigneten Maßstabes für Gemeindequalität zu arbeiten. Wir brauchten einen Maßstab, der von den verschiedensten Denominationen weltweit akzeptiert werden könnte. Er mußte einfach genug sein, daß ihn ein Pastor ohne Hilfe eines Computers benutzen kann. Uns ist ein bescheidener Anfang gelungen, doch es gibt noch eine Menge zu tun. Die Ergebnisse der ersten Forschungsphase wurde in der Zeitschrift *Leadership* publiziert, die auch an diesem Projekt beteiligt ist.

Eine Befragung von Hunderten von Pastoren hat es uns ermöglicht, eine vorläufige Aufstellung meßbarer Qualitätsfaktoren im Leben einer Gemeinde in folgender Rangordnung zu machen. Die zwölf Faktoren sind:

1. *Bibelkenntnis.* Die Gemeindeglieder wachsen im Verständnis biblischer Lehre. Sie können diese mit einem theologischen System verbinden, das es ihnen ermöglicht, die Lehren der Bibel auf ihre Lebenssituationen anzuwenden.

2. *Persönliche Frömmigkeit.* Die Gemeindeglieder verbringen täglich Zeit im Gebet sowie mit Bibellesen, Nachdenken und anderen Formen eines geistlich disziplinierten Lebens.

3. *Gottesdienstbesuch.* Die Gemeindeglieder nehmen regelmäßig an den Gottesdiensten der Gemeinde teil.

4. *Zeugnisgeben.* Die Gemeindeglieder versuchen regelmäßig, mit Nichtgläubigen über ihren Glauben an Jesus Christus zu reden.

5. *Laiendienst.* Die Laien der Gemeinde engagieren sich auf Gebieten wie Lehrdienst und Jüngerschaftsausbildung. In

manchen Fällen geschieht dies durch Bewußtmachung, Entfaltung und Gebrauch ihrer Geistesgaben.

6. *Mission.* Die Gemeinde unterstützt tatkräftig die Mission, indem sie wirkungsvolle Programme zur Rekrutierung, Aussendung und finanziellen Unterstützung von Missionaren im In- und Ausland aufstellt und realisiert.

7. *Geben.* Die Gemeindeglieder geben einen angemessenen Teil ihres Einkommens für die örtliche Gemeinde und/oder für andere christliche Dienste.

8. *Gemeinschaft.* Die Gemeindeglieder wachsen in ihren persönlichen Beziehungen untereinander durch regelmäßige Teilnahme an verschiedenen Gemeinschaftsgruppen der Gemeinde.

9. *Auffällig anderer Lebensstil.* Die Gemeindeglieder bezeugen ganz allgemein ihren Glauben an Christus dadurch, daß sie einen Lebensstil pflegen, der sich klar und erkennbar von jenem der Nichtchristen am gleichen Ort unterscheidet.

10. *Einstellung zur Religion.* Die Gemeindeglieder betrachten ihr Engagement in der Gemeinde nicht in erster Linie als Mittel zur Befriedigung persönlicher Bedürfnisse, sondern vor allem als Dienst für Gott.

11. *Öffentliche Diakonie.* Die Gemeindeglieder helfen anderen, die nicht zur Gemeinde gehören. Dazu gehört der persönliche Einsatz für die Armen und Notleidenden oder die Unterstützung von Hilfsprogrammen für Bedürftige.

12. *Soziale Gerechtigkeit.* Entweder durch die Gemeinde als solche oder über spezialisierte christliche Gruppen setzen sich die Gemeindeglieder für die Veränderung von sozio-politischen Strukturen ein, um zu einer moralischeren und gerechteren Gesellschaft beizutragen.

Wie man jede Gemeinde bewerten, ihren Dienst einschätzen und auf einer Skala, sagen wir mit einer Einteilung von 1 bis 100, plazieren kann, haben wir allerdings noch nicht endgültig herausgefunden. Im besten Fall wird es wahrscheinlich einige Jahre dauern, funktionale Meßkriterien zu entwickeln und in der Praxis ausreichend zu erproben. In der Zwischenzeit werden Fragen betreffend der Qualität einer Gemeinde wohl rein akademischer Natur zu bleiben haben.

Manche Pastoren benutzen die Frage nach Qualität nur als ein Mittel zur psychologischen Abschirmung der eigenen Person, sozusagen zur Selbstverteidigung. Trotz allem, was sie sagen, geht es ihnen in Wirklichkeit gar nicht um eine objektive Einschätzung der Gemeindequalität. Es geht ihnen vielmehr um die Wahrung der Selbstachtung.

Das Selbstverständnis einer Gemeinde überträgt sich oft auf den Pastor. Eine kleine, passive Gemeinde, die sich selbst wenig zutraut, wird aller Wahrscheinlichkeit nach auch einen Pastor haben, der auf die gleiche Weise empfindet. Dieser sucht natürlich nach Bestätigung. Bestätigung für seinen Dienst hätte er, wenn die Gemeinde wachsen würde - nur, sie wächst eben gerade nicht. Und es wird von ihr ja auch gar nicht erwartet. Wenn sich die Selbstachtung einer Gemeinde (und eines Pastors) schon nicht durch Wachstum (Quantität) verbessert, woher soll sie denn dann eigentlich kommen? Auf irgend etwas muß man doch stolz sein können!

Richtig: Auf die Qualität der Gemeinde! Doch welche Art von Qualität ist in solch einem Fall gemeint? Man spricht z. B. von Trost, und denkt dabei an die von Liebe getragenen, persönlichen, aufbauenden Beziehung der Gemeindeglieder zueinander. Das ist jedoch weder objektiv noch meßbar, sondern eine äußerst vage und sehr subjektive Aussage.

Wenn die obige Beschreibung zutrifft, würde ich erwarten, daß etliche der Pastoren, die jetzt das Banner »Qualität statt Quantität« hochhalten, sich dagegen wehren würden, wenn jemand versuchen würde die »Gemeindequalität« zu objektivieren und zu messen. Es ist einfach zuviel Risiko für sie selbst damit verbunden. Was wäre nämlich, wenn eine wachsende Gemeinde weiter oben auf der Qualitätsskala stehen würde? Die ganze Selbstachtung könnte einen erheblichen Rückschlag erleiden.

Ob die strittigen Fragen der Gemeindequalität dem objektiven Wunsch nach genauer Meßbarkeit entspringen oder aber einem subjektiven Bedürfnis nach einem psychologischen Ruhekissen - wir nehmen Qualität jedenfalls sehr ernst. In der Gemeindewachstumsbewegung geht es nicht einfach um Wachstum um jeden Preis, sondern um Gemeinden von hoher christlicher Qualität, um Gemeinden, die ihrem Oberhirten Jesus Christus Ehre bereiten. Wachsende Gemeinden nehmen sowohl an Qualität wie auch an Quantität zu.

## Den gesellschaftlichen Auftrag wahrnehmen

Zum Wesen einer qualitativ guten Gemeinde gehört, daß sie einen wirksamen Dienst an den Armen und Unterdrückten tut. Die christlich-soziale Verantwortung darf nicht vernachlässigt werden. Zu oft sind in jüngerer Vergangenheit besonders evangelikale Gemeinden auf diesem Gebiet in ihrer Verantwortung nachlässig gewesen.

So wie ich den Auftrag der Gemeinde insgesamt sehe, hat Gott uns sowohl einen evangelistischen Auftrag als auch einen kulturellen Auftrag in der Gesellschaft gegeben. Ich habe das evangelistische Mandat - allerdings ohne diesen Ausdruck zu verwenden - bereits angesprochen, als ich vom Missionsbefehl Jesu sprach und von unserer Verpflichtung, alle Nationen zu Jüngern zu machen. Seelen retten ist der erste Schritt, aber das ist nicht genug. Es ist wichtig, sich um den ganzen Menschen zu kümmern. Den Nächsten zu lieben wie sich selbst heißt, sich auch für den Gesundheitszustand, das Wohlergehen und die menschliche Würde der Menschen einzusetzen.

Johannes der Täufer, Jesus, Paulus und andere Apostel predigten das Reich Gottes. Das Königreich, das sie verkündigten, ist sowohl Gegenwart wie Zukunft. Seine völlige Erfüllung ist in der Zukunft. All das wird es nicht mehr geben: Sünde, Krankheit, Armut, Dämonisierung, Tränen, Unterdrückung, Tod. Die Gegenwart jedoch ist geprägt von einer Spannung zwischen dem »schon jetzt« und dem »noch nicht«. Die Mächte der Bosheit sind immer noch aktiv. Satan geht wie ein brüllender Löwe umher und sucht, wen er verschlingen kann. Christen, deren König Jesus ist, sind Bürger des Reiches Gottes, und ihr Leben soll die Werte des Reiches Gottes widerspiegeln. Zudem sollen auch die Gemeinden ein Spiegelbild der Königsherrschaft Gottes sein, indem dort sichtbar wird, wie Menschen unter der Herrschaft Gottes zusammenleben.

Die Hauptverantwortung der Christen in diesem gegenwärtigen Zeitalter ist, so viele Menschen wie möglich in das Reich Gottes und unter die Herrschaft Jesu Christi zu bringen. Dies geschieht dadurch, daß Menschen zur Bekehrung und Wiedergeburt geführt werden. Jesus sagt uns das mit klaren Worten: »Wenn jemand nicht von neuem geboren wird, kann er das Reich Gottes nicht sehen« (Joh. 3,3). Unser evangelistischer Auftrag besteht darin, andere Menschen unter die Herrschaft Gottes zu bringen.

Der gesellschaftliche Auftrag ist sowohl auf Gläubige wie auf Nichtgläubige ausgerichtet. Es ist nicht Gottes Wille, daß die Menschen krank, arm, unterdrückt oder von Dämonen besessen sind. Doch viele sind es, und die Christen sollten sich damit befassen. Sie sollten hier im Sinne der Königsherrschaft Gottes aktiv werden. Das ist der gesellschaftliche Auftrag. Er ist für treue Diener Gottes nicht in deren Belieben gestellt. Er ist verbindlich.

So wie ich es sehe, wird der gesellschaftliche Auftrag auf zwei Ebenen verwirklicht, die man um der Unterscheidung willen als natürliche und als übernatürliche Ebene bezeichnen kann.

Die natürliche Ebene umschließt den Gebrauch alltäglicher Mittel wie ökonomische Ressourcen, gesellschaftsverändernde Aktivitäten, die medizinische Wissenschaft, politischen Einfluß, Erziehung, Psychologie und ähnliches. Es ist jene Art von Dienst, wie er auf der Straße nach Jericho geschah, als der Barmherzige Samariter den Mann fand, der den Räubern in die Hände gefallen war. Er behandelte dessen Wunden, brachte ihn in der Herberge unter und bezahlte für ihn Essen und Unterkunft. Es ist jene Art von Dienst, zu dem Gott den Zachäus bewog. Dieser gab die Hälfte seines Besitzes den Armen und erstattete das Vierfache dessen zurück, um das er die Leute betrogen hatte. Es ist jene Art von Dienst, den die alttestamentlichen Propheten meinten, als sie die Herrscher rügten, weil sie die Reichen begünstigten und die Armen vernachlässigten.

Die amerikanischen Christen erfüllen den gesellschaftlichen Auftrag auf der natürlichen Ebene zum Teil, doch bei weitem nicht so, wie sie es sollten. Organisationen wie *World Vision, World Relief, Voice of Calvary* und *Evangelicals for Social Action* leisten eine beachtliche Hilfe. Das kollektive Bewußtsein der Christen für Diakonie und politisches Engagement nimmt erfreulich zu. Im Juni 1982 fand in Grand Rapids, Michigan, eine Leiter-Konferenz statt. Als *Consultation on the Relationship between Evangelism and Social Responsibility* (Konferenz über die Beziehung zwischen Evangelisation und sozialer Verantwortung) bezeichnet, arbeitete die Teilnehmergruppe eine eindringliche Erklärung aus, in welcher zu verstärktem Handeln in der Katastrophenhilfe, der Entwicklungshilfe und zum Einsatz für eine gerechtere Gesetzgebung aufgerufen wird.

Die zweite, übernatürliche Ebene zur Erfüllung des gesellschaftlichen Auftrages hängt mit der unmittelbaren Kraft des Heiligen Geistes zusammen, die sich z. B. in Heilung, Befreiung und Wundern manifestiert. Als Jesus seine zwölf Apostel das erste Mal aussandte, erteilte er ihnen klare Anweisungen, was sie sagen und was sie tun sollten. Sie sollten sagen: »Das Reich der Himmel ist nahe gekommen« (Matth. 10,7). Doch Taten reden lauter als Worte. Darum sollten sie folgendes tun: »Heilt Kranke, weckt Tote auf, reinigt Aussätzige, treibt Dämonen aus« (Matth. 10,8). Beachten wir, daß Jesus nicht von ihnen erwartete, Kliniken oder Lepraheime zu eröffnen, die auf der natürlichen Ebene bestimmt eine gute Sache sind und gefördert werden sollten. Nein, dies war etwas gänzlich anderes. Hier sollte die Kraft des Heiligen Geistes auf eine direkte Art und Weise durch die Bürger des Reiches Gottes aktiv werden können.

Viele Jahre hindurch glaubte ich, solche übernatürlichen Dinge hätten mit dem Zeitalter der Apostel ihren Abschluß gefunden und wir seien heute darauf beschränkt, den gesellschaftlichen Auftrag mit Hilfe natürlicher Mittel zu erfüllen. In jüngerer Zeit jedoch habe ich an diesem Punkt meine Meinung völlig geändert. Eine Fülle biblischer und erfahrungsbezogener Hinweise hat mich völlig davon überzeugt, daß Jesus tatsächlich gestern, heute und in alle Ewigkeit derselbe ist. Jetzt nehme ich es wörtlich, wenn er sagt: »Wahrlich, wahrlich, ich sage euch: Wer an mich glaubt, der wird auch die Werke tun, die ich tue, und wird größere als diese tun, weil ich zum Vater gehe« (Joh. 14,12). Pfingstler und Charismatiker haben das schon einige Zeit gewußt, doch viele von uns, die sich weder der einen noch der anderen dieser Bewegungen zurechnen, fangen nun an, etwas von dem zu verstehen, wovon diese Bewegungen reden. Das *Fuller Seminary* leistete auf diesem Gebiet ein Stück akademischer Pionierarbeit mit einem Kurs, der 1982 von John Wimber begonnen wurde, und zwar unter der Bezeichnung »MC510 Zeichen, Wunder und Gemeindewachstum«.[13] Ich selber befasse mich mit der Erforschung der weltweit zu beobachtenden Beziehung zwischen übernatürlichen Zeichen, Wundern und wachsenden Gemeinden. Ich muß nüchtern feststellen, daß sich das Evangelium auch heute noch ausbreitet, wie es in den Tagen der Apostel geschah, welche »ausgingen und überall predigten, während der Herr mitwirkte und das Wort durch die darauf folgenden Zeichen bestätigte« (Mark. 16,20).

## Trendumkehr in einer schrumpfenden Gemeinde

Einer der bedeutenderen Forschungsberichte über die Kirchen in Amerika, die in letzter Zeit veröffentlicht wurden, fängt mit folgenden Worten an: »Eine nie dagewesene Periode im Leben der nordamerikanischen Kirchen begann Mitte der sechziger Jahre. Zum erstenmal, seit wir uns aufgrund von Aufzeichnungen erinnern können, haben viele größere Denominationen tatsächlich zu wachsen aufgehört und einen Rückgang erlebt, und die Wachstumsrate der meisten anderen hat sich beträchtlich verringert.«[14]

In den zehn Jahren von 1965 bis 1975 hat die *Episcopal Church* 17 Prozent ihrer Mitglieder oder 575.000 Personen verloren. Die *United Presbyterians* verloren 12 Prozent oder 375.000 Mitglieder. Die *United Methodists* verloren 10 Prozent oder 1.100.000 Mitglieder und so weiter. Währenddem das geschah, verkündeten einige ihrer Sprecher: »Die Leute verlassen die Kirche. Es könnte kein besseres Zeichen geben.«[15] Man war der Meinung, daß solche, die weggingen, sowieso schlechte Christen wären, und daß die Kirchen ähnlich wie das Heer Gideons stark reduziert würden, um dann wieder anzufangen zu wachsen. Doch was in Midian funktionierte, schien in Minneapolis nicht zu klappen. Der Rückwärtstrend hat angehalten, und die meisten der denominationellen Leiter sind längst nicht mehr der Auffassung, daß das ein gutes Zeichen sei.

Die Gründe für den Rückgang zu analysieren, ist keine leichte Aufgabe. Etliche Beobachter haben die Meinung geäußert, daß strukturelle Faktoren der Hauptgrund seien. Zu den strukturellen Faktoren gehören demographische Verschiebungen, sozioökonomische Schwankungen sowie allmähliche Veränderungen in den gesellschaftlichen Strukturen Amerikas.[16] Obwohl strukturelle Faktoren sicher von Bedeutung sind, ist meine persönliche Überzeugung die, daß wahrscheinlich institutionelle Faktoren eine noch bedeutendere Rolle spielen. Institutionelle Faktoren sind solche, die von den Kirchen selber beeinflußt werden können. Sie können lokale wie auch nationale Bedeutung haben. *Lokale* institutionelle Faktoren werden durch die einzelnen Gemeinden bestimmt. Das vorliegende Buch untersucht aus diesem Grund genau diesen Zusammenhang zwischen der Gemeindeleitung und dem Gemeindewachstum. *Nationale* institutionelle Faktoren hängen mit der Kirchenordnung zusammen, wie sie von kirchlichen Behörden festgelegt wurden und der alle Gemeinden ihres Zuständigkeitsbereiches unterstellt sind.

Ein Hauptgrund dafür, warum ich dazu neige, bei den institutionellen Faktoren die Hauptursache für den Mitgliederschwund der größeren Kirchen zu sehen, ist die Tatsache, daß im gleichen Land zur gleichen Zeit (anders ausgedrückt, bei konstanten strukturellen Faktoren) viele evangelikale Denominationen ein starkes Wachstum verzeichneten. Während in der Zeit von 1965 bis 1975 die *United Methodists* über eine Million Mitglieder *verloren,* haben die *Southern Baptists* über eine Million neue Mitglieder *hinzugewonnen.* Die *Church of God* (Cleveland) nahm um 67 Prozent zu, die *Assemblies of God* um 33 Prozent, und die *Church of the Nazarene* wuchs um 29 Prozent. Ich sehe vor allem zwei institutionelle Faktoren, mit deren Hilfe sich dieses Phänomen erklären lassen könnte:

Erstens: das Vermächtnis der liberalen Theologie. Als gegen Ende des letzten Jahrhunderts das sog. soziale Evangelium in Erscheinung trat, öffneten die größeren Denomination ihre Türen mehr oder weniger weit für die liberale Theologie. Diese neigt fast zwangsläufig dazu, allen evangelistischen und gemeindegründenden Aktivitäten die Spitze zu brechen. Aus mindestens einer kirchlichen Studie, die sich mit dem Mitgliederschwund der betreffenden Denomination befaßte, geht hervor, daß die Mitgliedereinbußen nicht in erster Linie darauf zurückzuführen waren, daß Mitglieder beschlossen, aus ihrer Gemeinde auszutreten, sondern vielmehr auf das Versäumnis der Gemeinden, neue Menschen für Christus zu gewinnen und neue Gemeinden ins Leben zu rufen.[17] Wenigstens drei weitere Untersuchungen, alle von Insidern größerer Kirchen angestellt, haben eine negative Wechselbeziehung zwischen Liberalismus und Mitgliederzunahme und eine positive Wechselbeziehung zwischen Liberalismus und theologischem Konservativismus erkennen lassen.[18]

Zweitens: Prioritätenwechsel innerhalb des kirchlichen Beamtenwesens. Solche Prioritätenwechsel sind, allgemein gesagt, ebenfalls ein Resultat liberaler Theologie. Bei aller Einsicht, daß zur Mission der Gemeinde sowohl der evangelistische wie auch der gesellschaftliche Auftrag gehört, haben die amerikanischen Christen praktisch aller Denominationen traditionsgetreu dem evangelistischen Auftrag erste Priorität eingeräumt. Doch mit den Jahren neigte der Liberalismus immer mehr dazu, die Dringlichkeit der Evangelisation in Frage zu stellen und in manchen Fällen sogar zu bezweifeln, ob man zum Beispiel Moslems dazu bringen soll, Jünger Jesu Christi zu werden. Der Presbyterianer Richard G. Hutcheson jr. beweist einen guten Blick für die eigentlichen Probleme und weist auf folgendes hin: Während sich die Evangelikalen stets über den Sinn der Evangelisation im klaren waren, versuchten die Liberalen während Jahren, alternative Definitionen auszuarbeiten, die eine Gleichsetzung von Evangelisation mit Seelengewinnung leugnen. Hutcheson sagt: »Die Liberalen wissen sehr wohl, was die Evangelikalen mit diesem Ausdruck meinen, und genau einer solchen enggefaßten Bedeutung versuchen sie auszuweichen.«[19]

Die Tendenz hatte sich während Jahrzehnten entwickelt, erreichte jedoch ihren Höhepunkt während des bewegten Jahrzehnts der siebziger Jahre. Sozialer Druck, hervorgerufen durch die Bürgerrechtsbewegung, die Anti-Kriegs-Bewegung, die Subkultur der Hippie-Bewegung, die Gott-ist-tot-Bewegung sowie neue Moralvorstellungen beeinflußten viele Kirchen dahingehend, dem gesellschaftlichen Auftrag den Vorrang vor dem evangelistischen Auftrag zu geben. Eines der unvermeidbaren Ergebnisse war die zwanzig Jahre andauernde Periode des kirchlichen Niedergangs. Die evangelikalen Denominationen hingegen nahmen keine Neuordnung der Prioritäten vor, weil ihre starke konservative theologische Grundlage ihnen dies nicht zuließ.

Nach meiner Beobachtung beginnen die Tendenzen sich in die andere Richtung zu bewegen. Mir fehlt allerdings noch der endgültige Tatbeweis dafür, und ich gestehe, daß vielleicht bei diesen Aussagen an einigen Stellen der Wunsch der Vater des Gedankens ist. Doch mein Herz schlägt eben für den Gemeindeaufbau und nicht für einen kirchlichen Niedergang. Ich würde gerne sehen, wie der Mitgliederschwund in den Großkirchen seinen Tiefstpunkt erreicht und der Trend sich umkehrt. Aber ich fürchte, daß dies nicht geschehen wird, es sei denn, der evangelistische Auftrag würde seine biblische Stellung als erste Priorität zurückbekommen. Dabei denke ich nicht etwa daran, daß der diakonische Dienst nun zu vernachlässigen sei, sondern einfach an effektive Evangelisation, die Menschen tatsächlich für Christus gewinnt, sowie an die Multiplikation von Gemeinden. Unentwegte Liberale mögen wohl dagegen mit theologischen Argumenten ins Feld ziehen, aber sie müssen ja nicht unbedingt den Sieg davontragen.

## Die Kennzeichen einer gesunden Gemeinde

Wenn institutionelle Faktoren für den Gemeindeaufbau so wichtig sind, wie ich es glaube, so erweist es sich als hilfreich, einige davon eingehender zu definieren. Vor etlichen Jahren machte ich eine Auflistung der sieben Kennzeichen einer gesunden Gemeinde - so nannte ich es - und stützte mich dabei auf die Ergebnisse einiger Nachforschungen, die ich in wachsenden Gemeinden in Amerika angestellt habe. Sie wurden in einem Buch mit dem Titel *Your Church Can Grow* veröffentlicht. Diese sieben Kennzeichen sind seither einer sehr sorgfältigen Prüfung unterzogen worden. In zahlreichen Büchern, Artikeln und Aufsätzen ist auf sie Bezug genommen worden, und sie wurden einigen ausgeklügelten Studien und Tests unterworfen. Große Beachtung erhielt besonders ein Buch, das 1981 von der Britischen Bibelgesellschaft unter dem Titel *Turning the Tide* herausgegeben wurde. Verfaßt wurde es von Pastor Paul Beasley-Murray und von Professor Alan Wilkinson. Darin werden die besagten Kennzeichen im Hinblick auf englische Baptistengemeinden mit einer Mitgliederzahl von jeweils mehr als fünfzig untersucht.

Im großen und ganzen hat sich die Gültigkeit der sieben Kennzeichen bestätigt. Von vielen Gemeindeleitern, die sich mit dem Gedanken an Gemeindeaufbau befassen, sind sie als Hilfe empfunden worden. Keines dieser Kennzeichen wurde je ernsthaft in Frage gestellt, obgleich die Untersuchung bei einem oder zwei von diesen Merkmalen ohne konkretes Ergebnis blieb. Vielleicht trägt eine kurze Zusammenfassung und Aktualisierung der sieben Kennzeichen dazu bei, den Zusammenhang mit den nun folgenden Ausführungen in diesem Buch herzustellen.

1. *Ein zielorientierter Pastor mit einem gesunden Optimismus, dessen dynamische Leitung die gesamte Gemeinde auf Wachstum ausgerichtet hat.* Der Rest dieses Buches ist eine ausführliche Behandlung und Begründung dieses ersten Kennzeichens. Mit den Jahren hat sich die Bedeutung dieses Punktes durch Untersuchungen vor Ort noch erhärtet, und zwar noch eindeutiger als bei den anderen Kennzeichen. Nur einmal ist es ernsthaft in Frage gestellt worden, nämlich von einem Gemeindeleiter, den ich sehr bewundere, Lyle E. Schaller. Schaller sagt, er betrachte sich nicht als Anhänger der Gemeindewachstumsbewegung, aber »ich habe keine Schwierigkeiten mit 97 Prozent dessen, was sie sagen«. Offensichtlich gehört zu jenen anderen drei Prozent die Rolle des Pastors. Er sagt:»Ich glaube, die Gemeindewachstumsbewegung betont zu sehr die Bedeutung des Pastors für das Gemeindewachstum.«[20]

Das überrascht mich, weil meine Untersuchungen mich genau in die entgegengesetzte Richtung geführt haben, und in den nächsten beiden Kapitel werde ich meinen Standpunkt verdeutlichen. Die Erkenntnisse von Beasley-Murray und Wilkinson »unterstützen weitgehend Wagners Auffassung, daß der Pastor über einen gesunden Optimismus verfügen und ein dynamischer Leiter sein sollte, wenn die Gemeinde wachsen soll.«[21]

2. *Eine gabenorientierte Mitarbeiterschaft, die alle geistlichen Gaben entdeckt, entfaltet und zum Aufbau der Gemeinde anwendet.* Während sie die Wichtigkeit der pastoralen Leitung bestätigen, stellen Beasley-Murray und Wilkinson des weiteren fest, daß es vielleicht von noch größerer Bedeutung ist, daß der Pastor

einer wachsenden Gemeinde die Bereitschaft oder die Fähigkeit aufweist, seine Verantwortung an die Glieder seiner Gemeinschaft zu delegieren oder sie mit diesen zu teilen. Es gibt eine fruchtbare gegenseitige Abhängigkeit, ohne die keine Seite zum Erfolg kommen kann.[22] Ich kann dem nur zustimmen. Das ist der Grund, warum ich mich mit diesem Buch gleichzeitig an den Klerus und an die Laien wende. In dem Buch *Your Church Can Grow* unterstreiche ich den Wert gabenorientiert eingesetzter Mitarbeiter, und ich werde im weiteren noch einmal darauf zurückkommen. Doch meine Untersuchungen haben auch gezeigt, wie wichtig es ist, daß die Mitarbeiter eindeutig angeleitet werden. In späteren Kapiteln werde ich dazu noch auf einige Einzelheiten eingehen müssen.

3. *Eine Gemeinde, die groß genug ist, um einen breit gefächerten Dienst anzubieten, der den Bedürfnissen und Erwartungen ihrer Mitglieder gerecht wird.* Ich werde dauernd gefragt, wie groß »die ideale Gemeinde« ist. Darauf kann ich unmöglich eine eindeutige Antwort geben, weil die optimale Größe einer bestimmten Gemeinde von ihrer eigenen Dienstauffassung abhängig ist. Ich glaube nicht, daß jede Gemeinde eine große Gemeinde sein sollte oder daß größer auch besser ist. Hingegen glaube ich, daß Gemeindeleiter sich von Gott zeigen lassen sollten, welches Wachstumsziel für ihre Gemeinde richtig ist, um dann ihre Planung dementsprechend zu gestalten. Ich sehe heute viel klarer als noch vor einigen Jahren, wie diese Art von Planung zu geschehen hat. Bei späterer Gelegenheit werde ich einen wesentlichen Abschnitt darüber einfügen, was »Dienstphilosophie« bedeutet und wie man eine solche für seine Gemeinde entwickeln kann.

4. *Das richtige Gleichgewicht innerhalb der Gemeindestruktur zwischen Gottesdienstfeier, Versammlung und Zelle.* Die Bildung dynamischer Gemeinschaftsgruppen innerhalb der Gemeinde ist ein Schlüsselfaktor des Wachstums, doch es gibt viele Möglichkeiten zu ihrer Verwirklichung. Was in der einen Gemeinde erlebt wurde, muß nicht unbedingt auch in einer anderen Gemeinde funktionieren.

5. *Gemeindeglieder, die in erster Linie aus einer homogenen Gruppe stammen.* Während Jahren ist das Prinzip der homogenen Einheit das weitaus umstrittenste aller Gemeindewachs-

tumsprinzipien gewesen. Viele befürchteten, daß es zu rassistischen und isolierten Spezialkirchen führen könnte. Das ist jedoch nicht geschehen, und der anfängliche Widerstand gegen das Prinzip der homogenen Einheit hat sich in den letzten Jahren merklich abgeschwächt. Einer der Gründe dafür ist, daß einige leitende Personen in den Großkirchen inzwischen erkannt haben, daß zielgruppenorientierte Arbeit unabdingbar sein wird, wenn der Vielvölkerstaat Amerika evangelisiert werden soll. Dazu gehört die Einsicht, daß es ohne die Gründung von Kirchen für sprachliche Minoritäten nicht gehen wird. In einer offiziellen Publikationsreihe der United Methodists mit dem Titel *Into Our Third Century* bespricht der Methodist Robert L. Wilson unter der Überschrift *Shaping the Congregation* die Lehren der Gemeindewachstumsbewegung. Er gesteht dort ein, daß »die Mitgliederschaft einer typischen protestantischen Gemeinde in einem hohen Maße von Gleichartigkeit charakterisiert ist«, unter anderem bestimmt von »einer Anzahl gesellschaftlicher Merkmale wie Erziehung, Einkommen, kulturelles Niveau und Lebensstil - Faktoren, welche häufig mit bestimmten Gesellschaftsklassen in Verbindung gebracht werden«. Obwohl das offensichtlich zutrifft, merkt Wilson an, daß »kirchliche Leiter, besonders der Klerus, diesen Umstand als beunruhigend empfinden«. Wilson fährt jedoch fort zu zeigen, wie Gemeinden der gleichen Kirche, die nicht weit auseinanderliegen, aber eine unterschiedliche Homogenität aufweisen, durchaus lebendige und eigenständige Gruppen sein können, die keinerlei Fusionsneigungen aufweisen.[23] Es ist für Amerika sehr wichtig, die politischen Bedingungen für den enormen gesellschaftlichen Pluralismus zu schaffen. Dabei zeigt es sich immer deutlicher, daß eine multikulturelle Gesellschaft eben nicht zu einem alles vermischenden Schmelztigel der Rassen wird, wie dies die Sozialpsychologie behauptet hatte, sondern daß die Verschiedenartigkeit der Kulturen in hohem Maße berücksichtigt und beibehalten werden muß. Ich bin überzeugt, daß diese politisch wichtige Erkenntnis auch für eine bedeutende Abkühlung der hitzigen theologischen Debatte über das Prinzip der homogenen Einheit sorgen wird.

6. *Effektive Evangelisation, die nachweisbar Menschen in die verbindliche Nachfolge ruft.* Dieses Kennzeichen ist eine Binsenwahrheit. Wenn eine Gemeinde wächst, so tut sie dies logischer-

weise, indem sie neue Mitglieder anzieht. Es sollten jedoch Untersuchungen angestellt werden, die feststellen, welcher Prozentsatz der neuen Mitglieder auf biologisches Wachstum (Kinder von Familien, die bereits Gemeindeglieder sind), auf Transferwachstum (Beitritt von solchen, die bereits Christen sind) oder auf Bekehrungswachstum (dem Christentum entfremdete Menschen werden erreicht) zurückzuführen ist. Während biologisches Wachstum gemeindeinterne Evangelisation erfordert, ist Bekehrungswachstum nur durch Evangelisation nach außen möglich. Und gerade in dieser Beziehung ist die Wahl der richtigen Evangelisationsmethode sehr entscheidend. Trotz gegenteiliger Werbung für bestimmte Evangelisationsmethoden gibt es nicht ein einziges evangelistisches Programm, das auf alle Gemeinden zugeschnitten ist. Darum ist es sehr wichtig für die Planung des Gemeindeaufbaus, herauszufinden, welche Evangelisationsmethode am besten zu einer bestimmten Gemeinde paßt.

7. *Es werden biblische Prioritäten gesetzt.* Wir befaßten uns bereits mit diesem wesentlichen Kennzeichen weiter vorne in diesem Buch, als die Beziehung zwischen dem evangelistischen und dem gesellschaftlichen Auftrag zur Sprache kam. Das ist auch das Hauptthema eines meiner Bücher: *Church Growth and the Whole Gospel* (Harper & Row Publishers, 1981).

Während die anderen wichtigen Kennzeichen einer gesunden Gemeinde hier und dort Erwähnung finden werden, besteht jedoch die eigentliche Absicht dieses Buches darin, nur die ersten beiden ausführlicher zu behandeln: die Art und Weise, wie Pastor und Mitarbeiter zusammenarbeiten können, um ihre Gemeinde zum Wachstum zu führen.

### Anmerkungen

**1.** Lyle E. Schaller im Vorwort zum Buch *Church Growth Strategies That Work* von Donald McGavran und George G. Hunter (Abingdon Press, Nashville, 1980), S. 7.

**2.** Ein Schwerpunktzentrum für die Ausbildung im Gemeindeaufbau auf professionellem Niveau ist das Doctor of Ministry Programm am Fuller Seminary, welches jedes Jahr 150 Pastoren und kirchlichen Mitarbeitern seinen Gemeindewachstumskurs I anbietet. Für weitere Informationen schreibe man an das Fuller Seminary, 135 N. Oakland Avenue, Pasadena, California 91101, USA.

**3.** Eine hervorragende Ausbildung für Gemeindewachstumsberatung bietet das Charles E. Fuller Institute of Evangelism and Church Growth, Box 91990, Pasadena, California 91109-1990, USA, an.

**4.** Alfred C. Kraß, »What the Mainline Denominations Are Doing in Evangelism«, *Christian Century*, 2. Mai 1979, S. 49.

**5.** Ich habe versucht, auf die von diesen Kritikern aufgeworfenen Fragen in *Church Growth and the Whole Gospel* (Harper & Row Publishers, San Francisco, 1981) einzugehen.

**6.** Richard C. Hutcheson jr., *Mainline Churches and the Evangelicals* (John Knox Press, Atlanta, 1981), S. 122.

**7.** Robert L. Burt, »Our Churches Will Grow«, *A. D. United Church of Christ*, September 1982, S. 20.

**8.** J. Martin Bailey, »How Your Church Can Grow«, *A. D. United Presbyterian*, September 1982, S. 19.

**9.** Carl S. Dudley, »Making the Small Church Effective« (Abingdon Press, Nashville, 1978), S. 38.

**10.** ebd., S.49.

**11.** Philipp Keller, »Psalm 23 - Aus der Sicht eines Schafhirten« (Verlag Hermann Schulte, Wetzlar, 1976), S. 61.

**12.** Siehe C. Peter Wagner und Richard L. Gorsuch, »The Quality Church«, *Leadership*, Winter 1983, S. 28.

**13.** Für ausführliche Informationen über dieses Kurs siehe »Signs and Wonders Today«, als Studienheft erhältlich bei *Christian Life*, 396 E. St. Charles Rd., Wheaton, Il 60187, USA.

**14.** Dean R. Hoge und David A. Roozen, »Understanding Church Growth and Decline 1950-1978« (Pilgrim Press, New York, 1979), S. 17.

**15.** Robert K. Hudnut, »Church Growth Is Not The Point« (Harper & Row Publishers, New York, 1975), S. XI.

**16.** Siehe z. B. Dean R. Hoge »A Test of Denominational Growth and Decline«, *Understanding Church Growth and Decline*, Hoge und Roozen, S. 196-197.

**17.** Warren J. Hartman, »Membership Trends, A Study of Decline and Growth in the United Methodist Church 1949-1945« (Discipleship Resources, Nashville, 1976).

**18.** Dean M. Kelly, »Why Conservative Churches Are Growing« (Harper & Row Publishers, New York), 1972; Hoge, »A Test of Theories«, S. 191; William J. McKinney jr., »Performance of United Church of Christ Congregations in Massachusetts and Pennsylvania«, *Understanding Church Growth and Decline*, Hoge und Roozen, S. 241.

**19.** Hutcheson, »Mainline Churches«, a.a.O., S. 117.

**20.** »The Changing Focus of Church Finances«, Interview mit Lyle E. Schaller, *Leadership*, Frühling 1981, S. 23-24.

**21.** Paul Beasley-Murray und Alan Wilkinson, »Turning the Tide, An Assessment of Baptist Church Growth in England« (Bible Society, London, 1981), S. 38.

**22.** ebd.

**23.** Robert L. Wilson, »Shaping the Congregation« (Abingdon Press, Nashville, 1981), S. 52-55.

# 2.

## GEMEINDEWACHSTUM IST NICHT BILLIG

Es ist eine Sache, von der Notwendigkeit wachsender Gemeinden überzeugt zu sein; zu erleben, wie es tatsächlich geschieht, eine andere. Gemeindewachstum geschieht gewöhnlich nicht automatisch. Der eigentliche Zweck dieses Buches ist, Ihnen als Leiter einer Gemeinde zu helfen, so gut wie möglich zu verstehen, was Sie tun sollten, wenn Ihre Gemeinde alle ihre Möglichkeiten voll ausschöpfen soll.

Sicher gibt es manchmal Situationen, in denen die Ernte so reif ist, daß Gemeinden beinahe von allein wachsen. Die Pastoren solcher Gemeinden scheinen gegen alle Regeln zu verstoßen und Gemeindewachstumsprinzipien zu ignorieren, und dennoch wachsen und blühen ihre Gemeinden. Ich begegne nicht oft solchen Pastoren, weil sie bezeichnenderweise nicht in meinen Gemeindewachstumsseminaren anzutreffen sind. Ich kann es ihnen nicht verargen. Anstatt zu erwarten, daß sie zu mir kommen, gehe ich so oft wie möglich zu ihnen. Wenn ihre Gemeinde wächst, so müssen offenbar bestimmte Gemeindewachstumsprinzipien wirksam sein, und gerade dadurch, daß Pastoren unter günstigen Verhältnissen intuitiv das Richtige tun, werden viele neue Gemeindewachstumsprinzipien entdeckt.

Es besteht ein Unterschied zwischen Gemeindewachstumspastoren und Pastoren wachsender Gemeinden. Gemeindewachstum ist ein Fachausdruck, mit dem ein klar umrissenes Studiengebiet umschrieben wird. Dieser Ausdruck wurde in den fünfziger Jahren von Donald A. McGavran geprägt, während er als Missionar in Indien arbeitete. Er rief 1961 das *Institute of Church Growth* in Eugene, Oregon, ins Leben und verlegte es 1965 nach Pasadena, Kalifornien, wo er die *Fuller Seminary School of World Mission and Institute of Church Growth* gründete. Dort schrieb er das Grundlagenbuch *Gemeindewachstum verstehen*, das in der englischen Fassung 1970 erstmals veröffentlicht und 1980 sowie 1990 überarbeitet wurde. Was jetzt als Gemeindewachstumsbewegung bekannt ist, entwickelte sich von hier ausgehend mit Hilfe von Büchern, Zeitschriften, akademischen Programmen, Filmen, Beratungsdiensten, Seminaren und Workshops, Marketing-Agenturen und Aktionsplänen. Doch die Stoßrichtung der Gemeindewachstumsbewegung geht über all diese Dinge hinaus hin zu den Pastoren und leitenden Mitarbeitern lokaler Gemeinden. Weshalb? Ganz einfach deshalb, weil hier der Ort ist, an dem Gemeindewachstum stattfindet.

Die Impulse und Anregungen der Gemeindewachstumsbewegung sind besonders für Pastoren hilfreich, deren Gemeinden nur langsam oder überhaupt nicht wachsen. Hier muß etwas geschehen, damit sie den toten Punkt überwinden. Dazu kommt jene Gruppe von Pastoren, deren Gemeinden zwar wachsen, die jedoch sicher sein wollen, daß sie nicht plötzlich von einem unerwarteten Hindernis überrascht werden und ihren Wachstumsschwung verlieren. Eine beträchtliche Anzahl solcher Leiter hat die Grundsätze des Gemeindewachstums studiert und sie auf ihre eigene örtliche Gemeindesituation angewendet. Viele ihrer Gemeinden sind gewachsen, und ich habe ganze Karteien voller Briefe und Zeugnisse von solchen Gemeindewachstumspastoren. Andere Gemeinden, so muß ich leider zugeben, haben trotz der Gemeindewachstumsprinzipien nicht zugenommen. Gemeindewachstum ist eben nicht eine Zauberformel, die jede Gemeinde schon irgendwie zum Wachsen bringt. Es handelt sich dabei eher um eine Sammlung von Erfahrungen und Beobachtungen, die mit biblischen Grundsätzen übereinstimmen und darauf zielen, den Missionsbefehl effektiver als zuvor auszuführen. Ich bin froh, feststellen zu können, daß diese Grundsätze und Prinzipien gewöhnlich eine echte Hilfe sind.

Bis vor kurzem vermochte ich nicht einmal zu raten, wie viele Gemeindewachstumsgrundsätze aufgestellt worden sind. Eine Studie von John Vaughan behauptet, es wären 146. Nach seiner Schätzung hat Donald McGavran 67 formuliert, Peter Wagner 51 und Win Arn 28.[1] In seiner Studie zählt Vaughan selber 49 Grundsätze auf und geht näher auf sie ein. Wie genau seine Zahlenangaben sind, ist mir nicht bekannt; doch ich weiß von niemandem, der sie in Frage gestellt hätte.

Wie immer auch die Zahl aussehen mag, eines ist sicher: Jedes Gemeindewachstumsprinzip kennt Ausnahmen. Manche Gemeindeleiter sind so sehr daran gewöhnt, in absoluten Kategorien wie »richtig - falsch«, »echt - unecht« zu denken, daß sie mit Gemeindewachstumsprinzipien fälschlicherweise leider ebenso umgehen. Das ist auch einer der Gründe, weshalb zum Beispiel viele am Prinzip der homogenen Einheit Anstoß genommen haben. Sie haben führende Vertreter des Gemeindewachstumsgedankens so verstanden, als seien homogene Gemeinden der richtige und wahre Weg zum Gemeindewachstum. Dabei hat dies niemals jemand behauptet. Es wurde lediglich die zu beobachtende Tatsache beschrieben, daß überall auf der Welt die meisten ungläubigen Menschen Christus kennenlernen, indem sie das Evangelium von solchen hören, die wie sie sprechen, die wie sie denken und die wie sie handeln. Es ist eine geschichtliche Tatsache, daß Gott sich offensichtlich für die Ausbreitung des Evangeliums während Jahrhunderten solcher kulturell relevanten Kommunikationskanäle bedient hat. McGavran bezeichnet solche Kanäle als »Gottes Brücken«. Aber er hat nie behauptet oder gar gelehrt, daß eine Gemeinde nur aus den Mitgliedern einer einzigen sozialen Schicht, Rasse oder Sprachgruppe, eben einer homogenen Einheit, bestehen müsse. Seine und meine Idealvorstellung ist eine Gemeinde, in welcher Klassen-, Rassen- und Sprachschranken vollständig niedergerissen werden.

Gibt es Ausnahmen zum Prinzip der homogenen Einheit? Natürlich gibt es sie. Gibt es auch Ausnahmen zu den sieben Kennzeichen einer gesunden Gemeinde? Gewiß.

Doch während es zu jeder Regel Ausnahmen gibt, gibt es bei manchen Regeln weniger Ausnahmen als bei anderen. Die beiden Gemeindewachstumsgrundsätze, mit denen sich dieses Buch in der Hauptsache befaßt, gehören zu jenen, welche verhältnismäßig wenige Ausnahmen von der Regel kennen. Diese beiden Regeln lauten:

I. Der Pastor muß wollen, daß die Gemeinde wächst, und er muß bereit sein, den Preis dafür zu bezahlen.

II. Die Gemeindeglieder müssen wollen, daß die Gemeinde wächst, und auch sie müssen bereit sein, den Preis dafür zu bezahlen.

Wünschen denn nicht alle Pastoren ein Wachstum ihrer Gemeinden? So seltsam es auch scheint, die Antwort lautet nein. Vor etlichen Jahren führte Larry Richards eine landesweite Umfrage durch. Ein Computer wählte willkürlich 5.000 Pastoren quer durch die verschiedensten Denominationen aus. Sie wurden gebeten, »die größten Bedürfnisse zur Stärkung des Gemeindelebens und Gemeindeprogramms« nach ihrer Priorität aufzuzählen. Richards berichtet, worin für ihn das Überraschende an dem Resultat bestand: Weniger als die Hälfte der Pastoren räumten dem »Planen und der Verwirklichung des Wachstums der Gemeinde« eine hohe Priorität ein.[2] Für sie lagen die Prioritäten nicht beim Gemeindewachstum, sondern sie konzentrierten sich auf die Gemeindepflege. Viele Pastoren haben den Eindruck, daß es wichtiger sei, die vorhandenen Gemeindeglieder zufriedenzustellen, als die Verlorenen für Jesus Christus zu gewinnen.

Ich hege auch den Verdacht, daß viele Pastoren gar kein Wachsen ihrer Gemeinden wünschen, weil sie nicht bereit sind, den Preis dafür zu zahlen. Gemeindewachstum ist nicht billig. Es erfordert oft Veränderungen des Status quo, die von den Pastoren als außerordentlich unbequem empfunden werden und denen darum eine niedrigere Priorität zugebilligt wird.

Wünschen etwa nicht alle Gemeindeglieder, daß ihre Gemeinden wachsen? Wieder lautet die Antwort nein. Als die United Presbyterian Church vor einigen Jahren anfing, sich wegen ihres Mitgliederverlustes Sorgen zu machen, rief die Generalversammlung eine spezielle Arbeitsgruppe ins Leben, welche sich mit den Tendenzen der Kirchenmitgliedschaft befassen sollte. In seinem Bericht sagte C. Edward Brubaker, Vorsitzender dieser Arbeitsgruppe:»Ein Punkt, der uns wirklich in die Augen sprang, ist, daß wir United Presbyterians deshalb nicht gewachsen sind, weil uns das Wachstum einfach gleichgültig ist.« Wie bei vielen Pastoren nahm auch bei den Mitgliedern das Bemühen um die Verlorenen eine geringe Prioritätsstellung ein. Im Bericht Brubakers heißt es: »Als wir die Gemeinden über 21 verschiedene Aspekte ihres Gemeindeprogramms befragten, rangierte die Evangelisation hinsichtlich der Wichtigkeit und der dafür aufgewendeten Zeit deutlich am Ende der Liste.«[3]

Warum wollen manche Gemeindeglieder nicht, daß ihre Gemeinde wächst? Weil sie mit ihren Verhältnissen zufrieden sind. Es gibt tatsächlich einen Preis, den Gemeindeglieder für das Wachstum ihrer Gemeinde zahlen müssen, und viele sind einfach nicht bereit, diese Kosten auf sich zu nehmen und den bequemen Weg zu verlassen.

Während sowohl der Pastor wie auch die Mitglieder der Gemeinde das Wachstum ihrer Gemeinde wollen und bereit sein müssen, den Preis dafür zu zahlen, ist auch die Reihenfolge von Bedeutung. Mit wenigen Ausnahmen ist es der Pastor, der zuerst für Wachstum motiviert sein muß, und dann erst die Gemeindeglieder. Nur in sehr wenigen Fällen werden zuerst die Mitglieder die Motivation besitzen und dann den Pastor für das Wachstum der Gemeinde gewinnen können.

Vor einigen Jahren pflegte ich für das Fuller Institute for Evangelism and Church Growth Gemeinde-Beratungen durchzuführen. Eines Tages erhielt ich einen Anruf von einem Mann, der sich als Versicherungsbeamter der United Methodist vorstellte. Der Stimme nach zu urteilen war es ein älterer Herr. Er sagte: »Soviel ich weiß, können Sie kranken Gemeinden helfen.« Ich antwortete ihm, daß wir einigen helfen könnten, anderen wiederum nicht. »Ich bin seit zwanzig Jahren Mitglied meiner Kirche«, sagte er. »Ich liebe meine Kirche, aber sie ist am Sterben. Wenn Sie meiner Kirche helfen können, bin ich bereit, Ihnen zu zahlen, was Sie wollen!« Ich merkte ihm seine Verzweiflung an und ermunterte ihn, mir von seiner Gemeinde zu erzählen. Er erzählte mir von seinem Traum für die Zukunft. Es hörte sich gut an. Dann wollte ich von ihm wissen, was denn sein Pastor von seinem Traum halte. »Gerade hier könnte das Problem liegen«, sagte er. »Der Pastor ist nicht einverstanden mit mir.« Ich erklärte ihm, daß das ein ernstes Problem sei, und wenn dieser Pastor nicht seine Meinung ändere oder sie nicht einen anderen Pastor bekämen, ich keine Möglichkeit sähe, der Gemeinde zu helfen.

Wenn dem Pastor oder den Gemeindegliedern der Preis für ein Wachstum oft so hoch erscheint, ist es notwendig, genau zu verstehen, worin dieser Preis besteht. Wir wollen nacheinander beide Seiten betrachten.

# Welchen Preis muß der Pastor zahlen?

Ich möchte fünf verschiedene Elemente dieses Preises aufzählen, den ein Gemeindewachstumspastor zahlen muß, um die Gemeinde zum Wachstum zu führen. Ich glaube, es ist gut, darüber ganz offen zu reden. Bei einem jeden dieser Punkte habe ich erlebt, wie Pastoren davor zurückschreckten und sich vom Gemeindewachstum abwandten. Jesus sagte:»Wer unter euch, der einen Turm bauen will, setzt sich nicht zuvor hin und berechnet die Kosten?« (Luk. 14,28). Da Gemeindewachstum nicht billig zu haben ist, müssen Pastoren, ehe sie Wachstumspläne machen, sich die Frage stellen:»Bin ich willig, den Preis zu zahlen?«

## 1. Verantwortung für das Wachstum übernehmen

Täuschen Sie sich nicht. In den meisten Fällen beginnt das Gemeindewachstum mit der Person des Gemeindeleiters. Ich stimme mit Dewayne Davenport überein, der schreibt:»Wenn ich die Frage beantworten soll, welches der *Schlüssel* zum Gemeindewachstum ist, würde ich antworten: die Leiterschaft.«[4] Auf der Gemeindeleitung lastet eine sehr große Verantwortung, und viele Pastoren schrecken vor ihr zurück. Es gibt drei Gründe, weshalb manche Pastoren nicht bereit sind, diesen Preis zu zahlen und die Verantwortung auf sich zu nehmen.

a) Der erste ist, *daß mit der Übernahme der Verantwortung für ein Wachstum ein beträchtliches Risiko verbunden ist: das Risiko eines Fehlschlages.* Ich habe beobachtet, daß viele Pastoren jemand neben sich haben möchten, der für das Wachstum ihrer Gemeinde verantwortlich ist. Sie wollen gerne sagen können, daß »die Gemeinde verantwortlich ist« oder die Diakone, oder der Kirchenvorstand oder sogar Gott. Manche gehen so weit, sich mit theologischen Argumenten selber davon zu überzeugen, daß es eine christliche Tugend sei, nicht die Verantwortung für das Wachstum zu tragen.

Die Angst vor einem Fehlschlag ist für manche Pastoren ein enormes psychologisches Hindernis. Ihre innere Einstellung läßt sie vor der großen Herausforderung zurückschrecken, die Verantwortung für das Wachstum der Gemeinde zu übernehmen. Es steht einfach zu viel für sie auf dem Spiel. Daran ist sicher nichts Verkehrtes. Gott hat uns alle mit verschiedenen Persönlichkeiten und Charakterzügen ausgestattet. Wenn der Gemeindeleiter das Risiko eines Fehlschlages nicht auf sich nehmen will, dann sollte er sich besser dazu entschließen, Pastor einer kleinen Gemeinde zu sein, die nicht Wachstum will, und sich mit dieser Rolle zufriedenzugeben. Statistisch gesehen sind die meisten Gemeinden kleine Gemeinden. Manche haben wenig oder gar kein Wachstumspotential. Die Gemeinde wird gepflegt und das Gemeindeleben wird in Gang gehalten. Wir brauchen viele Pastoren, die bereit sind, ohne Murren bereitwillig solche Gemeinden zu betreuen, ohne dabei ständig unter Frustrationen und Schuldgefühlen zu leiden, weil ihre Gemeinde nicht so stark wächst wie andere.

b) Der zweite Grund, weshalb viele Pastoren nicht bereit sind, für ein Gemeindewachstum die Verantwortung zu tragen, besteht darin, *daß sie während ihrer Ausbildung auf eine solche Aufgabe gar nicht vorbereitet wurden.* In Wirklichkeit verlief die Tendenz der theologischen Ausbildung besonders in den sechziger und siebziger Jahren - und zum Teil heute noch - genau in die entgegengesetzte Richtung. Man lehrt die Pastoren, Lehrer statt Leiter zu sein. Eine neuerliche generelle Aufwertung des Laienvolkes der Kirche als Glieder des Leibes Christi hat dazu geführt, daß das Pendel noch weiter in diese Richtung ausschlug. Dem Pastor wird beigebracht, er habe als ein Glied des Leibes und nicht als Leiter des Leibes zu fungieren. Ted Engstrom sagt: »Alle ausgeprägten Leiterpersönlichkeiten haben sich bereitwillig mit den Menschen, die sie leiten, identifiziert, ohne deshalb in der Masse unterzugehen und Ansehen und Respekt zu verlieren. Ein Leiter muß bereit sein, von der Menge wegzugehen und alleine zu sein.«[5] Dieser Punkt ist bei der theologischen Ausbildung in den letzten Jahren viel zuwenig betont worden. Im nächsten Kapitel werde ich näher darauf eingehen und Alternativen zu einem Pastoren-Modell vorschlagen, bei dem der Pastor in erster Linie theologischer Lehrer ist und seine Leitungsfunktion darin besteht, daß er seine Gemeinde in einem demokratischen Prozeß als Berater begleitet.

Weil die theologische Ausbildung auf diesem Gebiet unzulänglich gewesen ist, wissen viele Pastoren auch nicht, wie sie die

Führungsrolle in ihren Gemeinden wahrnehmen sollen, auch wenn sie dies wollten. Zum Glück bieten jetzt die Studienpläne der Seminare in den USA mehr Kurse für Führungskräfte und über Organisationsmanagement an, und auch Weiterbildungsmöglichkeiten für solche Studien sind in zunehmendem Maße vorhanden.[6] Ich empfehle Pastoren, die ihre Gemeinden beim Wachstum anleiten wollen, daß sie solche Möglichkeiten nutzen.

c) Ein dritter Grund, weshalb manche Pastoren nicht willens sind, für ein Gemeindewachstum die Verantwortung zu übernehmen, besteht darin, *daß sie sich des Rufes Gottes nicht sicher sind.* Das ist ein schweres Hindernis für einen Menschen, der sich dem Dienst für Gott hingegeben hat. Wenn ein Pastor sich nicht sicher ist, daß er wirklich in der Gemeinde ist, in der Gott ihn haben will, dann ist die Motivation, den Preis für eine wachsende Gemeinde zu zahlen, sehr gering. Vor kurzem stellte John Wimber Untersuchungen an in Gemeinden, die 200 Mitglieder und mehr haben und in 10 Jahren um 100 Prozent gewachsen sind. Unter anderem fand er folgendes heraus: »Erstens wußten die Pastoren, daß Gott sie zum Dienst berufen hat. Zweitens stellten wir fest, daß sie wußten, daß Gott sie an ihren Platz gestellt hat.«[7] Gemeindewachstumspastoren hegen sehr wenig Zweifel daran, daß Gott sie in ihre Gemeinde gestellt hat! Diese Pastoren gehen auch davon aus, daß sie für längere Zeit in ihrer Gemeinde bleiben werden. Sie halten nicht nach fetteren Weiden Ausschau.

Sie besitzen zudem nicht nur die Gewißheit, daß Gott sie in eine bestimmte Gemeinde hineingestellt hat, sondern sind sich auch sicher, daß Gott sie dazu berufen hat, ihr Leiter zu sein. Eine der am schnellsten wachsenden Gemeinden in Südkalifornien ist die Saddleback Valley Community Church, eine Gemeinde der Southern Baptists in Laguna Hills. Ihr Pastor, Rick Warren, ist ein Gemeindewachstumsmann. Die Gemeinde feierte ihr dreijähriges Bestehen am Ostersonntag 1983 mit einer Besucherzahl von 1.000 Personen. Als Ziel hat er sich eine Zunahme auf 20.000 Mitglieder bis zum Jahr 2020 sowie die Neugründung von einer Gemeinde pro Jahr gesteckt. Bis jetzt haben sie in drei Jahren drei neue Gemeinden ins Leben gerufen. Zu den besonderen Qualitäten Warrens gehört ein sicheres Wissen um seine Berufung. Mich beeindruckt sein Briefkopf. Oben stehen in großen Buchstaben die Worte »Richard Warren, Pastor«. Der Gemeindename steht in kleinen Buchstaben am unteren Blattrand. Ich zeigte diesen Briefkopf einem befreundeten Pastor, der ausrief: »Das widerspricht doch allem, was ich je auf dem Seminar gelernt habe!« Er sagte, man habe ihm beigebracht, daß es in erster Linie um die Institution ginge und folglich der Briefbogen den Gemeindenamen mit Großbuchstaben und den Namen des Pastors in kleinen Buchstaben aufweisen müsse. Dieser Briefbogen hatte sein Empfinden für pastorale Bescheidenheit verletzt.

Man kann die Reaktion meines Freundes ohne weiteres verstehen. Schließlich ist der Leib Christi das Wichtigste, und das ist allen, die in biblischen Sinne Christen sind und dem Herrn dienen, auch klar. Doch die Absicht hinter Warrens Briefkopf ist nicht, Christen damit zu beeindrucken, sondern Nichtchristen - jene 20.000, die er im Verlaufe der nächsten dreißig oder vierzig Jahre für Christus zu gewinnen hofft. Eine interessante Umfrage wurde neulich im amerikanischen Bundesstaat Georgia veranstaltet. Man wollte von Leuten, die in keine Gemeinde gingen, wissen, was sie am ehesten dazu veranlassen könnte, sich für eine bestimmte Gemeinde zu entscheiden. Der am häufigsten genannte Grund war der Pastor. Der Pastor war für diese Leute wesentlich wichtiger als die Denomination, die Räumlichkeiten, die Freundlichkeit, das Gemeindeprogramm, die Lehre und sogar persönliche Freunde, die eventuell dorthin gingen. Rick Warren weiß das, und ebenso weiß er sich von Gott berufen, eine große Gemeinde zu bauen. Er selbst ist ein bescheidener Mensch, aber zugleich ist er bereit, die Verantwortung für das Wachstum seiner Gemeinde zu übernehmen.

## 2. Hart arbeiten

Der zweite Preis, der von Pastoren gezahlt werden muß, wenn sie ihre Gemeinde ins Wachstum führen wollen, ist harte Arbeit. Wir wollen dieser Tatsache nicht ausweichen. Es ist keine leichte Aufgabe, eine wachsende Gemeinde zu leiten. Am Schluß eines zweiwöchigen Seminars, das ich vor etlichen Monaten durchführte, hob einer der Pastoren die Hand und sagte: »Ich kann diese beiden Wochen in zwei Worten zusammenfassen: Harte Arbeit!« Und ich habe keineswegs im Sinn, die Pille zu versüßen. Die Gemeindewachstumspastoren, die ich kenne, verbringen viele

Stunden mit Planung, mit der Begegnung mit Leuten, die in dieser oder jener Weise einen Einfluß auf den Wachstumsprozeß ausüben, mit Gebet, mit Suchen nach Gottes Willen, mit Studieren und Forschen, mit Problembewältigung, vor allem aber damit, Gottes Träume »nachzuträumen«. Und all das neben den üblichen Pflichten eines Pastors.

Einer der Brennpunkte des Gemeindewachstums ist Korea. Vor hundert Jahren gab es in Korea noch keine Christen. Jetzt sind 30 Prozent der Bevölkerung Christen, und die Gemeinden verzeichnen weiterhin starkes Wachstum. Für das koreanische Gemeindewachstum spielen viele Faktoren eine Rolle, besonders jedoch die Auffassung, daß der Pastor wirklich der Leiter der Gemeinde ist. Koreanische Pastoren besitzen eine beträchtliche Autorität. Sie werden geliebt und respektiert. Pastoren stehen in hohem Ansehen. So wie Mütter in anderen Ländern beten, daß ihre Töchter einen Arzt oder einen Juristen heiraten mögen, beten koreanische Mütter, daß ihre Töchter einen Pastor heiraten mögen. Aber koreanische Pastoren arbeiten hart für ihr Geld. Jeder von ihnen ist sieben Tage in der Woche schon früh auf und leitet die Frühgebetsstunde in der Gemeinde um 4.30 oder 5.00 Uhr. An den meisten Tagen arbeiten sie auch bis spät in den Abend hinein. Ich mache keinen Hehl aus der Tatsache, daß ich die koreanischen Gemeindeleiter wirklich bewundere.

Das geistliche Amt birgt leider auch die Gefahr der Faulheit in sich. Man braucht nicht für jede Arbeitsstunde Rechenschaft abzulegen. Pastoren bedienen keine Stempeluhr. Zu ihren Arbeitsplätzen gehören: die Kirche, das Haus des Pastors, das Auto, das Krankenhaus und die Wohnungen der Gemeindeglieder. Hier und anderswo ist der Pastor unterwegs, ohne daß man seiner Spur immer folgen kann. Längst nicht alle Amerikaner, die sich ihren Unterhalt verdienen, erfreuen sich eines solchen Maßes an Freiheit, wie es für einen vollzeitlichen Pastor charakteristisch ist. Aber mit der Freiheit ist auch eine Verantwortung verknüpft, und wenn der Pastor nicht genügend Selbstdisziplin besitzt, um mit dieser Freiheit richtig umzugehen, so sollte eine Verbesserung auf diesem Gebiet obenan auf der Gebetsliste stehen.

Ich rede nicht der Arbeitswut das Wort. Ich meine auch nicht, daß beim Pastor die Arbeit vor der Familie kommt. Mir geht es um ein Gleichgewicht zwischen angestrengtem Arbeiten, kreativer Erholung und sinnvoller Beschäftigung mit den Angehörigen. Das gehört für mich immer noch zum Leben eines Gemeindewachstumspastors. Lee Lebsack, der miterlebte, wie seine Assemblies of God-Gemeinde in Ravenna, Ohio, in sechs Jahren von 200 auf 2.000 Glieder anwuchs, studierte zehn der größten Gemeinden der Assemblies of God. Unter anderem machte er die Beobachtung, daß die Pastoren aller zehn Gemeinden ausgezeichnete Leiter waren. Und dann sagt er: »Etwas, das alle diese Pastor gemeinsam haben . . . sind ihre ausgeprägten Arbeitsgewohnheiten. Es sind keine faulen Männer, sie arbeiten hart. Ihre Gemeinden sind ein Spiegelbild ihres Einsatzes.«[8]

Zwar bedeutet die pastorale Tätigkeit in einer wachsenden Gemeinde schwere Arbeit, sie bereitet aber auch Freude. Einer meiner engsten Freunde ist John Wimber, Pastor der Vineyard Christian Fellowship in Anaheim, Kalifornien. Ich erinnere mich, wie er vor über zwölf Jahren in seiner Wohnstube mit siebzehn Leuten begann. Jetzt finden die Zusammenkünfte in einer ehemaligen Fabrikhalle statt, in der sich weit über 5.000 Menschen versammeln. Mir gefällt, wie Wimber seine Arbeit beschreibt: »Ich liebe meine Arbeit. Ich stehe gerne am Morgen auf und tue, was ich gestern getan habe. Es macht Spaß, in einer wachsenden Gemeinde zu sein. Letztes Jahr tauften wir 337 Leute. Das begeistert mich, das ist richtig aufregend!«[9]

Teil der harten Arbeit eines Gemeindewachstumspastors ist es, zu lernen, wie Gemeinden wachsen. Vor 25 Jahren gab es in der theologischen Ausbildung weder Kurse über Gemeindewachstum noch Bücher zu diesem Thema. Wohl gab es das Fach »Evangelisation«, doch dabei ging es vor allem darum, die bestehenden Institutionen zu erhalten und sich darum zu kümmern, daß man auf die Bedürfnisse der Gemeindeglieder eingeht. John Wimber zum Beispiel ist nicht durch Zufall Gemeindewachstumspastor geworden. Während den ersten Jahren seines Seelsorgedienstes Anfang der siebziger Jahre machte er eine einfache Beobachtung: In seiner unmittelbaren Umgebung gab es zehn Gemeinden mit je 2.000 Mitgliedern. Deren Pastoren taten offensichtlich etwas, was John nicht tat. So fing er an, mit möglichst vielen von ihnen eine persönliche Beziehung aufzubauen. Innerhalb eines Jahres traf er sich mit vier von ihnen regelmäßig und nahm in sich auf, was sie wußten. Der Erfolg seiner Bemühungen ist unter anderem, daß jetzt, zehn Jahre später, Hunderte von Pastoren John Wimber aufsuchen, um von ihm zu erfahren, wie er es macht.

Ich will damit sagen, daß das alles Zeit, Energie und Einsatz benötigte. Es bedeutete harte Arbeit, den Kontakt mit diesen vier Pastoren herzustellen, aber die Mühe hat sich gelohnt. Wer jetzt eine Ergänzung zu seiner Seminarausbildung braucht, hat viele Gelegenheiten, etwas über Gemeindewachstum zu erfahren, aber ohne Arbeit geht es nicht. Wenn Sie bereit sind, diesen Preis zu zahlen, so beachten Sie folgende Anregungen:

*a) Besuchen und studieren Sie wachsende Gemeinden.* Die persönliche Erfahrung ist sehr wichtig, wenn es darum geht, eine Gemeinde zum Wachstum zu führen. Die meisten amerikanischen Pastoren haben nie wirklich persönlich erlebt, was Wachstum ist. Sie wuchsen in einer Gemeinde auf, deren Mitgliederzahl stagnierte; die ersten praktischen Erfahrungen während der Seminarzeit holten sie sich in kleinen, ebenfalls stagnierenden Gemeinden. Die ersten von ihnen betreuten Gemeinden waren klein und nahmen nicht zu, und die Gemeinden, die sie jetzt leiten, verzeichnen ebenfalls kein Wachstum. Haben Sie eine ähnliche Erfahrung gemacht, so sollten Sie Gemeindewachstum aus eigener Anschauung kennenlernen, und das geschieht am besten, indem Sie eine wachsende Gemeinde aufsuchen. Oder besuchen Sie eines der Seminare, welche von Pastoren wachsender Gemeinden gehalten werden. Als langjähriges Fakultätsmitglied des Robert H. Schuller Institute for Successfull Church Leadership sah ich, welch tiefgreifende Veränderungen sich in der Einstellung von Pastoren und Laienmitarbeitern vollzogen, die im Laufe der Jahre die Crystal Cathedral besuchten. Nur schon einige wenige Tage können einen beträchtlichen Unterschied bewirken.

*b) Lesen Sie Bücher zum Thema Gemeindewachstum.* In den letzten zehn Jahren hat die Anzahl der Bücher über das Thema Gemeindewachstum rasch zugenommen. Es gibt ausgezeichnetes Material. Mein Vorschlag ist, daß Sie sich vornehmen, jeden Monat ein neues Buch über Gemeindewachstum zu lesen. Sie können sich Ihre eigenen Exemplare besorgen oder dem American Church Growth Book Club beitreten, den ich vor einigen

Jahren ins Leben gerufen habe, als ich feststellte, daß die christlichen Buchläden im allgemeinen keine Bücher über Gemeindewachstum in ihrem Sortiment führen. Der Buchklub bietet Ihnen pro Jahr zwölf verschiedene Titel zur Auswahl an, von denen Sie bestellen können, was Sie möchten.[10]

*c) Besuchen Sie Seminare und Workshops über Gemeindewachstum.* Über Jahre hinweg ist das Institute of American Church Growth führend gewesen in der Durchführung von Seminaren und Workshops über verschiedene Aspekte des Gemeindewachstums. Auch andere ausgezeichnete Institutionen tun unterdessen dasselbe. Es gibt Kirchen, die solche Anlässe für die eigenen Pfarrer und Mitarbeiter veranstalten. Ich erwähnte bereits, daß manche wachsenden Lokalgemeinden so etwas von Zeit zu Zeit organisieren. Larry Dewitt, Pastor der Calvary Community of Thousand Oaks, Kalifornien, wird von anderen Pastoren zeitlich so sehr in Anspruch genommen, daß er jetzt jeden Monat einen Tag speziell dafür reserviert, Pastoren und kirchliche Verantwortliche zu empfangen und sich mit ihnen darüber austauscht, was der Herr ihn gelehrt hat. Gesten wie diese sind eine wunderbare Gelegenheit, mehr über Gemeindewachstum zu erfahren.

*d) Besuchen Sie Kurse für Gemeindewachstum.* Erkundigen Sie sich bei den Seminaren und theologischen Ausbildungsstätten in Ihrer Umgebung, ob sie für Pastoren Weiterbildungskurse über Gemeindewachstum anbieten. Ich glaube, ich habe durch meinen Lehrdienst am Fuller Doctor of Ministry Programm amerikanischen Pastoren einiges an Hilfe bieten können. Meines Wissens ist dies das einzige Programm für doktorierende Theologen, welches so ausgeprägt auf das Studienfach Gemeindewachstum zugeschnitten ist. Die Doktoranden-Kurse können sowohl von jenen besucht werden, die für dieses Studienprogramm eingeschrieben sind, wie auch von solchen, die sich lediglich weiterbilden möchten. Das Seminar nimmt jedes Jahr 140 Studierende für seine Gemeindewachstumskurse auf.[11]

## 3. Den Dienst mit anderen teilen

Ein dritter Preis, den Pastoren zahlen müssen, wenn sie möchten, daß ihre Gemeinden wachsen, besteht darin, daß sie den

Dienst mit haupt- und nebenverantwortlichen Mitarbeitern teilen sollten.

Es wäre nicht ganz richtig zu sagen, daß es nicht zu einem Gemeindewachstum kommen könne, wenn sich der Pastor nicht den Dienst mit anderen teilt. Der Dienst in einer kleinen Gemeinde kann von einer einzigen Person gut bewältigt werden. Zu diesem Dienst zählen: Predigen, Lehren, Seelsorge, Evangelisation, Kasualien, Verwaltung, Hausbesuche usw. Doch sobald die Gemeinde mehr als 200 aktive Mitglieder hat - also die *200er Grenze* erreicht hat -, wächst die Arbeit dem durchschnittlich begabten Pastor gewöhnlich über den Kopf. Wohl können Gemeinden bei solch einem Ein-Mann-Betrieb bis an die 200-Personen-Grenze gelangen, doch darüber hinaus geht es nicht mehr viel weiter.

Ehe wir mit dem Thema Aufgabenteilung fortfahren, möchte ich noch etwas zur besagten 200er Grenze bemerken. Die Untersuchungen, die ich im Laufe der Jahre über die Wachstumsdynamik von Gemeinden angestellt habe, haben gezeigt, daß die Zahl 200 eine numerische Wachstumsgrenze darstellt. Mir ist bekannt, daß andere aufgrund ihrer Untersuchungen auf andere Zahlen gestoßen sind. David A. Womack, zum Beispiel, hat eine längere Listen vorgelegt, auf der die Zahlen 35, 85, 125, 180, 240, 280, 400, 600, 800 und 1.200 als kritische Punkte aufgezählt sind.[12] Für mich besteht kein Grund zu bezweifeln, daß es sich bei diesen Zahlen um wichtige Wachstumsmarkierungen handelt, außer daß ich bei der eigentlichen Felddiagnose auf die Tatsache gestoßen bin, daß keine dieser Zahlen auf die Dauer ein Problem gewesen ist. Das ist bei der 200er Grenze anders. Ich bin überall immer wieder auf diese erstaunliche Grenze gestoßen. Es ist kein Zufall, daß 80 Prozent der amerikanischen Gemeinden eine Mitgliederzahl von 200 oder darunter aufweisen. Lyle Schaller hat von dieser Zahl als einer Art »Schallmauer« gesprochen, und ich muß ihm darin recht geben. Entscheidungen, welche von der Gemeindeleitung dann getroffen werden, wenn die Gemeinde die Mitgliederzahl von 200 erreicht hat, haben auf die Zukunft einer Gemeinde einen größeren Einfluß als zu irgendeinem anderen Zeitpunkt.

Ich muß hierbei natürlich verallgemeinern. Die Zahl 200 hat nichts Magisches an sich, sondern kennt Abweichungen nach oben und unten. Der Ausdruck »200er Grenze«, den ich in diesem Buche ziemlich häufig verwende, bedeutet eine Spanne zwischen 150 und 250 aktiven Mitgliedern. Mit aktiven Mitgliedern sind solche gemeint, deren Namen im Mitgliederverzeichnis stehen. Sie müssen nicht unbedingt jeden Sonntag anwesend sein, lassen sich jedoch immer wieder sehen, sie unterstützen die Gemeinde finanziell, sie betrachten die Gemeinde als »meine Gemeinde«, sie erwarten, daß ihre Kinder einst ebenfalls Mitglied werden und daß im Rahmen der Gemeinde für besondere Anlässe wie Hochzeiten und Beerdigungen Gelegenheit geboten ist. Mit anderen Worten, sie erwarten, daß die Gemeinde und deren Personal ihnen ihre Dienstleistungen zur Verfügung stellen. Rein *zahlenmäßig* gesehen (es ist ja durchaus möglich, daß andere Faktoren in Erscheinung treten können) wird eine örtliche Gemeinde in ernstliche Wachstumsschwierigkeiten geraten, sobald sie eine Mitgliederzahl zwischen 150 und 250 Personen aufweist, die zumindest dem von mir oben beschriebenen Niveau entsprechen. Gemeinden unterhalb der 200er Grenze besitzen eine gewisse vorhersagbare Dynamik, Gemeinden oberhalb der 200er Grenze sind wiederum eine Welt für sich, wobei ganz andere Gesichtspunkte betrachtet werden sollten.

Im Laufe meiner weiteren Ausführungen werde ich noch einige davon erwähnen, doch im Moment befassen wir uns mit der Aufgabenteilung. Wenn die Gemeinde die 200er Grenze überschreiten will, muß der Pastor damit anfangen, seinen Dienst mit anderen zu teilen. Es ist nicht gut, so lange zu warten, bis das Wachstum um 200 herum stockt und erst dann mit der Aufgabenteilung zu beginnen. Diese sollte schon vorher einsetzen, um einen Verlust des Wachstumsschwungs zu vermeiden. Es ist nämlich viel schwieriger, nach einem solchen Wachstumsstop wieder neu anzufangen, als ihn von vornherein zu vermeiden.

Bei späterer Gelegenheit werde ich näher darauf eingehen, wie ein Leiterkreis gebildet werden kann, der sich speziell dem Gemeindewachstum widmet. Doch soviel sei hier gesagt, daß man mindestens eine weitere hauptamtliche Person einstellen sollte, bevor die Gemeinde anfängt, bei der 200er Grenze zu stagnieren. Doch das Hinzuziehen eines weiteren hauptamtlichen Mitarbeiters scheint für manche Pastoren ein zu hoher Preis zu sein. Es entspricht eher ihrer Art, alles allein zu machen. Sie werden sich weder als Mitglied eines Leiterkreises, der von einem anderen verantwortlich geführt wird, glücklich fühlen noch als Verantwortlicher eines eigenen Leiterkreises. Es geht mir nicht so sehr darum, diese innere Sperre für Zusammenarbeit als negativen Charakterzug darzustellen. Ich möchte aber darauf hinweisen, daß dieser Faktor das Wachstum der Gemeinde stark begrenzen kann.

Eine Aufgabenteilung mit teilzeitlichen Mitarbeitern ist eine andere Frage, die aber für manche nicht weniger schwierig zu beantworten ist. Manche Pastoren sind der Meinung, Laien seien nicht für den Dienst qualifiziert, weil sie keine volle theologische Ausbildung genossen hätten. Manche befürchten insgeheim, daß ein Laie auf einem gewissen Gebiet sogar einen besseren Dienst tun könnte als sie selber. Manche fühlen sich verpflichtet, ihr Gehalt verdienen zu müssen, indem sie alles alleine machen, und leider gibt es einflußreiche Gemeindeglieder, die sie darin bestärken und sagen:»Für was zahlen wir denn sonst dein Gehalt?«Was immer auch der Grund sein mag, Tatsache ist, daß es eine ernstliche Behinderung des Gemeindewachstums ist, wenn man seinen Dienst nicht mit Laien teilen kann.

Management-Fachleute sprechen in Zusammenhang mit Aufgabenteilung von »delegieren«. Kürzlich las ich in einem von Engstroms Büchern von fünf Gründen, weshalb Leiter beim Delegieren versagen. Diese fünf Gründe beziehen sich auf die Arbeitsteilung sowohl auf vollzeitlicher wie auf nebenamtlicher Ebene. Ich möchte sie hier einmal nennen:

1.  Sie glauben, daß niemand außer ihnen selbst den Aufgaben wirklich gewachsen ist.

2.  Sie haben Angst vor Konkurrenz.

3.  Sie haben Angst, Anerkennung zu verlieren.

4.  Sie haben Angst, Schwächen einzugestehen.

5.  Sie haben das Gefühl, nicht genug Zeit zu haben, um die Arbeit anderen zu übergeben und die nötige Anleitung zu geben.[13]

In meinen Beratungen mit Dutzenden von Pastoren bin ich immer wieder auf alle diese Probleme gestoßen. Es ist gar nicht so schwer, zu verstehen, warum eine Aufgabenteilung für manche Pastoren einfach ein Preis für Wachstum ist, den sie nicht zu zahlen bereit sind.

## 4. Gemeindeglieder haben, ohne sie persönlich zu betreuen

Das erscheint zunächst seltsam. Wie kann ein Pastor Mitglieder haben, die er nicht betreuen kann?

Ich möchte zuerst erklären, was ich unter Betreuen in diesem Zusammenhang verstehe. Fast immer, wenn ich in diesem Buch den Ausdruck *Pastor* benutze, meine ich damit den hauptverantwortlichen Pfarrer oder Leiter einer örtlichen Gemeinde, oft auch Hauptpastor genannt. Im Zusammenhang mit unserem Thema jedoch verwende ich den Ausdruck *Pastor* in einem buchstäblicheren Sinn. Ich habe dabei die persönliche Beziehung im Auge, die ein Pastor als Hirte zu jedem seiner Gemeindeglieder hat. Hierbei handelt es sich um ein ausgesprochen traditionsreiches Bild des Pastors. Viele Gemeinden erwarten , daß der von ihnen angestellte Pastor diesem Modell entspricht. Wenn Sie das Herz eines Pastors beziehungsweise eines Hirten haben, dann müssen Sie die Namen aller Ihrer Gemeindeglieder und ihrer Familien kennen, x-mal im Jahr einen jeden von ihnen besuchen, sich um jeden Kranken kümmern, die ganze Seelsorge machen, alle Taufen, Trauungen und Beerdigungen vornehmen, bei persönlichen Problemen Beistand leisten und eine Art familiärer Beziehung zu einem jeden einzelnen pflegen.

Das alles läßt sich bis zur 200er Grenze machen. In seltenen Fällen kann man noch ein bißchen darüber hinaus gehen. Aber um die 200er Grenze zu überschreiten und eine gesunde Wachstumsrate aufrecht zu erhalten, muß der Pastor willig sein, einen gewissen Preis zu zahlen. Manchem Pastor erscheint dieser Preis zu hoch: Er muß bereit sein, die Rolle eines *Hirten* mit der eines *Ranchers* zu vertauschen.

Diese bildliche Ausdrucksweise verdanke ich Lyle E. Schaller, der sie seinerseits der Stegreifbemerkung eines presbyterianischen Pfarrers in Texas verdankt.[14] Sie ist außerordentlich passend. Daran ist zu beachten, daß in einer Gemeinde, die von einem Rancher geleitet wird, die Schafe immer noch betreut werden, allerdings nicht vom Rancher selbst. Der Rancher sorgt aber dafür, daß andere es tun.

Es ist für einen Pastor nicht leicht, etwas anderes als ein Hirte zu sein. Nicht nur sind die allermeisten Pastoren tatsächlich Hirten, sondern ihre Gemeinden verlangen, daß sie es auch weiterhin bleiben. Schaller bemerkt, daß »die Hirtenrolle wahrscheinlich das richtige Anforderungsprofil für einen Pastor ist, dessen Gemeinde weniger als 150 Besucher in den wöchentlichen Gottesdiensten zählt . . . Aber dieses pastorale Selbstverständnis führt häufig dazu, daß die evangelistischen Aktivitäten einer solchen Gemeinde gehemmt werden.«[15] Anders ausgedrückt, ein solcher Pastor ist ein Wachstumshindernis.

Am Wochenende zwischen den beiden Wochen meines *Doctor of Ministry Church Growth I-Kurses* hier am Fuller Institut besuchen die Pastoren verschiedene Gemeinden und interviewen sowohl die Gemeindeleitung wie auch etliche gewöhnliche Gemeindeglieder. Eine ihrer Fragen an die Gemeindeglieder lautet: »Warum bleiben Sie in dieser Gemeinde?« Die eine der Gemeinden, welche auf diese Weise befragt werden, ist die Crystal Cathedral mit ihren 10.000 Mitgliedern. Es ist erstaunlich genug, daß die befragten Leute in dieser Gemeinde stets zur Antwort geben: »Dies ist die freundlichste Gemeinde in Orange County!« Wie ist das möglich?

Einer der Hauptgründe dafür ist, daß der Pastor, Robert H. Schuller, ein Rancher par exellence ist. Er hat ein weites Herz für seine Leute, aber er ist realistisch genug, um zu wissen, daß er sich nicht um einen jeden einzelnen kümmern kann. Die meisten Gemeindeglieder der Crystal Cathedral haben das Gefühl, einen engen Kontakt mit ihrem Pastor gehabt zu haben, wenn sie alle sechs Monate einmal Schuller die Hand schütteln können. Aber Schuller hat an einen seiner Mitarbeiter, David Bailey, die Aufgabe delegiert, eine Gruppe von 700 Laienpastoren zu schulen. Diese begabten Männer und Frauen haben jeweils 250 Stunden gründlicher Ausbildung zum Seelsorgedienst hinter sich, die in der Gemeinde selbst stattfindet. Sie sind ausgebildet in Bibelkunde, Theologie, Seelsorge, Kirchengeschichte, praktischer Theologie und ähnlichen Fächern, die man auch studieren würde, wenn man ein theologisches Seminar besuchen würde. Sie sind von der Gemeinde offiziell als Pastoren eingesetzt. Jedem von ihnen sind zehn bis fünfzehn Familien in der Gemeinde zugeteilt, für die sie verantwortlich sind. Nicht Pastor Schuller, sondern sie sind die Hirten. Wenn einer aus ihrer Gruppe krank ist oder ein Problem hat, stehen sie helfend zur Seite. Wenn sie mit einer Situation nicht selber fertigwerden, wenden sie sich an die Gemeindeleitung. Sie machen Haus- und Krankenhausbesuche. Das Durchschnittsmitglied der Crystal Cathedral wird einmal im Monat von einem Pastor der Gemeinde kontaktiert, manchmal telefonisch, manchmal durch einen Besuch, manchmal brieflich. Kein Wunder, daß sie ihre Gemeinde als die freundlichste in Orange County betrachten! Nicht einmal in kleineren ländlichen Gemeinden erfreuen sich alle Leute einer solchen persönlichen Aufmerksamkeit seitens des Pastors.

Als ich zum erstenmal Charles Allen, dem Pastor der First Methodist Church in Houston, Texas, begegnete, erlebte ich eine Überraschung. Selbstverständlich interessierte es mich, wie er es fertigbringt, eine Gemeinde von 12.000 Mitgliedern - damals die größte methodistische Gemeinde der Welt - zu leiten. »Nun«, sagte er, »zum einen besuche ich jede Familie einmal jedes Vierteljahr.« Als er mein ungläubiges Staunen bemerkte, wollte er augenzwinkernd von mir wissen: »Was meinen Sie, wird Gott wohl Lügner in den Himmel einlassen?« Das war seine Art, mir zu bedeuten, daß er ein Rancher war.

### 5. Theologisches Umdenken

Ein fünfter und letzter Kostenpunkt, den Pastoren zahlen müssen, um ihre Gemeinde zum Wachstum zu führen, besteht darin, daß die verschiedenen theologischen Ansätze neu durchdacht werden müssen. Für solche Pastoren, die sich persönlich stark mit einem einzigen theologischen Standpunkt identifizieren, wird das sehr schwer sein, besonders wenn sie sich durch Veröffentlichungen bereits hervorgetan haben. Im letzten Kapitel erwähnte ich die liberale Theologie sowie die Rolle, die sie meiner Meinung nach beim Mitgliederschwund der Großkirchen gespielt hat. Es erübrigt sich, näher darauf einzugehen. Ich glaube allerdings, daß es unter den aufgeschlossenen Pastoren dieser Kirchen eine Bewegung der Abkehr von der modernistischen Theologie und der Hinwendung zu einer biblischeren - evangelikaleren - Theologie zu beobachten ist. Ich möchte zwar nicht direkt von einem Trend reden, doch ich habe mich während der letzten Jahre bei verschiedenen Gelegenheiten mit Pastoren unterhalten, die wie beiläufig sagten:»Als ich noch Modernist war . . .« Natürlich sind es vor allem Pastoren, die eine solche theologische Kehrtwendung vollzogen haben, welche in einem meiner Gemeindewachstumskurse oder -Seminare anzutreffen sind.

Ich beschränke meine Aussagen an dieser Stelle auf zwei theologische Positionen, die im ganzen liberalen und evangelikalen Spektrum vertreten sind und die sich als theologische Wachstumshindernisse erwiesen haben.

*a) Die »Theologie der kleinen Herde«.* Es war Donald McGavran, der vor Jahren den Ausdruck *»Theologie der kleinen Herde«* prägte, der seitdem Bestandteil der Gemeindewachstums-Terminologie geworden ist. Diese Theologie ist, so McGavran, in Gebieten entstanden, wo die christliche Arbeit nicht nur fast stagniert, sondern auch Jahrzehnte der Niederlagen erlebt hat. Er füllt den Begriff so:»In dieser theologischen Position wird das Kleine und Schwache regelrecht glorifiziert. Heiligkeit ist gleichbedeutend damit, in einer kleinen Schar der Auserwählten zu sein. Man meint, nur langsames Wachstum sei wirklich gesundes Wachstum.«[16] Für diese Theologie ist Gideon und sein Heer ein Paradebeispiel. Es sind Bücher herausgegeben worden mit Titeln wie *Small Churches are Beautiful, Small Churches Are the Right Size* sowie *Church Growth Is Not the Point.* Gemeinden mit vielen Mitgliedern und großen Zuwachsraten erscheinen - aus der Sicht der Theologie der kleinen Herde - in hohem Maße verdächtig.

*b) Treue wird gegen Erfolg ausgespielt.* Diejenigen, die Nicht-Wachstum zu rechtfertigen versuchen, hört man oft sagen:»Gott hat uns dazu berufen, treu zu sein, nicht aber erfolgreich.« Dabei berufen sie sich oft auf 1.Kor. 4,2:»Nun sucht man nicht mehr an den Haushaltern, daß sie treu erfunden werden.« Ich habe jedoch nie verstehen können, wie man Treue gegen gute Haushalterschaft ausspielen kann. Ich habe vielmehr den Eindruck, daß -

biblisch gesehen - beides zusammengehört. Zu dem, was Jesus über Haushalterschaft lehrt, gehört vor allem auch das Gleichnis von den anvertrauten Talenten. Darin beschreibt er eine Szene aus der Geschäftswelt, in der ein Mann seinen drei Angestellten 1.000 DM, 2.000 DM und 5.000 DM (um in modernen Begriffen zu reden) übergibt. Für jeden besteht die Aufgabe darin, damit mehr Geld zu machen. Der mit 2.000 DM kommt mit 4.000 DM zurück, und der mit 5.000 DM bringt 10.000 DM zurück. Was sagt nun der Chef zu den beiden? »Recht so, du guter und *treuer* Knecht.« Sie waren beide treu gewesen, weil sie die Mittel ihres Herrn erfolgreich und in seinem Sinn eingesetzt hatten. Der ungetreue Angestellte erreichte das von seinem Herrn vorgegebene Ziel nicht, oder anders ausgedrückt, er war erfolglos geblieben.

Da die theologische Auffassung, Treue und Erfolg paßten nicht zusammen, auf den ersten Blick so bescheiden und fromm erscheint, hat man im allgemeinen nicht erkannt, daß hier eine theologische Denkblockade errichtet worden ist, die das Wachstum der Gemeinde verhindert. Doch in letzter Zeit wird diese Position gerade in den Großkirchen, wo sie am häufigsten anzutreffen war, in Frage gestellt. Zum Beispiel sagt Edward Brubaker im Bericht der United Presbyterian Task Force on Church Membership: »Wir müssen damit aufhören, uns ständig zu rechtfertigen, falschen Ursachen die Schuld zuzuweisen und verzweifelt die Hände zu ringen, und sollten statt dessen deutlich zugeben, daß Gemeindewachstum ein natürliches Resultat von Treue und Gehorsam dem Evangelium gegenüber ist.«[17] Ich stimme Brubaker zu, daß es höchste Zeit ist, einzusehen, daß im allgemeinen die Gemeinden wachsen, wenn wir Gott gegenüber in unserem Glaubensleben und in unserem Zeugnis treu sind. Es gibt natürlich Ausnahmen zur Regel, aber das sind wirklich nur Ausnahmen. Wenn günstige Wachstumsbedingungen vorhanden sind, sollte man theologische Erklärungsmodelle nicht als Entschuldigung für ausbleibendes Wachstum mißbrauchen.

# Welchen Preis müssen die Gemeindeglieder zahlen?

Wie wir sahen, haben Pastoren einen fünffachen Preis für Gemeindewachstum zu zahlen. Nun ist es an der Zeit, über den Preis zu sprechen, den die Gemeindeglieder zahlen müssen, wenn sie ein Wachstum ihrer Gemeinde erwarten. Ich sehe insbesondere vier Punkte:

## 1. Bereitwillig einer wachstumsorientierten Leitung folgen

Leiter ohne Geleitete ergeben keinen Sinn. Wenn eine starke Gemeindeleitung so wichtig ist, wie ich glaube, dann kommt es auch sehr auf die gute Mitarbeit der Gemeindeglieder an. Der Test für einen Leiter besteht darin, daß die Leute ihm folgen, und zwar freiwillig und gerne. Ich habe mit vielen frustrierten Pastoren gesprochen, die ihre Gemeinde gerne zu einem Gemeindewachstum führen möchten, es aber nicht können, weil ihnen die Gemeindeglieder die Zustimmung versagen.

Die aus der landwirtschaftlichen Szene entlehnte Analogie vom Hirten und den Schafen ist ein schlagender Vergleich. Ich komme aus der Landwirtschaft und besitze einen akademischen Grad in Tierhaltung. Obgleich ich kein Schafzüchter bin, bin ich doch genug über Schafe informiert, um zu wissen, daß sie die abhängigsten und verletzbarsten Tiere auf der Farm sind. Kühe, Schweine, Pferde, Ziegen und Hunde sind alle intelligenter und unabhängiger als Schafe. Die Rolle, die der Hirte im Leben der Schafe spielt, ist enorm. Aber nicht ich habe den Vergleich erfunden, es ist ein biblischer Vergleich. Gemeindeleiter werden in der Bibel als Hirten (Pastoren) bezeichnet und die Gemeindeglieder als Herde.

In manchen Gemeinden ist den Mitgliedern dieser Preis für Gemeindewachstum zu hoch, wenn das bedeutet, als »Schaf« der Leitung eines Pastors zu folgen. Wenn sich die Einstellung der Gemeindeglieder nicht ändert, wird das Wachstumspotential ihrer Gemeinde gering bleiben. Dieser Punkt ist so wichtig, daß ich in einem späteren Kapitel darauf zurückkommmen werde, so daß es sich an dieser Stelle erübrigt, mehr darüber zu sagen.

## 2. Das nötige Geld aufbringen

Gemeindewachstum kostet Geld. Wohl gibt es einige experimentelle Gemeindewachstumsprojekte, die wirtschaftlicher sind als der Durchschnitt, aber im großen und ganzen wird es immer Geld kosten. Es liegt auf der Hand, daß dieses Geld letztlich von den Gemeindegliedern kommen muß.

Bei meinen Beobachtungen von wachsenden Gemeinden stelle ich fest, daß bei ihnen etwas Aufregendes in der Luft liegt, eine Art Elektrizität. Die Menschen glauben an das, was geschieht, und sind bereit, die Rechnungen zu begleichen. Geizige, knickrige, pfennigfuchsende Gemeinden sind nicht typische Wachstumsgemeinden. Die Glieder wachsender Gemeinden sind oft fröhliche Geber, und diese liebt Gott, wie er verheißen hat.

Ich habe festgestellt, daß großzügiges Geben für das Wachstum gewöhnlich nicht der Ausgangspunkt ist. Opfern ist nicht Ursache, sondern Wirkung. Es steht eindeutig in Verbindung mit dem ersten Preis, den eine Gemeinde zu zahlen hat, nämlich die Willigkeit, der Gemeindeleitung zu folgen. Wenn sich die richtige Beziehung zwischen dem Pastor und den Mitarbeitern entwikkelt, zeigen die Gemeindeglieder auch eine größere Bereitschaft, sich finanziell zu engagieren. Sie müssen an eine Sache, wirklich glauben, wenn sie motiviert werden sollen, sie mit Geld zu unterstützen.

Dies ist lediglich eine Einleitung. Ich werde später auf Einzelheiten eingehen, wenn es um die Notwendigkeit geht, die Gemeinde zur gemeinsamen Nachfolge anzuleiten.

## 3. Bereit sein für die Umstrukturierung der Hauskreise

Eine der größten Segnungen des Christseins ist die Freude an der Gemeinschaft mit anderen Christen. Gemeinden, welche keine sinnvollen Gelegenheiten zur Gemeinschaft gläubiger Brüder und Schwestern untereinander anbieten, wachsen gewöhnlich auch nicht. Gerade weil zwischenmenschliche Beziehungen einen hohen Stellenwert unter den meisten Gläubigen besitzen, ist es unschwer zu erkennen, warum manche es als einen zu hohen Preis für Wachstum betrachten, wenn man sie dabei stört, diese Gemeinschaft in aller Ruhe zu genießen.

Im schlimmsten Fall kann der Wunsch, die gewohnten Beziehungen der Gläubigen untereinander beizubehalten, auf Fremde abstoßend wirken. Ich betrachte das als eine Krankheit und nenne es »Koinonitis«, abgeleitet vom biblischen Wort für Gemeinschaft, *koinonia*. Es ist eine fehlgeleitete Koinonia, sozusagen ein »Gemeinschaftsfieber«. Die davon infizierten Gläubigen genießen den Kontakt untereinander so sehr, daß sie den Blick für die ungläubigen Menschen um sie herum verlieren. Weil sie Außenstehende ungewollt als Bedrohung ihrer Kreise empfinden, schließen sie diese aus ihren Kreisen aus. Wachstum fasziniert solche Christen keineswegs. Es ist - wenn möglich - sogar ganz zu vermeiden.

Ich kann mich nicht an eine Gemeinde erinnern, in der man über solche Empfindungen offen gesprochen hätte. Jedermann weiß, daß das nicht einer christlicher Einstellung entspricht. Die meisten Gläubigen beteuern, daß es ihr Wunsch sei, anderen das Evangelium zu bringen. In der Tat werden viele Menschen aus Gemeinden, die unter akuter Koinonitis leiden, beim Lesen dieser Zeilen sagen:»Ein Glück, daß uns das ja nicht betrifft!« Der Grund dafür ist, daß sie sich in vielen Fällen dieser unterschwelligen Einstellung nicht bewußt sind. Aber während die Gemeindeglieder selber es nicht merken, daß sie an Koinonitis erkrankt sind, merken es die Neuhinzugekommenen in kürzester Zeit. Sie spüren die Kluft zwischen dem Lächeln und dem Begrüßen in der Kirche und der unüberwindlichen Barriere, welche die Hauskreise und Gruppen umgibt.

Das ist sowohl in kleinen wie auch in großen Gemeinden ein Wachstumshindernis. In kleinen Gemeinden steht es zu der bereits erwähnten 200er Grenze in Beziehung. Ich wies darauf hin, daß Pastoren, wenn sie die 200er Grenze überschreiten wollen, bereit sein müssen, a) ihren Dienst mit anderen zu teilen und b) ihre Gemeindeglieder nicht alle persönlich betreuen zu können. Gerade hier fällt ein Teil der Verantwortung für das Überschreiten der 200er Grenze auf die Schultern der Laien. Sie müssen bereit sein, ihr Gemeinschaftsverhalten zu revidieren.

Die kleine Gemeinde ist, wie schon erwähnt, eine Ein-Zellen-Gemeinde, und als solche besitzt sie bestimmte Werte. Sie hat eine Integrität ganz besonderer Art. Ein-Zellen-Gemeinden sind gute

Gemeinden. Doch wenn sie entschlossen sind, Ein-Zellen-Gemeinden zu bleiben, so können sie nicht wachsen. Der Grund dafür ist ein ziemlich einfaches soziologisches Prinzip. Das menschliche Wesen besitzt die Fähigkeit, nur mit einer relativ begrenzten Anzahl von Personen eine direkte persönliche Beziehung haben zu können. Die geschätzten Zahlen dafür unterscheiden sich von Untersuchung zu Untersuchung. Aber wenn irgendeine solche Gruppe die Zahl von 100 Personen übersteigt, dann bereitet es offensichtlich Mühe, sich zu jedem Gesicht den richtigen Namen zu merken. Das ist speziell bei denen der Fall, die außer am wöchentlichen Gottesdienst kaum an anderen Gemeindeaktivitäten teilnehmen. Deshalb ist eine Gemeinde, wenn sie bis auf 150 bis 200 Mitglieder anwächst, an die äußerste Grenze ihrer Fähigkeit angelangt, neue Mitglieder aufzunehmen. Entweder müssen Veränderungen vorgenommen werden, oder die Gemeinde hört auf zu wachsen.

Worin bestehen die Veränderungen? In der Schaffung neuer Hauskreise. Das fällt den meisten Leuten nicht leicht, weil es bedeutet, ein paar alte Freunde aufzugeben und ein paar neue Freunde kennenzulernen.

Auch in größeren Gemeinden, die schon viele Möglichkeiten zur Gemeinschaft bieten, vermag Koinonitis das Wachstum zum Stillstand zu bringen. Die bestehenden Gemeinschaftsgruppen werden entweder zu groß oder zu exklusiv, so daß neue Mitglieder keine Anschlußmöglichkeit finden können. Weil viele dieser neuen Mitglieder durch das, was sie als gesellschaftliche Zurückweisung auffassen, frustriert sind, entfernen sie sich durch die Hintertür und tauchen in einer anderen Gemeinde auf, wo sie Gemeinschaft finden. In großen Gemeinden sollten fortwährend neue Hauskreise gebildet werden. Doch das erfordert ein andauerndes Bemühen, damit es auch wirklich geschieht. Der Pastor muß an der Spitze dieses Prozesses stehen. Aber wenn die Gemeindeglieder nicht den Preis zahlen wollen, besteht die Gefahr, daß in dieser Hinsicht nichts geschieht und daß die Gemeinde nicht zunimmt.

## 4. Den Leitungskreis vergrößern

In manchen Gemeinden hat eine relativ kleine Gruppe von Laien die Führung über die Gemeinde übernommen und beschlossen, diese auch zu behalten. Damit verbinden sie eine Art Besitzanspruch auf die Gemeinde, und haben oft einen wirksamen Selbstschutz-Mechanismus entwickelt. Sie schirmen ihren Leitungskreis nach zwei Seiten hin ab: gegen neue Laien und gegen Pastoren.

Solange die Gemeinde nicht wächst, hat ein solcher Kirchenvorstand kaum zu befürchten, daß neue Laienmitarbeiter die Leitung übernehmen. Die gesellschaftliche Rangordnung hat in den meisten Fällen die uneingeschränkte Zustimmung der aktiven Gemeindeglieder gefunden, und der Status quo wird gewöhnlich ohne besondere Mühe beibehalten. Oh ja, es kann Veränderungen bei den Strukturen geben - hier ein anderes Vorstandsmitglied und dort einen anderen Komitee-Vorsitzenden. Aber praktisch weiß jeder, wer in der Gemeinde wirklich das Sagen hat. Oftmals liegt die eigentliche »Kommandozentrale« einer Gemeinde überhaupt nicht beim Kirchenvorstand. Vielleicht ist es die Frau eines Ältesten oder die des Pastors, oder ein ehemaliges Kirchenvorstandsmitglied, das die Gemeinde finanziell stark unterstützt. Wer aber eigentlich das Szepter in der Hand hat, darüber wird nie offiziell gesprochen.

Wenn eine solche Gemeinde jedoch zu wachsen beginnt und neue Leute dazukommen, entsteht eine andere Situation. Ein durchaus vorhersehbarer Konflikt taucht am Horizont auf. Lyle Schaller hat ihn als »Konflikt zwischen der alten Garde und den Neulingen«, zwischen den Alteingesessenen mit verbürgtem Heimatrecht und den Dazugestoßenen, die noch grün hinter den Ohren sind, bezeichnet. Dieses Spannungsfeld kann, wenigstens nach meiner Beobachtung, ohne weiteres zum alles dominierenden und verheerendsten Streitpunkt werden, dem sich die Kirche heute gegenübersieht. Dort, wo dieser Konflikt unerkannt geschwelt und gewirkt hat, haben wahrscheinlich Tausende von Pastoren inzwischen aufgegeben. Die meisten sind entweder von der Gemeinde weggegangen, oder sie haben vor dem konservativen harten Kern kapituliert. Doch in beiden Fällen hat sich dieser

Konflikt als ernstes Hindernis für das Gemeindewachstum erwiesen.

Ein Pastor der *Christian and Missionary Alliance* aus Pennsylvania war einer von Dutzenden, die mir ihre Version der ständig wiederkehrenden Erfahrung mit der alten Garde und den Neulingen erzählt haben. Seine Geschichte ist eine der wenigen mit einem Happy-End. Es schien, als würde der harte, konservative Kern der Gemeinde seine Leitung als Pastor lange Zeit nicht akzeptieren. So beschloß er, ein strategisches Manöver durchzuführen. Es ist schwer, zu erraten, was er tat. Er schloß die Orgel ab! Der Organist war einer der alten Garde. Damit brach die Machtkrise vollends aus, und der Kampf dauerte sechs Monate. Während dieser Zeit sang die Gemeinde nur mit Klavierbegleitung. Dann taten die »Männer der ersten Stunde« Buße, versicherten dem Pastor ihre Loyalität, worauf dieser prompt die Orgel aufschloß. Die Harmonie wurde wiederhergestellt, und die Gemeinde fing an zu wachsen. In den meisten Fällen ist es allerdings nicht so leicht wie hier. Ich werde in einem anderen Kapitel noch mehr zu diesem Konfliktfeld sagen.

Die zweite Seite, gegen welche sich die um ihre Position besorgten Kirchenvorstände schützen, sind die Pastoren. Instinktiv wehren sie sich dagegen, den Pastor die eigentliche Führungsrolle in der Gemeinde übernehmen zu lassen, und sie haben auch eine narrensichere Methode gefunden, um das zu verhindern: Sie wechseln einfach alle zwei, drei oder vier Jahre ihren Pastor.

Lyle E. Schaller sagt: »Es gibt mehr als genügend überzeugende Beweise dafür, daß *auf lange Sicht gesehen* die produktivsten Jahre eines Pastors selten vor dem vierten, fünften oder sechsten Dienstjahr *beginnen*.«[18] Wenn die Gemeinde ihren Pastor also früh genug loswerden kann, werden die produktivsten Jahre eines Pastors in einer solchen Gemeinde nie beginnen können.

Eine Studie nach der anderen hat bestätigt, daß eine positive Wechselwirkung zwischen der Dienstdauer eines Pastors und dem Wachstum der Gemeinde besteht. Beasley-Murrays und Wilkinsons Umfragen in England haben ergeben, »daß erst dann, wenn ein Pastor 5 bis 10 Jahre in einer Gemeinde gewesen ist, sich eine Tendenz zum Wachstum hin abzeichnet.« Beasley-Murray gibt selber zu, daß »diese Beobachtung meine eigene Einstellung zum Dienst in Altrincham wesentlich verändert hat. Ursprünglich hatte ich meinen Dienst hier nur für eine relativ kurze Zeit gesehen, besonders weil dies meine erste Gemeinde ist.«[19] Kein Wunder, daß die Altrincham Baptist Church jetzt mit über 200 Prozent zehnjährlicher Wachstumsrate wächst.

Ich muß darauf hinweisen, daß die kurze Dienstdauer eines Pastors in einer gegebenen Gemeinde etwas relativ Neues ist. In den alten Tagen ging ein Pastor davon aus, daß die Berufung in eine Gemeinde eine Lebensstelle war. Dasselbe traf auf einen Arzt oder einen Rechtsanwalt zu. Von den 550 Absolventen der Yale-Universität, die zwischen 1702 und 1794 in den Gemeindedienst eintraten, verbrachten sieben von zehn ihre gesamte Pastorenlaufbahn in ihrer ersten Gemeinde.[20] In vielen Denominationen hat sich diese Praxis bis in unser Jahrhundert hinein erhalten. Aber die Zeiten haben sich geändert, und die Dienstzeit ist, wenigstens in weißen amerikanischen Gemeinden, viel kürzer geworden. In farbigen Gemeinden hat sich nichts verändert, und es ist durchaus nichts Ungewöhnliches, wenn schwarze Pastoren ihren Gemeinden schon seit dreißig oder vierzig Jahren vorstehen. Die einzige Ausnahme bilden die schwarzen Pastoren in vorwiegend weißen Denominationen wie die United Methodists. Ein herausragendes Datum auf dem Kalender schwarzer Gemeinden ist das jährliche Dienstjubiläum ihres Pastors.

Aber man kann die Schuld für die hohe Mobilität der Pastoren nicht ausschließlich dem Kirchenvorstand zuweisen. So sagt William Willimon: »Wir sollten, was unsere hohe Pastoren-Mobilität angeht, ehrlich sein: Der Grund für den Wechsel von Pastoren ist zumeist die Sorge um die eigene Karriere und um eine finanzielle Besserstellung der einzelnen Geistlichen, selten aber die Sorge um die Gemeinden.«[21] Die Pastoren sollten die Tatsache anerkennen, daß es zwei Wege gibt, um eine größere Gemeinde zu bekommen. Entweder geht man in eine andere Gemeinde, oder man bleibt, wo man ist, und führt die jetzige Gemeinde zum Wachstum. Wenn das Verhältnis zwischen Pastor und Mitarbeitern stimmt, und wenn auf beiden Seiten die Bereitschaft vorhanden ist, den Preis für Gemeindewachstum zu zahlen, dann werden weit mehr Gemeinden Wachstum erleben als bisher.

# Anmerkungen

**1.** Elmer L. Towns, John N. Vaugham und David J. Seifert, »The Complete Book of Church Growth« (Tyndale House Publishers, Wheaton, 1981). Vaugham schrieb das Kapitel über »The Fuller Factor«. Siehe S. 109.

**2.** Larry Richards, »InterCHANGE newsletter«, Step 2, Chicago, Illinois, Bd. 2, Nr. 5.

**3.** C. Edward Brubaker, »Program for Increasing Membership«, The Presbyterian Layman, Juni/Juli 1976, S. 5.

**4.** D. Dewayne Davenport, »The Bibel Says Grow, Church Growth Guidelines for Church of Christ« (Williamstown, WV, Evangelism Seminar, 1978), S. 30.

**5.** Ted W. Engstrom, »The Making of a Christian Leader« (Zondervan Publishing House, Grand Rapids, 1976), S. 97.

**6.** Fuller Seminary's Institute for Christian Organizational Development bietet regelmäßige Leiterschaftskurse an, und viele von ihnen stehen für die Weiterbildung von Pastoren offen. Man schreibe an folgende Adresse, 135 N. Oakland Avenue, Pasadena, CA 91101, USA.

**7.** John Wimber, »The Church Growth Pastor«, Higher Goals, Gwen Jones, ed. (Gospel Publishing House, Springfield MO, 1978), S. 48.

**8.** Lee Lebsack, »Ten at the Top, How Ten of America's Largest Assemblies of God Churches Grew« (Baker Book House, Grand Rapids, 1974), S. 115.

**9.** Wimber, »The Church Growth Pastor«, S. 52.

**10.** Für Informationen über den American Church Growth Book Club schreibe man an P. O. Box 90095, Pasadena, CA 91109-5095, USA.

**11.** Für weitere Informationen über die Doctor of Ministry-Kurse über Gemeindewachstum schreibe man an Fuller Theological Seminary, 135 N. Oakland Avenue, Pasadena, CA 91101, USA.

**12.** David A. Womack, »The Pyramid Principle of Church Growth« (Bethany Fellowship, Minneapolis, 1977), S. 17.

**13.** Engstrom, »The Making of a Christian Leader«, S. 164.

**14.** Lyle E. Schaller, »Survival Tactics in the Parish« (Abingdon Press, Nashville, 1977), S. 53.

**15.** ebd., S. 54.

**16.** Donald A. Gavran, »Gemeindewachstum verstehen« (Wolfgang Simson Verlag, Lörrach, 1990), S. 151.

**17.** C. Edward Brubaker, »Program for Increasing Membership«, S. 5.

**18.** Lyle E. Schaller, »Assimilating New Members«, (Abingdon Press, Nashville, 1978), S. 53.

**19.** Paul Beasley-Murray und Alan Wilkinson, »Turning the Tide, An Assessment of Baptist Church Growth in England« (Bible Society, London, 1981), S. 34.

**20.** Lyle E. Schaller, »When Should the Pastor Move?« The Christian Ministry, Juli 1980, S. 26.

**21.** William H. Willimon, »Unifying Factors for a Congregation«, unveröffentlichter Aufsatz, S. 46.

# 3.

## DER PASTOR ALS LEITER UND GEMEINDE-TRAINER

Das Hauptthema dieses Buches ist, daß Gemeinden, die ihr Wachstumspotential vergrößern wollen, Pastoren brauchen, die ausgeprägte Leiterpersönlichkeiten sind. Dieser Punkt bedarf einer eingehenderen Erklärung, weil er im allgemeinen nicht angesprochen wird. Es mag viele Ausnahmen geben, ähnlich wie bei anderen Gemeindewachstumsgrundsätzen, aber täuschen wir uns nicht: es ist die Regel. Wenn Ihre Gemeinde nicht wächst und Sie sich nach dem Grund dafür fragen, so schauen Sie sich die Identität des Pastors an. Welche Position nimmt er ein, welche Rolle spielt er wirklich? In vielen Fällen brauchen Sie nicht lange zu suchen, um dort das Haupthindernis für Wachstum zu entdecken.

## Das Ende des anti-autoritären Führungsstils

Einer der Gründe, weshalb viele amerikanische Gemeinden keine starke Gemeindeleitung haben, besteht darin, daß man in der jüngsten Vergangenheit die angehenden Theologen während ihrer Ausbildung genau das Gegenteil gelehrt hat. Viele Pastoren lernten von ihren Professoren, daß sie ihre Führungsposition in den Gemeinden nicht mißbrauchen sollen. Man lehrte sie, eine starke, autoritative, richtungweisende Leitung abzulehnen. Ein ganzer Wortschatz hat sich herausgebildet, um jene Pastoren zu diskreditieren, welche zu einem eindeutigen und direktivem Führungsstil neigen. Man spricht von »diktatorisch«, und beschwört damit Bilder von Hitler oder Idi Amin herauf, oder man redet gar von einem »Jim Jones«-Führertyp. Manche drücken es so aus: »Das Christentum braucht keine Ayatollahs!« Man warnt also die angehenden Pastoren vor »Ego-Trips« und »Herrschsucht«.

Als Alternative dazu galt der anti-autoritäre Führungsstil. Viele Pastoren verstehen ihre Funktion in der Gemeinde so, also ob sie bloße Teilnehmer oder gar Beobachter eines demokratischen Prozesses wären. Die Identität des Pastors ähnelt dabei stark der eines zurückhaltenden Lehrers, der seine Schüler aufgrund seines Wissens feinfühlig zu bestimmten Fähigkeiten anzuleiten versucht. Das trifft besonders auf Theologen im Alter zwischen dreißig und vierzig Jahren zu, aber auch andere tun dies.

Das anti-autoritäre Pastoren-Modell erfreute sich an den theologischen Seminaren aus einem guten Grund großer Beliebtheit. Die Pastorenschaft hatte sich in zahlreichen amerikanischen Gemeinden zu einem wahren »Klerikalismus« entwickelt. Die Geistlichkeit war zur einzigen aktiven Komponente im Kirchensystem geworden, während das Laienvolk die passiven Komponenten bildeten. Ursprünglich sollten mit dem Modell des anti-autoritären Pastors folgende zwei Dinge hervorgehoben werden: erstens die Dienerrolle des Pastors und zweitens die Notwendigkeit, die Laien zum Dienst zuzurüsten. Ich bin damit einverstanden, daß beides für eine effektive Gemeindeaufbau-Leitung wichtig ist; doch das Modell schlug fehl, wie ich noch zeigen werde.

Obwohl ich schon lange wußte, daß mit dem anti-autoritären Modell etwas nicht stimmte, wußte ich nicht genau, wo der wunde Punkt wirklich lag. Zwei Personen haben mir hier aber sehr weitergeholfen: der Presbyterianer Richard G. Hutcheson mit seinem Buch *The Wheel Within the Wheel* und der Methodist Lyle E. Schaller mit seinem Buch *Effective Church Planning*, beides Veröffentlichungen aus dem Jahre 1979. Als ich diese Bücher las, fing ich an zu verstehen, warum trotz der an und für sich guten Motivation, die sich hinter dem anti-autoritären Pastoren-Modell verbarg, dies im allgemeinen nicht dazu beitrug, daß die Gemeinden zahlenmäßig zunahmen.

Richard Hutcheson formuliert es wie folgt: »Ein anti-autoritärer Lehrer ist ein relativ unbeteiligter Technokrat, der Einsicht in den Prozeß besitzt, wie man Dinge zustande bringt, und der andere dazu anleitet, wie man Ziele erreicht.«[1] Lyle Schaller mit seiner für ihn typischen literarischen Technik, einen fiktiven Dialog als Lernbeispiel zu führen, läßt einen Laien einen ehemaligen Pastor beschreiben. »Wir beriefen einen Pastor, der sich selbst als sanften Führer beschrieb. Wir haben uns dabei gründlich verrechnet. Wir fanden heraus, daß das Wort »sanft« in diesem Zusammenhang gleichbedeutend war mit »keine Initiative ergreifen«, »nicht anordnen«, »nicht aggressiv sein« und »keine Leitungsverantwortung übernehmen.«[2]

# Die historischen Hintergründe

Die Vorstellung vom anti-autoritären Pastor spiegelt einige allgemeine Tendenzen wider, die in der amerikanischen Gesellschaft während den letzten Jahrzehnten zu beobachten waren. Der Zweite Weltkrieg hatte eine starke Abneigung gegen Diktatoren hervorgerufen. Er hatte eine eindrückliche Vorstellung davon vermittelt, wie sich Führerautorität mißbrauchen läßt. Es ist nicht schwer zu verstehen, wie sich ein anti-autoritärer Zug in die amerikanische Sozialpsychologie einschleichen konnte.

Hutcheson verfolgt die Spur zurück bis zu jener Strömung der vierziger Jahre, die mit dem Namen Kurt Lewin und der Theorie der Gruppendynamik verbunden ist. Dort waren die Beziehungen das Zentrale. Um sie drehte sich alles. Man kritisierte es, wo innerhalb einer Organisation von Planung und Kontrolle gesprochen wurde. Entscheidungsfindung hatte auf der Grundlage von Kollegialität, Gegenseitigkeit und Gruppenaktivität zu geschehen, nicht aber durch Ausübung von Autorität. Hutcheson meinte, Autorität sei »vielleicht das schmutzigste Wort im Lexikon«.[3]

Die Auswirkungen dieser gesellschaftlichen Gewichtung zeigten sich in den radikalen Theologien der sechziger Jahre, in der Popularität der Begegnungsgruppen, in der individuellen Selbstverwirklichung und in der Überbetonung des Individuums anstatt der Organisationen. Die theologischen Seminare griffen dies auf und lehrten non-direktive Seelsorgetechniken, eine Theologie der Beziehungen und den anti-autoritären Führungsstil. Die Hauptaufgabe des Pastors war nicht, die Organisation (die Gemeinde) weiterzuführen oder für ihr Wachstum besorgt zu sein. Das Ziel bestand vielmehr darin, den Gemeindegliedern zu helfen, in Maslows Bedürfnis-Pyramide emporzusteigen und selbstverwirklichte Menschen zu werden. Jemand sagte, daß, wenn man damals einen Pastor mit einer solchen Ausbildung nach der Uhrzeit fragte, man eine von zwei möglichen Antworten erhielt: »Warum fragen Sie?« oder »Welche Zeit hätten Sie denn am liebsten?«

In den späten sechziger Jahren hatte man nicht nur den Studenten dieses Vorbild eines Pastors vor die Augen gemalt, sondern viele im Dienst stehenden Theologen wurden nach diesem Konzept umgeprägt. Eine große Anzahl amerikanischer

Gemeinden, besonders diejenigen, deren Pastoren eine akademische Ausbildung genossen hatten, experimentierten mit dem demokratischen Führertyp. Es mag bloßer Zufall gewesen sein, daß gerade in dieser Zeit die Großkirchen den Beginn ihres epochalen Mitgliederschwundes erlebten. Jedenfalls war der antiautoritäre Führungsstil überhaupt nicht das, was die Kirchen brauchten, um den Trend umzukehren. Es wurde nicht einmal geduldet, den Wunsch nach einer Trendumkehr zu äußern. Viele Kirchenführer behaupteten sogar, der Mitgliederverlust sei positiv zu werten. Ihre Einstellung gegen alles Institutionelle ging so weit, daß einige sogar predigten, die Kirche müsse wie ein Weizenkorn in die Erde fallen, und dann würden wir sehen, was Gott aus den Ruinen erstehen läßt! Ein Wachstum der »institutionellen Kirche« als Ziel des geistlichen Dienstes wurde beinahe als anrüchig betrachtet.

Lyle Schaller sieht es so: »Obgleich es unmöglich ist, einem Trend wie diesem genaue Daten zuzuordnen, macht es doch den Anschein, daß der anti-autoritäre Führungsstil des Pastors seinen höchsten Popularitätsgrad gegen Ende der sechziger Jahre erreichte, um von da an immer mehr an Bedeutung zu verlieren.«[4]

Die Ergebnisse des hohen Stellenwertes des anti-autoritären Führungsstils während zweier oder dreier Jahrzehnte sind sowohl gut wie auch schlecht. Das Gute daran ist, daß er zu einem großen Teil mit dem Klerikalismus, der ungesunden Fixierung aller Aufgaben auf den Pastor, aufräumte. Heute wird neu die Bedeutung der Laien in der Gemeinde entdeckt. Das Priestertum aller Gläubigen wird bejaht und weitgehend praktiziert. Die Betonung des intensiven Gemeindelebens, des gegenseitigen Dienstes und der Geistesgaben, die den Gemeinden soviel Leben und Erweckliches bringen, gehört zu den positiven Resultaten.

Doch während diese Betonung etwas Gesundes ist und bleiben wird, ist die negative Seite des anti-autoritären Führungsstils gewichtig genug, um ein Gemeindewachstum, vor allem in den Großkirchen, zu verhindern. Bei all dem Nachdruck, welcher auf die Notwendigkeit des Laiendienstes gelegt wird, neigt der Pastor dazu, die Leitungsautorität, die Gott ihm verliehen hat, zu verlieren. Der Dienst des Pastors ist am Einzelnen anstatt an Aufgaben orientiert gewesen. Man meinte, wichtige Entscheidungen sollten nicht von Einzelpersonen, sondern von der Gruppe getroffen werden. Hutcheson zieht den Schluß, daß es tatsächlich genügend Beweise dafür gebe, daß kirchliche Organisationen unter Führungslosigkeit gelitten haben.«[5] Er fährt fort und wirft eine faszinierende theologische Frage auf, wenn er bemerkt, »ob eine fortwährende und langfristige Autoritätsabwertung in den Organisationen nicht insgeheim eine Abwertung der Autoritätsbeziehung zwischen Gott und den Menschen fördere.«[6]

Sollte das tatsächlich der Fall sein, könnte es eine zusätzliche Erklärung für die Beziehung zwischen dem anti-autoritären Führungsstil und dem Niedergang der Großkirchen sein.

## Der Pastor als Trainer

Wenn wir sagen, daß der anti-autoritäre Führungsstil seinen wahrscheinlichen Höhepunkt während den späten sechziger Jahren erreicht hatte, bedeutet das nicht, daß dieses Konzept von der Szene verschwunden ist. Schaller sagt: »Das Konzept findet immer noch breite Anerkennung . . . und wird immer noch von vielen hauptamtlichen und akademischen Beobachtern der kirchlichen Landschaft als ideales Selbstverständnis für einen Pastor bezeichnet.«[7] Schaller will auch darauf hinweisen, daß der anti-autoritäre Führungsstil immer noch in manchen Ausbildungsstätten gelehrt wird. Leider ist das tatsächlich der Fall. Nur wenige Lehrbücher propagieren heute mit ausreichendem Nachdruck die Wichtigkeit und Bedeutung einer starken Gemeindeleitung.

Das demokratische Führungs-Konzept finden wir auch in Büchern wie *Brüder, laßt los* von Pastor Robert C. Girard vertreten. Darin weist er darauf hin, daß »in den kommenden Jahren der hauptamtliche Pastor weiter an Bedeutung verlieren muß . . . Ich sehe eine zunehmende Dienstverantwortung von geisterfüllten Männern und Frauen aus unserer Mitte, die mehr und mehr den Wortdienst - den Dienst auf der Kanzel - tun.« Nach seiner Vorstellung sollte sich der Pastor Zurückhaltung auferlegen und die Gesamtleitung der Gemeinde den Laien übergeben.[8]

David Mains, Gründungspastor der progressiven Circle Church in Chicago, berichtet, wie sich sein Denken in dieser Beziehung völlig verändert hat. Die Circle Church wurde in den späten sechziger Jahren gegründet, als das anti-autoritäre Konzept seine Blütezeit erlebte. Zehn Jahre später sah Mains seine Träume zu Nichts zerfallen. Die ersten Mitglieder der Gemeinde waren ziemlich eng mit der anti-autoritären Szene verbunden gewesen. Die sog. Body Life-Bewegung hatte gerade eingesetzt. Im Rückblick sagt Mains: »Bei der Wahl des Kirchenvorstandes in der Gemeinde betonte ich die Gleichheit aller Gläubigen. Ich bin dabei sogar so weit gegangen, alle Leitungsgaben für nicht existent zu erklären und aus der Gemeinde auszugrenzen. Ich entdeckte meinen Irrtum allerdings zu spät; ich konnte die Gemeinde nicht mehr umpolen.« Jetzt erkennt er, daß, »wenn man den anti-autoritären, »sanften« Führungsstil übertreibt, der Leiter zum Fußabstreifer gemacht wird und dabei zerbricht.« Und dann warnt er mit den deutlichen Worten: »Ich glaube, dieses Problem der Herabsetzung der Führungsrolle des Pastors ist eine Krankheit, die sich in den evangelikalen Gemeinden unkontrolliert ausbreitet.«[9]

Soweit ich sehe, stehen wir vor der Herausforderung, mit Nachdruck auf die Befreiung des Laien in den Gemeinden für einen vollgültigen Dienste zu drängen, und gleichzeitig die Leiterrolle des Pastors wieder neu zu entdecken. Das kann dadurch geschehen, so glaube ich, indem man den Pastor sowohl als Leiter wie auch als Trainer bezeichnet. Ein Gemeinde-Trainer unterscheidet sich stark vom anti-autoritären Leiter. Ich definiere einen Gemeinde-Trainer wie folgt:

*Ein Gemeinde-Trainer ist ein Leiter, der dem Willen Gottes entsprechende Ziele für die Gemeinde steckt; er ist in der Lage, die Gemeinde für diese Ziele zu gewinnen und achtet darauf, daß jedes Gemeindeglied dementsprechend motiviert und zugerüstet wird, um seinen oder ihren Beitrag zur Verwirklichung des Zieles zu leisten.*

Ich habe diese Passage hervorgehoben, weil ich den Eindruck habe, daß sie die zentrale Aussage dieses Buches ist. Wenn Theologen glauben können, daß ihre Hauptaufgabe in der Ausbildung oder Zurüstung liegt, und wenn die Gemeindeglieder dazu ihre Zustimmung geben und dem Pastor für seinen Dienst freie

Bahn machen, dann werden Gemeinden wachsen können, und zwar quantitativ wie qualitativ.

Je größer die Gemeinde wird, desto wichtiger ist es, daß der Pastor ein Trainer ist. Das anti-autoritäre Modell funktioniert bis zu einem gewissen Grad in Gemeinden, die noch nicht die 200er Grenze erreicht haben, aber weiter reicht es nicht. Wenn darum eine Gemeinde im Begriff steht, die 200er Grenze zu überschreiten, sollte sie die Funktion des Pastors genau unter die Lupe nehmen, und zwar schon lange bevor sie möglicherweise den Wachstumsschwung verliert. Mehr über die Gemeindegröße später.

Wie sieht die Zukunft des sanften Pastors aus? Während David Mains zu erkennen glaubt, daß sich dieses Modell unter den Evangelikalen ausbreitet, gibt es Anzeichen dafür, daß wenigstens in den Großkirchen die weitgehende Erfolglosigkeit des Konzeptes erkannt wird. Lyle Schaller hat, wie wir schon sahen, den Eindruck, der anti-autoritäre Führungsstil habe seinen Höhepunkt in den späten sechziger Jahren erreicht. Wenn dem so ist, verlor er in der ersten Hälfte der siebziger Jahre recht zögernd an Bedeutung. Doch am Ende des Jahrzehnts zeigte ein wichtiges Forschungsprojekt, geleitet von Jackson W. Caroll und Robert L. Wilson, daß auf dem Stellenmarkt der Großkirchen Pastoren am meisten gefragt waren, »die eine starke Führernatur besitzen, Dinge in Bewegung bringen können und in gewissen Sinn auch eine Unternehmernatur haben.« Nicht gefragt hingegen waren Kandidaten, »welche eher passiv sind und erwarten, daß die Gemeindeglieder den Ton angeben«.[10] Das heißt mit anderen Worten, der sanfte Pastor ist out. Seine Tage sind gezählt.

## Zwei klassische Spannungsfelder

Beinahe jeder Pastor, der sich bemüht, Gott im biblischen Sinn zu dienen, sieht sich fast ständig zwei klassischen Spannungsfeldern ausgesetzt. Gemeindeglieder, die gerne hinter die Kulissen eines Pastorenalltags schauen möchten, sollten über diese Spannungsfelder gut im Bilde sein. Der Pastor wird ihnen wahrscheinlich nichts davon sagen. Es handelt sich um etwas, worüber er nicht so leicht sprechen kann. Man muß es fast persönlich erlebt haben. Wenn schon darüber gesprochen wird, dann ist es an den

Laien, dem Pastor zu sagen, daß er oder sie die Sache gut mache. Der Pastor wird kaum anfangen davon zu sprechen - es wäre auch nicht angebracht.

Zu den beiden Spannungsfeldern kommt es dann, wenn ein Pastor sowohl demütig als auch vollmächtig sein möchte, und andererseits sowohl Diener als auch Leiter sein will. Betrachten wir eines nach dem andern.

## Demütig und vollmächtig

Jeder Christ wird von der Bibel belehrt, daß er nicht stolz sein soll. Hochmut kommt vor dem Fall. »Gott widersteht den Hochmütigen, den Demütigen aber gibt er Gnade« (Jak. 4,6). Kein Christ soll »von sich höher denken, als zu denken sich gebührt« (Röm. 12,3). Demut ist eine christliche Tugend, die in Predigt und Lied immer wieder gepriesen wird. Pastoren predigen Demut und sind bemüht, sie in ihrem Alltag auszuleben.

Doch nur wenige Pastoren verstehen ausreichend das Verhältnis zwischen Vollmacht und Demut. Das eine scheint genau das Gegenteil vom anderen zu sein. Doch in Wirklichkeit sind sie es nicht. Jesus macht das sehr deutlich, wenn er sagt: »Wer sich aber selbst erhöhen wird, wird erniedrigt werden; und wer sich selbst erniedrigt, wird erhöht werden« (Matth. 23,12). Beachten wir die beiden aktiven und die beiden passiven Zeitwörter in diesem Abschnitt. Die aktiven Zeitwörter heben unsere Verantwortung hervor, während die passiven Zeitwörter Gottes Reaktion hervorheben.

Das erste aktive Zeitwort ist »sich selbst erhöhen«. Menschlich gesehen ist es möglich, die Initiative zu ergreifen und sich selbst zu erhöhen. Allzuoft sagt ein Pastor etwas, das dem Sinn nach soviel bedeutet wie: »Da ich euer Pastor bin, *müßt* ihr mir gehorchen.« Aber echte geistliche Autorität ist nicht selbstgemacht, sondern wird von Gott geschenkt. Jener Pastor, der sich selbst zu erhöhen sucht, wird feststellen, daß Gottes Antwort (das passive Zeitwort) darin besteht, daß er »erniedrigt« wird. Selbsterhöhung ist eine Art sündiger Stolz.

Das zweite aktive Zeitwort ist »sich selbst erniedrigen«. Es ist ebenso möglich, daß jemand die Initiative ergreift und sich willentlich entscheidet, demütig zu sein. Während die Demut einerseits eine Frucht des Geistes ist, welche letztlich durch die Gnade Gottes kommt, ist sie uns nichtsdestoweniger auch geboten. Jakobus sagt es gerade heraus: »Demütigt euch vor dem Herrn« (Jak. 4,10) und weist darauf hin, daß dies in doppelter Weise geschehen soll. Zum einen sollen wir dem Teufel widerstehen (Jak. 4,7), und zum anderen sollen wir uns Gott nahen (Jak. 4,8). Beide Beziehungen sind von großer Bedeutung und sollten die Grundlage für eine regelmäßige geistliche Selbstprüfung bilden. Wenn wir uns bewußt demütigen, können wir erwarten, darauf die Antwort Gottes (das passive Zeitwort) zu erhalten. Jesus sagt, daß der demütige Mensch »erhöht wird«, und Jakobus sagt: ». . . dem gibt Gott Gnade«.

Viele Pastoren, die ich beraten habe und die ihre Gemeinde für den Gemeindeaufbau motivieren möchten, haben Probleme, weil sie zwar demütig sein wollen, dies aber nicht mit ihrem Verständnis von Vollmacht verbinden können. Jesus will nicht nur das eine, er will beides. In Wirklichkeit sind die meisten starken Pastoren wachsender Gemeinden, die ich kenne, demütige Menschen und werden von Personen, die sie gut kennen, auch als solche betrachtet. Vorwürfe wie »Ego-Trips« und ähnliches kommen meistens von relativ unbeteiligten Zuschauern, welche an alten Vorurteilen festhalten.

Doch es läßt sich unschwer einsehen, weshalb Pastoren nicht von sich aus sagen können, sie hätten etwas geleistet. Wir haben es hier mit einem echten Spannungsfeld zu tun, dem man aber realistisch und mutig entgegentreten sollte.

### Diener und Leiter

Die beiden Apostel Jakobus und Johannes versuchten bei einer Gelegenheit, sich selbst zu erhöhen. Sie hatten im Königreich Jesu gerne eine besondere Stellung an seiner Seite einnehmen wollen. Jesus benutzte die Gelegenheit und erteilte den Aposteln eine der wichtigsten Lektionen zum Thema Leiterschaft. Zunächst sagte er ihnen, christliche Leiter dürften nicht wie die Heiden sein und »herrschen wollen« (Mark. 10,42). Dieser Gegensatz zwischen Herrschaft und Leiterschaft wird auch in 1. Petrus 5 erwähnt. Ich werde ihn bei späterer Gelegenheit noch weiter besprechen. Aber Jesus fährt hier fort und sagt: »Wer unter euch groß werden will, soll euer Diener sein« (Mark. 10,43). Im Gegensatz zu säkularer Leiterschaft gründet sich biblische Leiterschaft auf das Dienen. Eine andere Möglichkeit dafür gibt es nicht.

Auffallend ist, daß Jesus nicht sagt, es sei falsch, Leiter werden zu wollen. Hingegen sagt er, daß man im Reiche Gottes nicht dadurch zum Leiter wird, indem man sich aufdrängt oder es erzwingt. Leiterschaft kann man nicht einfordern, sie muß verdient werden. Wenn der Prüfstein eines Leiters darin besteht, daß er Anhänger hat, dann müssen diese ihn als ihren Diener betrachten, dem sie folgen wollen.

Aber auch hier stoßen wir auf ein Problem des geistlichen Dienstes. Viele Pastoren wollen ihr Leben lang beweisen, daß sie Diener sind, doch sie wollen nicht bis zur letzten Konsequenz gehen, das heißt, auch die Erhöhung, zusammen mit der damit verbundenen Vollmacht, akzeptieren, die Gott ihnen als Leiter überträgt. Jesus wusch den Jüngern die Füße, doch zu keinem Zeitpunkt seines irdischen Dienstes hatte er oder die Jünger den geringsten Zweifel, wer ihr Anführer war. Diener und Leiter zugleich sein widerspricht sich nicht im Werk des Herrn. Beides geht Hand in Hand.

## Einige Beispiele

Ich glaube, Dewayne Davenport sieht hier klar. Er meint, es sei schlichtweg ein falsches Verständnis von Demut, das viele Prediger davon abhält, wahre, von Gott bevollmächtigte Leiter zu sein. Oft wird ein Prediger bestreiten, die Schlüsselperson für das Wachstum der Gemeinde zu sein, weil »er sich davor scheut, was andere Prediger von ihm denken«. Er fürchtet sich auch davor, was die Gemeinde von ihm denken wird. Davenports ermahnt deshalb sehr direkt: »Ihr lieben Prediger, Pfarrer und Pastoren, Gott hat euch die Verantwortung gegeben zu leiten. Schreckt also nicht davor zurück.«[11]

Es gibt einige gute Beispiele dafür, wie sich Leiter wachsender Gemeinden von dieser Last der Leitungsverantwortung nicht beirren lassen. Vor einiger Zeit besuchte ich die Kwang Lim Methodist Church in Seoul, Korea, deren Pastor, Sundo Kim, ein guter Freund von mir ist. Unter seiner starken Führung ist die Gemeinde zur größten methodistischen Kirche der Welt geworden. Pastor Kim wird von allen seinen 12.000 Gemeindegliedern als ihr Diener angesehen. Dennoch bereitet ihm, wie den meisten koreanischen Pastoren, die Spannung zwischen Dienen und Führen keine Schwierigkeit. Das anti-autoritäre Modell für den geistlichen Dienst ist in Korea nie populär gewesen, und das ist einer der Gründe (unter anderen), weshalb ihre Gemeinden viel rascher wachsen als etwa amerikanische. Ich war tief beeindruckt, als mir Pastor Kim den Konferenzraum in seiner Kirche zeigte. Da stand ein langer Tisch mit Stühlen für all die Ältesten. Oben am Tisch befanden sich zwei Stühle. Kim stellte sich hinter den Stuhl rechts und sagte: »Das hier ist mein Stuhl. Auf dem andern sitzt nicht ein Mensch - er ist für Jesus Christus.« Diese Symbolik, mit welcher sich Kim bei der Leitung dieser Gemeinde als die rechte Hand Jesu betrachtete, schien mir außerordentlich passend. Zahlreiche amerikanische Pastoren würden jedoch ernsthafte psychologische und sogar theologische Probleme mit einer solchen Anordnung des Mobiliars haben.

Jack Hayford, mit dem ich ebenfalls befreundet bin, ist Pastor der größten Foursquare Church im Lande, der Church on the Way in Van Nuys, Kalifornien. Da er mein Nachbar ist, konnte ich das Wachsen dieser Gemeinde über Jahre hinaus recht gut beobachten. Ungefähr 5.000 Personen besuchen jetzt den Hauptgottesdienst jede Woche. Niemand von denen, die ich kenne, vereinigt in sich auf so ideale Weise die Rollen des Dieners und des Leiters wie er. In einer Predigt vor Kollegen sagte Hayford neulich, daß »wir viele Diener brauchen, die ihre Leiterrolle anerkennen, sich dafür öffnen und dann von ihrem Sockel heruntersteigen und sich unter die Leute mischen... Die Gemeindeglieder müssen wissen, daß der Leiter manchmal versagt, aber in seiner Schwachheit die wunderbare, überragende Kraft Gottes erfahren hat.«[12] Sein Ausgangs- und Bezugspunkt als Schlüsselrolle für einen geistlichen Dienst ist: das Dienen.

Doch während Hayford bewußt die Funktion eines Dienenden ausübt, scheut er sich nicht, als Sprachrohr Gottes in seiner Gemeinde bezeichnet zu werden. Er sagt, daß die Laien, die er im Glauben und für ihre Leitungsaufgaben zugerüstet hat, nie »versuchen würden, ihre Stellung als Mitarbeiter in der Gemeinde zu mißbrauchen«, und daß »sie mich in all den Jahren in einem Maße geliebt und unterstützt haben, wie ich es nie zuvor erlebt habe«.[13] Von Zeit zu Zeit sagt er zu seiner Gemeinde: »Gott hat zu mir geredet und gesagt . . .«. Ich erinnere mich, wie er vor ein paar Jahren, bevor die neue Kirche fertiggestellt war, wegen des Platzproblems seine Leute anwies, monatlich einmal am Sonntagmorgen anstatt in die Kirche in ein kleineres Treffen einiger Hauskreise zu gehen. Er sagte, dies gehöre zur Dienstphilosophie der Gemeinde, und alle, die das nur höchst ungern täten, würden sich besser eine andere Gemeinde als geistliche Heimat zu suchen. Um seine Worte zu unterstreichen, hatte er hinzugefügt: »Das sagt euch nicht Pastor Jack. Das sagt euch der Herr!«

Ich habe diese Geschichte vielen amerikanischen Pastoren erzählt und bin von ihren Reaktionen fasziniert gewesen. Manche Leute stoßen sich daran, wenn ein Pastor in der Lokalgemeinde für sich soviel Autorität beansprucht. Sie halten es für Arroganz. Aber Hayford sagt erklärend, er verwende den Ausdruck »Gott hat zu mir geredet« nur bei ganz besonderen Gelegenheiten. Er meint damit nicht, daß er innerhalb der biblischen Offenbarung eine neue Erkenntnis bekommen oder daß Gott ihm einen inneren Eindruck gegeben hätte. Was aber meint er? Er will damit sagen, »daß der Herr in einem bestimmten Moment und fast immer, wenn ich es am wenigsten erwartete, Worte zu mir redete. Diese Worte waren so deutlich, daß ich buchstäblich sagen kann: »Und ich zitiere . . .«[14] Jack Hayford kann vor allem aus einem bestimmten Grund mit seinen Gemeindegliedern so sprechen: sie erkennen in ihm ihren Diener.

Gordon MacDonald, ein weiterer Freund von mir, ist Pastor am schnellsten wachsenden Groß-Gemeinde in New England, der Grace Chapel in Lexington, Massachusetts. Ungefähr 3.000 Personen kommen im Moment in den Sonntagsgottesdienst. Ich kenne MacDonald recht gut und betrachte ihn als einen der hervorragendsten evangelikalen Führerpersönlichkeiten nicht nur in seiner eigenen Gemeinde, sondern auch unter seinen Berufskollegen. Das ist der Grund, weshalb ich überrascht war, als ich kürzlich einen Artikel von ihm las mit dem Titel »Zehn Voraussetzungen für Gemeindewachstum«. Was er schrieb, war ausgezeichnet, aber nicht eine der genannten Bedingungen hatte etwas mit starker Leitung zu tun! So schrieb ich ihm und fragte ihn nach dem Grund. In seiner Antwort erinnerte er mich daran, daß er mir gegenüber wiederholt erwähnt hätte, daß keine der ihm bekannten Gemeinden ohne starke Leitung wachsen könne und daß viele Pastoren »diesen Tatbestand aus einer Art von Pseudo-Demut geflissentlich übersehen haben«. Dann bekannte er allerdings: »Ich habe mich der gleichen Sache schuldig gemacht.« Wenn er den Artikel nochmals schreiben müßte, sagte er, würde er den Faktor einer starken Gemeindeleitung ganz obenan setzen. Zufällig trägt sein Briefkopf, ähnlich dem von Rick Warren, oben seinen Namen, während der Gemeindename unten zu finden ist. Wie andere auch verkörpert er nicht nur echtes Dienen, sondern auch die Leiterschaft, die neben dem Dienen erforderlich ist.[15]

Der Apostel Paulus bezeichnete sich bei vielen Gelegenheiten als Diener. Dennoch besaß er eine erstaunliche Autorität. Er sah keinen Widerspruch darin, gleichzeitig Diener Jesu Christi und Apostel zu sein (s. Röm. 1,1). Er zögerte nicht, bei zwei Gelegenheiten den Korinthern zu sagen: »Seid meine Nachahmer« (siehe 1.Kor. 4,16; 11,1). Das eine Mal fügt er hinzu: »Wie ich auch Christi Nachahmer bin«, um damit sein eigenes Dienen zu betonen.

Larry Richards nennt dies »einen seltsamen Widerspruch«. Im Verlaufe einer Untersuchung, die er in drei stark wachsenden Gemeinden anstellte, machte er die Entdeckung, daß in allen dreien »eine starke Führung existiert, die sich zudem durch eine ungewöhnliche Autorität in der Gemeinde auszeichnet«. Doch bei alledem betrachten die Gemeindeglieder ihre Leiter nicht als autoritär . . . Die Menschen, denen sie dienen, unterstellen sich ihnen gern.«[16] Sie haben gelernt, wie man Demut mit Vollmacht und Dienen mit Leiterschaft verbindet.

## Ist ein Manager ein Leiter?

Die Ausdrücke *Manager* und *Leiter* werden häufig als Synonyme gebraucht. Nach Auffassung moderner Organisationstheorien bestehen allerdings erhebliche Unterschiede zwischen ihnen. Einerseits muß jeder Manager ein Leiter sein, aber nicht jeder Leiter muß ein Manager sein.

Der Leiter kommt zuerst. Leiter entwerfen und erfassen Konzepte, vermitteln Visionen und haben den Überblick. Bei ihnen entsteht die Initiative. Wenn das geschehen ist, dann sorgt das Management im Wesentlichen dafür, daß die Dinge auch verwirklicht und umgesetzt werden.

Richard Hutcheson definiert Leiterschaft als »eine *funktionale Beziehung zwischen Personen*, nämlich zwischen solchen, die Verantwortung tragen, und solchen, die ihnen freiwillig folgen. Leiterschaft und Nachfolge bedingen und prägen sich gegenseitig. *Es gibt keinen Leiter ohne Nachfolger.*«[17] Ein wacher Gemeindeleiter erkennt genau, wo die Menschen in der Gemeinde im Moment innerlich stehen und was noch aus ihnen werden könnte, welches Potential noch in ihnen verborgen liegt. Dann gilt es, Schritte zu unternehmen und die Mitglieder zu motivieren, Schritte zu wagen und zu dem zu werden, was Gott von ihnen erwartet. Der Leiter geht immer voran, eilt jedoch nicht zu weit und uneinholbar voraus. Ein Leiter sieht Möglichkeiten, die andere nicht sehen, und verändert die Perspektive der Gemeindeglieder so, daß sie auf diese Möglichkeiten vorbereitet sind.

Ganz anders das Management. Ted Engstrom weist darauf hin, daß, während Leiterschaft auf Vision, Glaube und klaren Konzepten beruht, das Management mit realistischen Perspektiven, Fakten und Funktionen arbeitet. Leiterschaft entscheidet, wohin wir gehen und warum. Die Aufgabe des Managers ist es, herauszufinden, wie man dorthin gelangt.[18]

Ich sehe den Unterschied zwischen Leiterschaft und Management auch in Verbindung mit zwei in der Bibel genannten Geistesgaben, nämlich *Leiterschaft* und *Organisation*. Die Gabe der Leitung wird in der Auflistung der Geistesgaben in Röm. 12,8 genannt, während die Gabe der Verwaltung auf einer anderen Liste in 1.Kor. 12,28 erscheint. Im griechischen Grundtext sind es zwei verschiedene Ausdrücke.

Das Wort für Organisation in 1. Korinther ist das griechische Wort für *Steuermann*. Im Schiffswesen ist der Steuermann der, welcher damit vertraut ist, wie man das Schiff von einem Ort an einen anderen bringt. Der Steuermann oder Manager übt ein gewisses Maß an Führung aus, weil er der Schiffsmannschaft Anweisungen geben muß und darauf achtet, daß jeder zur Erledigung der Aufgabe beiträgt. Doch der Eigentümer des Schiffes ist der wahre Leiter. Er, der Eigentümer, entscheidet, wohin das Schiff fährt und was es transportieren soll. Es ist möglich, daß der Reeder selbst sehr wenig von Navigation versteht oder weiß, wie es sich bei Sturm zu verhalten gilt.

Ich definiere die zwei Geistesgaben wie folgt:[19]

*Leiterschaft:* Die Gabe der Leitung ist eine besondere Fähigkeit, die Gott einigen Gliedern am Leib Christi gibt, die sie dazu befähigt, in Übereinstimmung mit Gottes Absichten für die Zukunft seiner Gemeinde Ziele zu setzen und diese Ziele anderen so zu vermitteln, daß sie freiwillig und in Harmonie zusammenarbeiten, um zur Ehre Gottes diese Ziele zu erreichen.

*Organisation:* Die Gabe der Organisation ist eine besondere Fähigkeit, die Gott einigen Gliedern am Leib Christi gibt, die sie befähigt, die kurz- und langfristigen Ziele für einen Teilbereich der Gemeindearbeit zu verstehen und effektive Pläne zu entwerfen, diese Ziele zu erreichen.

Nur wenige Pastoren sind ausschließlich Leiter oder nur Organisatoren. Die meisten sind eine Mischung von beidem. Aber ich habe beobachtet, daß Pastoren, die mehr zum Leiten neigen - ungeachtet dessen, ob sie auch Organisatoren sind - eher einen Gemeindeaufbau-Pastor abgeben. Dagegen haben Pastoren, die sich als Organisator sehen und einen Managementstil haben, eher die Neigung, Bestehendes zu erhalten. Wo man danach trachtet, daß sich das Gemeindeleben glatt und harmonisch vollzieht, ist gewöhnlich ein Managertyp am Werk. Ein Leitertyp hingegen ist bereit, Risiken auf sich zu nehmen und den Status quo in Frage zu stellen, um nach neuen Ufern zu streben.

## Grenzen der Leiterschaft

Nehmen wir an, Sie sehen es auch so, daß eine starke pastorale Leitung das Wachstum von Gemeinden fördert. Nehmen wir weiter an, Sie haben sich entschlossen, Gott um Hilfe zu bitten, eine möglichst starke Leiterpersönlichkeit zu werden. Wenn dem so ist, werden Sie sofort entdecken, daß Ihrer persönlichen Lebenssituation Beschränkungen aufgelegt sind, die darüber mitentscheiden, wie Sie Ihre Leitungsfunktion wahrnehmen können. Es gibt mindestens fünf wichtige Faktoren, die in den meisten Fällen vorgegeben sind. Doch innerhalb einer jeden dieser Gegebenheiten findet man starke Leiter und schwache Leiter. Ich schlage Ihnen vor, daß Sie versuchen, Ihre persönliche Situation in einer jeden dieser fünf Kategorien einzuordnen, und daß Sie dann versuchen, Ihre Persönlichkeit als Leiter innerhalb der gegebenen Umstände möglichst stark zu entwickeln.

## 1. Kulturelle Grenzen

Jeder Mensch ist Teil einer bestimmten Kultur, die unsere Werte und Verhaltensmuster im voraus weitgehend festlegt und unsere Weltanschauung formt. Es gibt Tausende von bedeutenden Kulturen in der Welt und zahlreiche wichtige, kleinere Kulturgruppen. In jeder Kultur gibt es eigene Bedingungen dafür, ein Leiter zu werden und als solcher anerkannt zu sein. Die Menschen einzelner Kulturgruppen erwarten, daß offizielle Leiter sich auf bestimmte Weise verhalten. Einem Leiter folgt man in dem Maße, wie dieser bestimmten Verhaltensweisen entspricht. Entsteht in einem bestimmten Kulturkreis eine Gemeinde, wird die Art der Leiterschaft weitgehend von dieser Kultur bestimmt.

Wie Missionswissenschaftler immer wieder betont haben, begingen Missionare häufig den Fehler, bei der Gründung von Gemeinden in anderen Kulturkreisen den neuen Gemeinden eine ausländische Kirchenstruktur überzustülpen, für die die Menschen auf dem Missionsfeld nur wenig Verständnis haben. Ich erinnere mich noch gut daran, wie ich als neuangekommener Missionar in Bolivien wegen der Gottesdienste frustriert war, die meiner Meinung nach zuwenig Ordnung und zuviel Leerlauf hatten. Deshalb übersetzte ich eine in Amerika sehr bekannte schriftliche Ordnung für parlamentarische Zusammenkünfte *(Robert's Rules of Order)* auf Spanisch, weil ich dachte, damit das Problem zu lösen. Das genaue Gegenteil geschah! Im Rückblick erscheint mir meine Naivität und mein Mangel an kultureller Einfühlsamkeit geradezu unglaublich.

In Lateinamerika hat sich sehr deutlich ein einheimisches Führungsmodell herausgebildet, nämlich dasjenige des *Caudillo*. Der *Caudillo* ist eigentlich der starke Mann, der Macho, der

Diktator. Nur sehr wenige lateinamerikanische Präsidenten sind seit ihrer Unabhängigkeit von Spanien und Portugal durch freie Wahlen zu ihrem Amt gekommen. Sie haben sich durch das System hindurchgeboxt, sind von ihren Rivalen gebeutelt worden und haben sich schließlich durchgesetzt. Ihre Gesinnungsgenossen haben sie als Leiter anerkannt, und sie führen ihr Regiment so, wie sie es für gut halten.

Die am schnellsten wachsenden Gemeinden in Lateinamerika sind die Pfingstkirchen, deren Anteil am lateinamerikanischen Protestantismus inzwischen über 75 Prozent beträgt. Ich habe eine ganze Zeitlang das phänomenale Wachstum dieser Gemeinden studiert. Dabei habe ich unter anderem festgestellt, daß ihre Leiter, wenn auch mit einem christlichen Vorzeichen, dem Bild des säkularen *Caudillo* gleicht. Selbst die lateinamerikanischen pfingstlichen Kirchenführer verstehen mich kaum, wenn ich sie darauf hinweise, daß sich in der säkularen Welt mit dem Begriff *Caudillo* die Vorstellung einer skrupellosen, zielstrebigen und blutrünstigen Person verbindet. Doch in den Gemeinden der Pfingstkirchen ist der Leiter eine Art Diener-*Caudillo*. Erinnern wir uns noch an die genannten Spannungsfelder? Es ist also tatsächlich möglich, ein starker, christlicher *Caudillo* zu sein, der von den Menschen, die ihm folgen, als ihr Diener betrachtet wird, der sie aufrichtig liebt. Und genau das ist der typische Pfingstpastor in den großen wachsenden Gemeinden Lateinamerikas, ob er sich dieser Tatsache bewußt ist oder nicht.

Einem afrikanischen Dorf hingegen ist der Begriff des *Caudillo* fremd. Dort ist es kulturbedingt, daß alle Entscheidungen Konsens-Charakter haben. Der Häuptling des Dorfes ist ein sehr geduldiger Mann. Ist eine wichtige Entscheidung fällig, so stellt er sicher, daß er einen vollen Gruppen-Konsens für die beste Lösung erreicht, bevor er eine Entscheidung verkündet. Und so überrascht es auch nicht, daß die starken Leiter der wachsenden afrikanischen Gemeinden wissen, wie das Konsens-System funktioniert, und sie halten sich in ihren Gemeinden auch daran.

Damit will ich zeigen, daß es nicht darauf ankommt, ob man von einem *Caudillo*-Modell in Lateinamerika ausgeht oder von einem Konsens-Modell in Afrika, um zu der Feststellung zu gelangen, daß man überall sowohl starke wie auch schwache Leiter findet.

Selbstverständlich gilt das auch für Amerika und Europa, wo man in der Regel dem demokratischen Modell des Mehrheitsbeschlusses folgt.

Der englische Missionswissenschaftler Martin Goldsmith behauptet, das Überstülpen europäischer und amerikanischer Vorstellungen von demokratischer Leiterschaft könne ein Grund für das langsame Wachstum der Gemeinden in Japan sein. Der Leiter einer europäischen Missionsgesellschaft, die in Japan tätig ist, erzählte ihm, die meisten Gemeinden in Japan würden nicht wachsen, einige wenige dagegen würden sehr rasch wachsen, und bezeichnenderweise seien in den wachsenden Gemeinden die Laien sehr aktiv. Der Missionsleiter erklärte weiter, daß »die Pastoren dieser Gemeinden kleine Diktatoren geworden sind. Wir haben es versäumt, ihnen zu helfen, weniger autokratisch zu sein«. Goldsmith erwiderte dem Missionar mit großer Weisheit: »Könnte es wohl sein, daß ein geistlich gesinnter *autokratischer* Dienst gut zu Japan paßt?« Sein Freund fand sich zuerst mit dieser Vorstellung gar nicht zurecht, mußte aber schließlich zugeben, daß in Japan die politischen, industriellen und sozialen Strukturen alle von mächtigen autokratischen Führern bestimmt werden. Er öffnete sich dann der Einsicht, daß vielleicht ein demokratischer, von den ausländischen Missionaren importierter Führungsstil tatsächlich ein Faktor sein könnte, der das Wachstum japanischer Gemeinden während all den Jahren *verzögert* hat.[20]

## 2. Sozio-ökonomische Beschränkungen

In vielen Kulturen, vor allem in städtischen und industrialisierten Gesellschaften, gibt es mehrere sozio-ökonomische Ebenen und Schichten. Die Art der Menschenführung kann sich von einer sozialen Ebene zur anderen beträchtlich unterscheiden. In Amerika hören Gewerkschaftsmitglieder ohne akademische Bildung auf einen anderen Führungstyp als den, der für leitende Geschäftsleute und höhere Beamte mit akademischen Graden relevant ist. Fabrikarbeiter sprechen mehr auf den autoritären Leitertyp an, während Akademiker und höhere Beamte und Angestellte stärker auf einen demokratischen und von Mitbestimmung geprägten Führungsstil reagieren. Diese sozio-ökonomischen Besonderheiten lassen sich auch ohne weiteres in den christlichen Gemeinden wiederfinden.

Ich gehöre zum Beispiel zur Lake Avenue Congregational Church in Pasadena, Kalifornien. Bei ihr handelt es sich um eine große Gemeinde mit einer ungefähren Besucherzahl von 3.000 an einem Sonntagmorgen, und sie wächst. Sozio-ökonomisch gesehen zählt sie zur oberen Mittelklasse. Eine sehr wichtige Anschaffung war ein riesiges Photokopiergerät, das sogar die kopierten Seiten zusammenheftet. Weil die Personen im Gemeindevorstand vorwiegend gehobene und Spitzenpositionen im Managementbereich innehaben, verlangen sie eine gründliche Prüfung, bevor eine Entscheidung getroffen wird. Alle Optionen müssen sorgfältig erwogen werden. Für größere und kleinere Entscheidungen sind detaillierte Berichte nötig. Ein wesentlicher Posten im Gemeindebudget bildet der Ankauf von Papier. Pastor Paul Cedar ist sich wohl bewußt, daß für die Gemeinde nur ein partizipatorischer, auf Mitbestimmung beruhender Führungsstil in Frage kommt. Er selbst ist ein ausgeprägter Leiter, der weiß, wohin Gott die Gemeinde führen will, der die Verantwortung für den Gemeindeaufbau übernommen hat und der auch andere zu motivieren vermag, damit sie ihm folgen - und das alles im Rahmen der Grenzen, die ihm durch seine Gemeinde auferlegt sind.

Vieles von dem, was unsere Gemeinde zur Entscheidungsfindung tut, würde in einer Arbeitergemeinde als überflüssig betrachtet. »All das ganze Drum und Dran brauchen wir nicht!« würde dort vielleicht ein Diakon sagen. Arbeiter sind im allgemeinen nicht daran interessiert, sich an langwierigen Entscheidungsprozessen zu beteiligen. Sie fühlen sich unbehaglich, wenn man von ihnen erwartet, Ideen zu entwickeln. Sie sind gewöhnt, daß der Vorarbeiter oder der Gewerkschaftsführer ihnen sagt, was sie tun sollen, und sie haben überhaupt nichts dagegen einzuwenden. Wohl stimmen sie bei wichtigen Dingen gerne ab, aber wenn ihr Pastor eine starke Leiterpersönlichkeit ist, die sich im System auskennt, dann dürfte kaum ein Zweifel darüber bestehen, wie die Entscheidung der Gemeinde ausfallen wird.

Sehen Sie sich doch einmal die wachsenden Gemeinden mit einem großen Prozentsatz an Arbeitern in Ihrer Umgebung an, und Sie werden in der Regel auf einen Pastor stoßen, der eine

Mischung aus einem autokratischen Leiter und Diener ist. Und wenn Sie sich die wachsenden Gemeinden der oberen Mittelschicht ansehen, stoßen Sie in der Regel auf einen Pastor, der ein Diener und Leiter nach dem partizipatorischen, demokratischen Prinzip ist, der also gerne Primus-inter-pares ist, Gleicher unter Gleichen. Doch wohlgemerkt, beide sind Diener und ausgeprägte Leiterpersönlichkeiten, die ihre Gemeinde und die Erwartungen, welche diese gegenüber der Gemeindeleitung haben, verstehen.

## 3. Denominationelle Grenzen

Der in einen denominationellen Rahmen eingebundene Pastor ist in seinem Handlungsspielraum automatisch beschränkt durch die vorgegebene Kirchenstruktur. Mir ist jedoch keine Denomination bekannt, innerhalb deren Verhaltenskodex es nicht sowohl schwache wie auch starke Leiterpersönlichkeiten gibt.

Die Briten mit ihrer Wertschätzung der Monarchie mit all ihrem Pomp und Zeremonienwesen haben gerne Bischöfe und Erzbischöfe in der Kirchenleitung. Die Anglikanische Kirche in England und auch die Episkopalkirche in Amerika sind ein Spiegelbild der englischen Kultur. Die Methodisten, ursprünglich aus der anglikanischen Kirche hervorgegangen, haben die Bischöfe beibehalten. Wichtige Entscheidungen in diesen Kirchen werden im Episkopat gefällt. Darum ist es für den Pastor einer örtlichen Gemeinde viel schwieriger, eine starke Leiterpersönlichkeit zur Geltung zu bringen, als in anderen Kirchen, die ein demokratischeres Gepräge besitzen. Dennoch gibt es sehr erfolgreiche Episkopal- und Methodistenpastoren, die es verstehen, ihre Leitungsgabe in das System einzubringen.

Die Presbyterianer begannen seinerzeit in Schottland zum Teil als Reaktion auf das bischöfliche System. Konsequenterweise legten sie sich auf eine Führungspolitik fest, durch welche den Bischöfen die Macht aus den Händen genommen und auf die Ältesten der lokalen Gemeinde übertragen wurde. Die Zusammenkünfte der Ältesten nennen sie »Sitzung«. Der Pastor, der als Ältester verstanden wird, ist der Vorsitzende der Sitzung. Hier haben wir es mit einer Kirchenleitung zu tun, welche dem Pastor die Leitungsbefugnis auf einem Silberteller darreicht; dennoch gibt es viele presbyterianische Pastoren, die trotz dieser Struktur schwache Leiterpersönlichkeiten sind.

Das amerikanische demokratische Ideal spiegelt sich in der Kirchenpolitik der Baptisten- und der Kongregationalisten-Gemeinden wieder. Theoretisch liegt die Entscheidungsbefugnis bei der Gemeinde; jedes Gemeindeglied kann in der Gemeindeversammlung eine bestimmte Aktion ins Leben rufen. In großen, wachsenden Gemeinden der Baptisten und Kongregationalisten jedoch ist die Entscheidungsbefugnis stets, wenn auch nicht offiziell, so doch praktisch, von der Gemeinde auf den Pastor übertragen worden. Wenn dies auf harmonische Weise geschieht, ist es ein Zeichen dafür, daß der Pastor als Diener anerkannt wird und daß die Gemeinde ihm als ihrem Leiter das Vertrauen entgegenbringt. Wenn sich die Gemeinde hingegen weigert, dem Pastor Leitungsbefugnisse zu übertragen, erweist sich eine solche Entscheidung häufig als Wachstumshindernis.

## 4. Die Grenzen der Lokalgemeinde

Ungeachtet ihrer Kirchenzugehörigkeit trägt eine Lokalgemeinde drei Merkmale, die für die dem Pastor zugestandene Leitungsfunktion bedeutsam sind und ihm Grenzen setzen.

Das erste ist die Tradition der Gemeinde. Handelt es sich um eine Gemeinde, die großen Wert auf ein Mitspracherecht der Gemeindeglieder legt, so sind die Möglichkeiten eines neuen Pastors, dies zu ändern, sehr gering. Es gibt in Südkalifornien eine Gemeinde, die von einer kleinen Gruppe von Laien gegründet wurde, die dann auch Älteste auf Lebenszeit wurden. Der Pastor, den sie beriefen, kam, noch bevor sich irgendwelche Traditionen verfestigten, so daß es ihm gelang, eine starke Leitungsposition zu erlangen. Die Gemeinde erlebt unter seinem Dienst ein bemerkenswertes Wachstum auf inzwischen über 2.000 Gottesdienstbesuchern. Doch seit dieser Pastor vor ein paar Jahren wegging, erlebte die Gemeinde eine schwierige Zeit und spaltete sich sogar, weil es für die nachfolgenden Pastoren unmöglich war, die Unterstützung der Gründungsältesten, der Männer der ersten Stunde also, zur Leitung der Gemeinde zu bekommen.

Das zweite Merkmal steht in Beziehung zum ersten. Es ist das Alter einer Gemeinde. Je älter eine Gemeinde ist, desto unwahrscheinlicher ist es, daß sie von ihren Traditionen abweicht. Es ist schwierig für einen Pastor, in einer sehr traditionsreichen Gemeinde, die sich schon lange im gleichen Gebäude versammelt, eine klare Leiterposition einzunehmen. Eine Ausnahme dazu ist eine Gemeinde, die aus dem einen oder anderen Grund in einer Krise steckt. So nahm zum Beispiel Pastor Richard Anderson vor etlichen Jahren einen Ruf in die Sierra Madre Congregational Church in Kalifornien an. Dies war eine vor langer Zeit gegründete Gemeinde mit sehr ausgeprägter Tradition, sie war aber praktisch tot. Die Besucherzahl betrug etwa fünfundzwanzig Personen, als sie Anderson riefen. Er erhielt das Einverständnis, seine Leiterpersönlichkeit voll einzubringen, und hat seither die Gemeinde in ein goldenes Zeitalter des Wachstums und der Vitalität geführt.

Das dritte Merkmal einer örtlichen Gemeinde, das die Funktion des Pastors beschränkt, ist ihre Größe. In der Regel ist die Rolle des Pastors umso entscheidender, je größer die Gemeinde ist. Je kleiner die Gemeinde ist, desto weniger wird Wert auf eine starke Führungsnatur des Gemeindeleiters gelegt. So gibt es kleinere Gemeinden, in denen wichtige Entscheidungen getroffen werden, und erst dann wird der Pastor über die Entscheidung informiert. Und es ist bezeichnend, daß solche Entscheidungen nicht in offiziellen Gemeindevorstandssitzungen oder in Gemeindeversammlungen gefällt werden. Man trifft sie am Telefon, auf einem Spaziergang im Grünen oder bei einer Tasse Kaffee. Gemeinden, die an derartigen Entscheidungsfindungsprozessen festhalten, werden aller Wahrscheinlichkeit nach auch weiterhin klein bleiben. Wenn sie wachsen sollen, müssen sie sich dazu entschließen, wie große Gemeinden geleitet zu werden. Es besteht kein Zweifel über die Rolle des Pastors in großen Gemeinden. Lyle Schaller bezeichnet eine starke Gemeindeleitung als »die zentrale Komponente bei der Entwicklung einer effektiven Gemeindeaufbaustrategie für große Gemeinden«. Er fährt fort und sagt: »Der Pastor muß willig sein, eine starke Leitungsrolle zu übernehmen und als Erster Mann in der Gemeinde zu dienen.«[21]

## 5. Persönliche Grenzen

Die fünfte und letzte Beschränkung, die darüber entscheidet, wie stark die Leitungsrolle eines Pastors ist, hängt von der Persönlichkeit und vom Temperament des Pastors selbst ab. Manche tragen gerne Verantwortung, andere wieder ringen sich nie dazu durch, wirkliche Verantwortung zu übernehmen. Dieser Faktor ist sehr wichtig, wenn es um die Rolle der Frau im geistlichen Dienst geht. Während manche Frauen dazu imstande sind, Verantwortung zu übernehmen, ist doch der Prozentsatz solcher Frauen, die das können und denen es von ihren Gemeinden zugestanden wird, gegenüber den Männern bedeutend kleiner.

In gewissen Fällen können diese persönlichen Eigenschaften verändert werden, aber im großen und ganzen sind es Gegebenheiten, mit denen ein Pastor leben muß. Ich persönlich glaube, jeder von uns sollte sich als ein bewußtes Geschöpf Gottes betrachten. Gott hat nicht jeden Pastor mit dem Ziel erschaffen, Leiter einer großen, wachsenden Gemeinde zu sein. Manche sind regelrecht als Pastoren kleiner Gemeinden geschaffen. Ich habe ziemlich zu Anfang des ersten Kapitels bereits erwähnt, daß es mit kleinen Gemeinden durchaus seine Richtigkeit haben kann. Nicht jede Gemeinde kann oder muß wachsen. Gemeinden, die aus dem einen oder andern Grund nicht wachsen und klein bleiben, brauchen einen Hirten. Wenn darum der Leitungsfähigkeit einer Person durch ihre Charakterzüge Grenzen gesetzt sind, so darf sie es als göttliche Führung ansehen, in einer kleineren Gemeinde die Erfüllung ihrer Berufung zu erfahren. Selbstverständlich ist es möglich, mit solch einem Entschluß Gott zu verherrlichen.

## Führungstheorien

In den Bereichen Geschäftsleitung und Projektmanagement hat sich in den letzten Jahren eine starke Entwicklung vollzogen. Eine ganze Reihe von Lehrbüchern über Führungstheorien sind in letzter Zeit erschienen. Ehe wir auf einige von ihnen eingehen, möchte ich bereits meine eigene Schlußfolgerung nennen. Ted Engstrom, einer der maßgeblichsten Persönlichkeiten auf diesem Gebiet in Amerika, drückt es so aus: »Der passende Führungsstil ist zu einem großen Teil abhängig von der Aufgabe der Organisation, von der Lebensphase der Organisation und von den momentanen Engpässen.«[22] Ich glaube, das ist außerordentlich wichtig. Flexibilität ist hier das Stichwort. Ich habe ziemlich Mühe mit einem Buch wie A Theology of Church Leadership, verfaßt von Lawrence O. Richards und Clyde Hoeldtke (Zondervan Publishing House, 1981), die behaupten, sie hätten den biblischen Führungsstil herausgefunden. Meine Beobachtung ist, daß Gott verschiedene Führungsstile in der Gemeindeleitung segnet, solange sie in christlicher Gesinnung praktiziert werden.

Der berühmte deutsche Soziologe Max Weber stellte zu Beginn unseres Jahrhunderts eine Theorie auf, die ihre Bewährungsprobe bestanden hat. Sie ist sowohl auf Gemeindeleitung wie auf säkulare Führer anwendbar. Weber nennt drei Formen, wie die Gesellschaft Herrschaft legitimiert: durch Legalität des Amtes (von Amts wegen) durch Tradition und durch Charisma. Eine von Amts wegen eingesetzte Leitungsposition ist als Institution vom Gesetz her geschaffen. Es geht hierbei weniger um die Person, die das Amt bekleidet. Diese ist auswechselbar und füllt nur eine Funktion des Staates aus. Das Amt selbst ist wichtiger als die Person, die es bekleidet. Von einem Richter zum Beispiel erwartet man, daß er sich durch seine subjektive Meinung nicht in der Wahrung der Gesetze hindern läßt. Autorität auf dem Weg der Einsetzung durch Tradition erlangt jemand durch Einhaltung der von der Tradition festgelegten Schritte. Eine Monarchie ist in der Regel so angelegt, daß der Sohn des Königs traditionell dessen Nachfolger wird. Charismatische Führung wird durch die Persönlichkeit des Leiters selber erlangt. Der lateinamerikanische Caudillo, den ich bereits erwähnt habe, ist ein Beispiel für dieser Art von Führungspersönlichkeiten.

Kaum ein Leiter, ob in der freien Wirtschaft, der Politik oder der Gemeinde, wird völlig diesen Idealtypen entsprechen. Meistens bildet er eine Mischung. Hingegen sind gewöhnlich Tendenzen zum einen oder zum andern dieser drei erkennbar. Manche Pastoren entsprechen recht deutlich weitgehend dem einen oder dem anderen Typ. Leiter großer, wachsender Gemeinden sind fast ausschließlich mit einem Charisma ausgestattete Führerpersönlichkeiten. Das verdanken sie nicht dem Amt, das sie innehaben, und auch nicht der Tradition der Gemeinde. Sie sind deshalb starke Leiterpersönlichkeiten, weil sie die Kraft des Heiligen Geistes dazu gemacht hat. Obwohl Weber das nicht speziell hervorhebt, ist *charisma* das griechische Wort für Geistesgabe, und wie wir noch sehen werden, ist Gemeindeaufbau-Leiterschaft stark gabenbedingt.

Lehrbücher über Management können außerordentlich komplex werden. Manche Klassifizierungen sind sogar dreidimensional. Ich kann damit nur sehr wenig anfangen. Beim Durchsehen einschlägiger Literatur bin ich jedoch auf zwei Beziehungspaare gestoßen, die man bei der Suche nach einem eigenen Leitungsstil sorgfältig im Auge behalten sollte. Pastoren wie Laien sollten mit diesen Begriffspaaren gut vertraut sein. Vergessen wir dabei nicht, daß wir darüberhinaus mit den fünf bereits beschriebenen Grenzen leben müssen.

## Autoritativ - partizipatorisch

Autoritative Führung ist *richtungsweisend* und gekennzeichnet durch wenig Mitspracherecht seitens der Gruppe. Partizipatorische Führung ist nicht richtungsweisend und gekennzeichnet durch starkes Mitwirken der Gruppe. Diese beiden Begriffe sind wie zwei Pole auf einer Achse, und so gibt es zahlreiche Punkte zwischen den beiden Endpunkten. Nur wenige Leiter sind entweder am einen oder am anderen Ende der Achse zu finden. Es ist hilfreich zu erkennen, daß sowohl ein autoritativer als auch ein partizipatorischer Führungsstil für die Gemeindeleitung in Frage kommt, je nach den Umständen. Der eine wie der andere Stil kann fehlschlagen. Ein autoritativer Leiter kann sich als dominierender und manipulierender Leiter erweisen, der durch Machthunger anstatt durch den Wunsch nach dem Wohlergehen der Gemeinde motiviert ist. Ein partizipatorischer Leiter kann den Dingen in einem solchen Maße freien Lauf lassen, daß er überhaupt kein Leiter mehr ist, und eine führungslose Organisation welkt dahin und stirbt schließlich. Beide Eigenschaften können aber auch sehr positiv sein. Biblische Voraussetzungen wie Demut und Dienstbereitschaft haben für das ganze Spektrum der Möglichkeiten ihre Gültigkeit.

## Aufgabenorientiert - beziehungsorientiert

Der aufgabenorientierte Leiter setzt das Tun vor das Sein. Der beziehungsorientierte Leiter setzt das Sein vor das Tun. In der Gemeinde ist weder das eine noch das andere förderlich, denn beides ist wichtig, das Tun wie das Sein. Die Menschen dürfen nicht einfach als Mittel zum Zweck behandelt werden; der Zweck oder die Ziele müssen sich nach den Bedürfnissen der Gemeinde richten. Doch andererseits sind die Menschen zu einem ganz bestimmten Zweck in das Reich Gottes versetzt worden, und wenn dieser Zweck oder diese Aufgabe nicht erreicht wird, finden die betreffenden Personen keine Erfüllung in ihrem Leben. Im allgemeinen jedoch - wie ich noch in einem späteren Kapitel zeigen werde - werden Pastoren mit einer aufgabenorientierten Tendenz mit größerer Wahrscheinlichkeit ihre Gemeinde zum Wachstum führen.

# Leitung und das Wachstumspotential der Gemeinde

Wie schon mehrmals betont, besteht das Hauptziel dieses Buches darin, den Zusammenhang zwischen der Gemeindeleitung und dem Wachstum der Gemeinde zu beleuchten. Ich glaube, die einzelnen Teile des vorher Gesagten lassen sich am besten in Form eines Diagramms zusammenbringen (Abb. 1).

Die linke Seite des Diagramms zeigt den Pastor als Leiter der Gemeinde. Je weiter man nach rechts geht, desto weniger bestimmt der Pastor, und desto mehr bestimmt die Gemeinde. Ich habe die Diagonale absichtlich nicht bis in die Ecken gezogen, weil es praktisch fast nicht vorkommt, daß der Pastor absolut allein leitet oder daß die Gemeinde es absolut allein tut. Doch wie die Pfeilrichtung oben zeigt, nimmt das Gemeindewachstumspotential in dem Maße zu, wie der Pastor eine starke Leiterfunktion innehat.

Die Rechtecke darunter enthalten Beschreibungen der möglichen Stellung des Pastors nach der einen oder der anderen Seite hin. Kaum ein Pastor wird sich völlig mit einem der Begriffe identifizieren können. Die meisten werden feststellen, daß ihre

# Stellung des Pastors

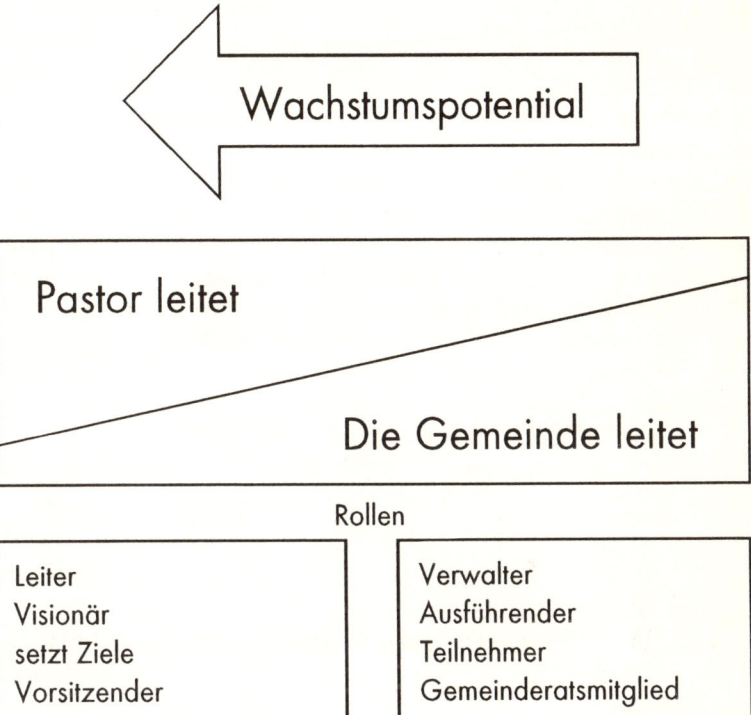

**Abb. 1**

Persönlichkeit wegen der kulturellen, denominationellen und persönlichen Beschränkungen eher gemischt ist.

Dennoch, je mehr ein Pastor seine Zeit und Energie in seine *Führungsrolle* und entsprechend weniger in seine *Verwalterrolle* investiert, desto größer wird das Wachstumspotential der Gemeinde. Der Leiter braucht sich nicht um alles zu kümmern, »damit der Laden läuft«, sondern kann sich auf die großen Linien konzentrieren. Der Pastor sollte versuchen, nicht so sehr der *Ausführende von Visionen anderer*, sondern selber *Visionär* zu sein. Dies ermöglicht dem Pastor der Gemeinde die Richtung vorzugeben und Ziele zu setzen, statt bloßer Teilnehmer und Beobachter zu sein. Der »wissende Beobachter« lehnt sich, wie wir bereits sahen, einfach zurück und wartet darauf, daß die Initiativen für die Zukunft von den Leuten aus der Gemeinde kommen.

Es ist sehr positiv, wenn es die Struktur der Gemeinde oder der Denomination zuläßt, daß der Pastor auch *Vorsitzender des offiziellen Gemeinderates* ist. Ist er aber lediglich befugt, - aus Gründen, die von seinem Gemeindeverband festgelegt wurden - ein *Mitglied des Gemeinderates* zu sein (oder, was noch schlimmer ist, gar nicht in den Gemeinderat wählbar), so ist das ein echtes Wachstumshindernis. David Womack sagt dazu: »Ich habe noch nie eine Gemeinde gesehen, die sich über längere Zeit zufriedenstellend entwickelte, in der ihr Pastor nicht der wahre Leiter der Gemeinde und gleichzeitig Vorsitzender des Gemeinderates war ... Ich würde nicht Pastor einer Gemeinde sein wollen, wenn ich nicht auch ihr Leiter sein dürfte, und ich rate jedem Pastor davon ab, sich einer solchen Struktur zu beugen.«[23] Er weist weiter darauf hin, daß in neutestamentlicher Zeit die Diakone ja auch nicht gewählt wurden, um als Aufsichtsrat über Pastoren zu fungieren.

Ich habe mich hier sehr stark für eine ausgeprägte Gemeindeleitung, die weiß, was sie will, ausgesprochen. Es wäre an diesem Punkt leicht möglich, mich falsch zu interpretieren. Das folgende Kapitel wird mehr die andere Seite der Münze betonen: Die hohe Kunst, ein Gemeindeglied zu sein. Es ist nicht meine Absicht, die Gemeindeglieder vor lauter Betonung des Pastors außer acht zu lassen. Als Ralph H. Elliott, einer der schärfsten Kritiker der Gemeindewachstumsbewegung, zu diesem Punkt der Gemeindewachstumstheorie kam, glaubte er mich so verstanden zu haben, daß der Pastor, anstatt den geistlichen Dienst mit den Gemeindegliedern zu teilen, »als Verwaltungsratsvorsitzender ermutigt wird, sich all solcher Verantwortlichkeiten zu entledigen«.[24] Was ich in Wirklichkeit beabsichtigte, ist, daß das allgemeine Priestertum der Gläubigen in den Gemeinden verstärkt entdeckt wird, aber gleichzeitig auch die Leitungsaufgabe des Pastors in ihrer wahren Bedeutung erkannt wird. Bis jetzt haben wir uns hauptsächlich mit der Stellung der Gemeindeleitung befaßt; über den eigentlichen geistlichen Dienst wollen wir später sprechen.

## Wie wird man ein Leiter?

Wenn eine starke Leitung für den Gemeindeaufbau offenbar von so großer Bedeutung ist, dann werden sich viele mittlerweile fragen: »Wie kann ich eine starke Leiterpersönlichkeit werden?« Es gibt drei Wege, wie jemand ein Leiter wird: Leiterschaft wird verdient, sie wird wahrgenommen, und sie wird erlernt.

### Leiterschaft wird verdient

Der eigentliche Test der Leiterschaft besteht, wie ich schon früher sagte, darin, ob Menschen bereit sind, dem Leiter zu folgen. Da eine charismatische Leiterschaft für die Gemeinde so wichtig ist, folgt daraus, daß die Leute einem Pastor nicht automatisch deshalb folgen, weil er oder sie den Titel »Pastor« trägt. Wenn Sie in Amerika einem Ruf in eine Gemeinde folgen, sind Sie gewöhnlich für drei bis sechs Jahre auf Probezeit. Während dieses Zeitraums bilden sich die Menschen in der Gemeinde vor allem in einer Beziehung ein Urteil: ob Sie bereit sind zu dienen oder nicht. Deshalb sagt Lyle Schaller, die produktivsten Jahre eines Pastors würden ungefähr nach vier, fünf oder sechs Jahren *beginnen*. So lange dauert es für Sie, um Ihr Recht auf Führung zu verdienen, indem Sie beweisen, daß Sie zum Dienen bereit sind.

Wenn die Gemeindeglieder glauben, daß Sie ihnen dienen wollen, werden Sie ihre ganze Liebe und ihr ganzes Vertrauen gewinnen. Yonggi Cho, Pastor der größten Gemeinde der Welt, sagt: »Die Mitglieder der Yoido Full Gospel Church gehorchen mir, weil sie wissen, daß ich sie wirklich liebe.« Er sagt weiter, Christen, die ihren Pastor nicht respektieren, würden sich im Irrtum befinden, weil »es Gott ist, der den Pastor bevollmächtigt hat, die Schafe zu leiten«. Doch die Schafe folgen dem Hirten nicht automatisch. Erst muß der Pastor »echte christusähnliche Liebe beweisen, bevor sie ihm vorbehaltlos folgen«.[25] Mit anderen Worten sagt Cho: Leiterschaft muß verdient werden.

## Leiterschaft wird wahrgenommen

Bei meinem Studium großer, wachsender Gemeinden machte ich die Entdeckung, daß alle ihre Pastoren vor allem mit zwei Geistesgaben ausgerüstet sind: der Gabe des Glaubens und der Gabe der Leitung. Sie stehen in enger Beziehung zueinander. Weiter oben habe ich Leiterschaft so definiert: in Einklang mit Gottes Absichten für die Zukunft der Gemeinde Ziele zu setzen und die Gemeinde zu motivieren, ihren Beitrag zur Erlangung der Ziele zu leisten. Aber wie kann ein Pastor mit Sicherheit wissen, worin Gottes Absicht für die Gemeinde besteht? Durch die Gabe des Glaubens. Die Gabe des Glaubens ist die besondere Fähigkeit, die Gott bestimmten Gliedern des Leibes Christi verleiht, um mit außerordentlichem Vertrauen den Willen und die Absichten Gottes für die Zukunft seines Werkes zu erkennen.

Geistesgaben kann man meiner Ansicht nach nicht auf Bestellung bekommen, und man kann sie sich auch nicht durch gute Werke verdienen. Sie werden empfangen durch die Gnade Gottes, und unsere Aufgabe ist es, zu erkennen, welche Gabe oder Gaben Gott uns gegeben hat. Dann ist es an uns, sie zu entfalten und sie zu seiner Ehre zu gebrauchen. Gott erwählt einige seiner Diener, die Gaben des Glaubens und der Leitung zu empfangen. Ich werde in einem späteren Kapitel noch erklären, wie diese Begabungen bei zielorientierter Gemeindearbeit zusammenwirken. Für den Moment wollen wir einfach betonen, daß es sie gibt. Die Gabe der Leitung wird in Röm. 12,8 erwähnt und die Gabe des Glaubens in 1.Kor. 12,9.

## Leiterschaft wird erlernt

Ungeachtet dessen, wo Sie heute als Leiter stehen, können Sie durch geeignete Ausbildung durchaus ein besserer Leiter werden. Wenn Sie die Gabe der Leitung haben, sollten Sie diese Gabe möglichst weit entwickeln. Und wenn Sie diese Gabe nicht haben, können Sie trotzdem zu einem kompetenten Leiter werden, obgleich es nicht leicht für Sie sein wird. Ihre Persönlichkeit hat Ihrer Fähigkeit, Menschen zu führen, bestimmte Grenzen gesetzt. Doch auch Ihre Persönlichkeit kann bis zu einem gewissen Grad durch Weiterbildung und Therapie verändert werden.

Es hilft natürlich für die Arbeit in einer wachstumsorientierten Gemeinde sehr, wenn Sie viel über die Dynamik des Gemeindewachstums wissen. Fachwissen auf einem bestimmten Gebiet bedeutet auch, daß Sie Autorität auf diesem Gebiet haben. Wenn Ihre Gemeindeglieder sehen, daß Sie das Fachwissen besitzen, Ihre Gemeinde zum Wachstum zu führen, werden sie Ihnen folgen. Dieses Wissen kann man sich aneignen, zum Beispiel mit Hilfe von Büchern, Tonbändern, Seminaren und durch Kurse auf Universitäten. Und sollten Sie nicht schon alleine durch die Lektüre dieses Buches ein besserer Leiter werden, würde mich das wirklich enttäuschen.

### Anmerkungen

**1.** Richard G. Hutcheson jr., »The Wheel Within the Wheel: Confronting the Management Crisis of the Pluralistic Church« (John Knox Press, Atlanta, 1979), S. 54.

**2.** Lyle E. Schaller, »Effective Church Planting« (Abingdon Press, Nashville, 1979), S. 162.

**3.** Hutcheson, »Wheel Within the Wheel«, S. 53.

**4.** Schaller, »Effective Church Planting«, S. 162-163.

**5.** Hutcheson, »Wheel Within the Wheel«, S. 57.

**6.** ebd.

**7.** Schaller, »Effective Church Planting«, S. 163.

**8.** Robert C. Girard, »Brethren, Hang Loose« (Zondervan Publishing House, Grand Rapids, 1972), S. 209-210.

**9.** David Mains, »My Greatest Ministry Mistakes«, Leadership, Frühling 1980, S. 20.

**10.** Jackson W. Carroll und Robert L. Wilson, »Too Many Pastors?« The Clergy Job Market (Pilgrim Press, New York, 1980), S. 118.

**11.** D. Dewayne Davenport, »The Bible Says Grow: Church Growth Guidelines for Church of Christ« (Church Growth/Evangelism Seminar, Williamstown WV, 1978), S. 35.

**12.** Jack Hayford, »Servant Leadership«, The Pentecostal Minister, Frühling 1983, S. 12.

**13.** ebd., S. 13.

**14.** Jack W. Hayford, »The Church on the Way« (Chosen Books, Lincoln VA, 1982), S. 22.

**15.** Gordon MacDonald, »Ten Conditions for Church Growth«, Leadership, Winter 1983, S. 44-48.

**16.** Lawrence O. Richards, »Three Churches in Renewal« (Zondervan Publishing House, Grand Rapids, 1975), S. 44.

**17.** Hutcheson, »Mainline Churches«, S. 158.

**18.** Ted W. Engstrom, »The Making of a Christian Leader« (Zondervan Publishing House, Grand Rapids, 1976), S. 23.

**19.** Für Definitionen der siebenundzwanzig Geistesgaben siehe mein Buch »Die Gaben des Geistes für den Gemeindeaufbau« (Aussaat- und Schriftenmissionsverlag, Neukirchen-Vluyn, 1987), S. 96-99.

**20.** Martin Goldsmith, »Can My Church Grow?« (Hodder & Stoughton, London, 1980), S. 55-56.

**21.** Lyle E. Schaller, »Growing Plans« (Abingdon Press, Nashville, 1983), S. 85.

**22.** Engstrom, »The Making of a Christian Leader«, S. 78.

**23.** David A. Womack, »The Pyramid Principle of Church Growth« (Bethany Fellowship, Minneapolis, 1977), S. 90.

**24.** Ralph H. Elliott, »Church Growth That Counts« (Judson Press, Valley Forge, 1982), S. 82.

**25.** Paul Yonggi Cho, »Successful Home Cell Groups« (Logos International, Plainfield NJ, 1981), S. 94-95.

# 4.

## DIE HOHE KUNST, EIN GEMEINDEGLIED ZU SEIN

Es ist seltsam, daß nur sehr wenige Bücher über Menschenführung Kapitel darüber enthalten, wer solchen Leiterpersönlichkeiten eigentlich folgen soll. Es scheint die seltsame Auffassung zu herrschen, daß wohl nur Leiter besondere Anleitung benötigen, nicht aber die, welche ihnen folgen.

Je mehr ich mich mit dem Thema Gemeindeleitung beschäftige, desto weniger bin ich mit einer solchen Auffassung einverstanden. Viele Pastoren möchten wohl gerne ihrer Gemeinde ein guter Leiter sein, können es aber nicht, weil die Mitglieder wenig Verständnis dafür haben, was Nachfolge in einer Lokalgemeinde eigentlich heißt. Für eine nähere Untersuchung des Themas »Nachfolge als Aufgabe des Volkes Gottes« wollen wir zunächst versuchen zu erfassen, was die Bibel dazu sagt.

## Leitung und Nachfolge in der Bibel

Wo immer die Bibel das Thema christlicher Leiterschaft berührt, spricht sie sich für eine starke Führung durch den Pastor aus. Wenn man in der Bibel dieses Thema studiert, kommt man sehr bald zur Feststellung, daß man nicht ein starres Muster von Gemeindeleitung vorfindet, das auf alle Gemeinden überall anzuwenden ist. Viele Theologen haben den Wandel der Leitungsformen erforscht, wie wir sie in den ersten jüdischen Gemeinden in Jerusalem sehen, wie sie sich dann in den ersten nicht-jüdischen Gemeinden veränderten und im Laufe der Zeit noch weitere Veränderung erfuhren. Alle diese Gemeinden hatten buchstäblich »neutestamentliche Leitungsformen« aufzuweisen, aber jede Gemeinde wurde dennoch anders geleitet.

Die am häufigsten verwendeten griechischen Ausdrücke für Leiter sind *presbyteros* = Ältester, von dem die Presbyterianische Kirche ihren Namen ableitet, und das Wort *episkopos* = Aufseher oder Bischof, von dem die Episkopalkirche ihren Namen bekommen hat. Der Älteste ist buchstäblich eine ältere Person, die wegen ihrer Reife und Weisheit geachtet wird. Der Bischof übt die Aufsicht über eine Gemeinde aus und fungiert als ihr Hauptleiter.

Auch das Wort *poimen* = Pastor oder Hirte wird im Neuen Testament gebraucht und bezeichnet die Verantwortung, welche ein Gemeindeleiter für das geistliche Wohl einer bestimmten Gruppe des Volkes Gottes trägt. Wir finden aber noch andere Ausdrücke wie *Leiter* (Röm. 12,8), *Verwalter* (1.Kor.12,28), »solche, die euch vorstehen im Herrn« (1.Thess. 5,12), »Führer« oder »Vorsteher« (Hebr. 13,7) und »führende Männer« (Apg. 15,22). Keiner dieser Ausdrücke wird im Sinne eines Fachausdrucks gebraucht. Sie scheinen in gewissem Sinne austauschbar zu sein. So beziehen sich zum Beispiel in 1.Petr. 5,1-2 die Begriffe des Ältesten, Pastors und Bischofs alle auf die gleichen Leiter der Gemeinde.

Ich stimme mit Michael Griffiths überein, wenn er zur biblischen Lehre über Leitung bemerkt:»Die einzige Schlußfolgerung ist, daß es immer eine offiziell anerkannte Autorität und Leitung gibt, die respektiert wird und der man gehorcht, daß aber die verwendeten Begriffe und Strukturen der Gruppe ganz verschieden sind.«[1] Einige Kirchenführer rechtfertigen ihr eigenes System häufig damit, daß sie es für biblischer halten als andere; doch derartige Argumente sind oft theoretischer Natur. Die meisten mir bekannten Strukturen sind alle gleich biblisch, weil die diesbezügliche Spanne der Bibel weit genug ist, um Platz für alle zu lassen. Der einzige Standpunkt, mit dem ich nicht einverstanden bin, ist, wenn jemand behauptet, daß eine bestimmte Gemeindeleitungsform die *einzig biblische* sei und daß alle anderen unbiblisch oder zuwenig biblisch seien.

Michael Griffiths unterstreicht die Tatsache, daß biblische Leiterschaft respektiert und gehorsam akzeptiert zu werden hat. Das ist es, was ich meine, wenn ich von *Nachfolge* spreche. Wenn wir die biblischen Schlüsseltexte, die sich auf Leitungsfragen beziehen, näher betrachten, stellen wir sofort fest, daß eine starke Gemeindeleitung und gehorsame Nachfolge immer im Zusammenhang miteinander gelehrt werden.

Um dies zu verdeutlichen, möchte ich zunächst die entscheidenden Zeitwörter in den vier Schlüsselversen über Gemeindeleitung hervorheben. Dann liste ich in einer Spalte diejenigen Zeitwörter auf, die sich auf den Pastor oder Gemeindeleiter beziehen, und in einer anderen Spalte diejenigen, welche sich auf die Gemeindeglieder beziehen. In den Versen habe ich die entscheidenden Zeitwörter durch Großbuchstaben hervorgehoben.

Joh. 10,2-4: »Wer aber DURCH DIE TÜR EINGEHT, ist Hirte der Schafe. Diesem tut der Türhüter auf, und die Schafe HÖREN SEINE STIMME; und er RUFT SEINE EIGENEN SCHAFE MIT NAMEN und FÜHRT SIE HERAUS. Wenn er seine eigenen Schafe alle herausgebracht hat, GEHT ER VOR IHNEN HER, und die Schafe FOLGEN IHM, weil sie SEINE STIMME KENNEN.«

1.Thess. 5,12-13: »Wir bitten euch aber, Brüder, daß ihr die ANERKENNT, die unter euch ARBEITEN und EUCH VORSTEHEN im Herrn und EUCH ZURECHTWEISEN, und daß ihr sie ganz besonders IN LIEBE ACHTET um ihres Werkes willen. HALTET FRIEDEN untereinander!«

Hebr. 13,17: »GEHORCHT und FÜGT EUCH EUREN FÜHRERN, denn sie WACHEN ÜBER EURE SEELEN, als solche, DIE RECHENSCHAFT GEBEN werden. Damit SIE DIES MIT FREUDEN TUN und nicht mit Seufzen; denn dies wäre euch nicht nützlich.«

1.Petr. 5,2-3: »WEIDET die Herde Gottes, die bei euch ist, UND WACHT ÜBER SIE, nicht aus Zwang, sondern freiwillig, Gott gemäß, auch nicht aus schändlicher Gewinnsucht, sondern bereitwillig, NICHT ALS DIE DA HERRSCHEN über die, die IHNEN ANVERTRAUT sind, sondern indem ihr VORBILDER DER HERDE WERDET.«

| **Aufgabenbeschreibung für den Pastor** | **Aufgabenbeschreibung für die Gemeindeglieder** |
|---|---|
| der Hirte: | die Schafe: |
|    geht durch die Tür ein |    hören seine Stimme |
|    ruft seine Schafe bei Namen |    folgen ihm |
|    führt sie heraus |    kennen seine Stimme |
|    geht vor ihnen her | |
| | |
| die unter euch arbeiten: | Brüder: |
|    arbeiten |    anerkennt sie |
|    euch vorstehen |    achtet sie |
|    euch zurechtweisen |    liebt sie |
| |    haltet Frieden |

| eure Führer: | Hebräische Christen: |
|---|---|
| führen | gehorcht |
| wachen über eure Seelen | fügt euch |
| Rechenschaft geben | laßt sie es mit Freuden tun |

| die Ältesten unter euch: | die Herde: |
|---|---|
| weiden | dem Pastor anvertraut |
| wachen über sie | |
| nicht als die da herrschen | |
| Vorbilder der Herde | |

Es braucht kaum mehr als dreißig Sekunden, um die zwei Spalten genau zu lesen und tief beeindruckt zu sein von dem Ernst biblischer Leitung und Nachfolge. In diesem Kapitel geht es mir um die biblischen Richtlinien, wie man Leitern nachfolgt. Dieser Aspekt ist in unseren Gemeinden sehr vernachlässigt worden. Einen der Gründe dafür sehe ich darin, daß es den meisten Pastoren außerordentlich schwerfällt, darüber offen in ihrer Gemeinde zu lehren. Ich kann in einem Buch wie diesem viele Dinge sagen, die ein Pastor seiner Gemeinde nicht sagen kann, es sei denn, es existiert in der Gemeinde ein ausreichend tiefes, gegenseitiges Vertrauensverhältnis. Wenn ein Pastor seiner Gemeinde schmeicheln oder drohen oder sie bitten muß, um den Ton angeben zu können, so ist das ein deutliches Anzeichen dafür, daß er keine echte Führungsposition hat und wahrscheinlich auch nie haben wird. John Bisagno sagt: »Sie müssen nicht um die Leitung bitten ... Wenn Sie erst anfangen müssen, die Gemeinde daran zu erinnern, daß Sie der Pastor sind, sind Sie es die längste Zeit gewesen!«[2]

Doch das hielt die Apostel, welche das Neue Testament schrieben, nicht davon ab, die Christen zu unterweisen, wie man den Vorstehern Gehorsam leistet. Die Gemeindeglieder sind ihrem Hirten von Gott »anvertraut« wie die Schafe auf der Farm. Die Schafe sagen dem Hirten nicht, wohin es geht; sie haben das Vertrauen zu ihrem Hirten, daß er sie auf grüne Weiden führt. Phillip Keller, selber Schafhirte und Autor des Bestsellers »Psalm 23 aus der Sicht eines Schafhirten«, weist darauf hin, daß Schafe nicht einfach »für sich selber sorgen«. Er sagt: »Sie bedürfen mehr als alle anderen Tiere der ständigen Überwachung und der peinlichsten Pflege.«[3] Das Wohl von Schafen ist außergewöhnlich abhängig vom Hirten. »Beim einen Hirten mußten die Schafe um ihre Nahrung kämpfen, hungern und Mißhandlungen erdulden«, sagt Keller. »Unter der Obhut wieder eines anderen gediehen sie, vermehrten sich und waren zufrieden.«[4]

Das läßt sich auch auf Ihre Gemeinde anwenden, die in der Bibel ja auch schlicht »Herde« genannt wird. Gott ist letztlich derjenige, welcher einen Pastor zum Leiter einer örtlichen Gemeinde beruft. Aus diesem Grunde spricht ein Pastor gewöhnlich von »meinem Ruf in die Gemeinde«. Wohl erfolgte der Ruf durch die beauftragten Vertreter der Gemeinde oder je nachdem durch den Bischof oder eine andere befugte Person. Doch in jedem Fall beruht die Einladung zum Dienst in der Gemeinde auf einer unerläßlichen Voraussetzung: daß der Urheber des »Rufes« Gott war. Es wird vorausgesetzt, daß sowohl der Pastor wie auch die Personen, durch die der Ruf erfolgte, unter der Leitung Gottes standen. Deshalb sagt Petrus, daß die Herde dem Pastor als ihrem Aufseher »anvertraut« ist. So hat Gott es für die Gemeinde geplant.

Den Gemeindegliedern wird gesagt, sie sollen ihre Pastoren »anerkennen«. Man sollte Pastoren nicht einfach zum Dienst in der Gemeinde berufen, sondern man sollte ihnen auch die Leitungsverantwortung übertragen und dazu jene Autorität, die der übertragenen Verantwortung entspricht. Sie sollten den Titel erhalten, den sie verdienen. Ein guter Freund von mir hatte in einer Gemeinde über ein Jahr lang gedient und war dabei sehr frustriert gewesen. Ich erinnere mich an den Tag, als er mit einem gequälten Lächeln zu mir sagte: »Neulich sprach endlich jemand von mir als dem Hauptpastor.« Überflüssig zu sagen, daß er zurücktrat. Die Leute in der Gemeinde, besonders die Ältesten, waren nicht bereit gewesen, ihren Pastor auch als Leiter anzuerkennen.

Lyle Schaller erkennt darin einen modernen Trend. Er sagt: »Wir haben uns fünfundzwanzig Jahre lang Mühe gegeben, die Position der Pastoren abzuwerten.«[5] Eines der Symptome dieses Trends ist, wenn die Gemeinde das Antrittsjubiläum des Pastors vergißt. In vielen Gemeinden pflegte man den Jahrestag der Berufung des Pastors zu feiern. Im Gegensatz zu den weißen Gemeinden tut man es in farbigen Gemeinden Amerikas immer noch. Schaller glaubt, daß das eine psychologische Auswirkung auf die »vergessenen« Pastoren gehabt hat und ihnen zwischen den Zeilen bedeutete, ihre Rolle sei nicht so wichtig. Ich stimme ihm hier zu. Wenn es stimmt, daß Gemeinden ihrem Pastor das Gefühl vermitteln, unwichtig zu sein, dann ist dies ohne Zweifel ein Grund für das langsame Wachstum in vielen Gemeinden und Denominationen. Außerdem ist ein solches Verhalten nicht biblisch, weil die Gemeinden ermahnt werden, ihre Pastoren »anzuerkennen«.

Aber nicht nur das, sie werden auch aufgefordert, ihre Pastoren zu »achten«. Nur wenige erkennen, wie stark dieser biblische Ausdruck ist: »Achtet sie ganz besonders« (1.Thess. 5,13). Im Kommentar von Leon Morris steht: »Das von Paulus verwendete Umstandswort »ganz besonders« ist ein sehr ausdrucksstarkes und eindringliches Kompositum und kommt in dieser Form nur hier im Neuen Testament vor.«[6] Die natürliche Folge davon sind »gehorchen« und »unterordnen«, beides sehr starke Begriffe für unsere demokratische Kultur und für die heutige anti-autoritäre Prägung der Gesellschaft. Und das alles soll nicht widerwillig, sondern »in Liebe« geschehen. Lieben Sie und die anderen Gemeindeglieder Ihren Pastor? Wenn nicht, dann stimmt etwas nicht. Gewiß, vielleicht stimmt mit dem Pastor etwas nicht; doch ebenso besteht die Möglichkeit, daß mit Ihnen etwas nicht in Ordnung ist. Wenn die Liebe dominiert, zieht das auch das andere nach sich: Ihr »haltet Frieden untereinander«, und der Pastor wird seine Leitung »mit Freuden« ausüben. Gemäß Hebräer 13,17 ist jemand, der seinem Pastor Kummer bereitet, Gott keine Ehre.

Weshalb beschreibt die Heilige Schrift so ausführlich, wie Christen ihren Leitern folgen sollen? Gott hat es so gewollt, daß die Herde dem Pastor »anvertraut« ist, und dieser wird »Rechenschaft geben« müssen. Wenn Jesus, der »Oberhirte« (1.Petr. 5,4) heute zurückkommt, wird er als erste Person den Pastor rufen, damit dieser ihm Rechenschaft über seine Gemeinde gibt. Gewiß, jedes einzelne Gemeindeglied wird nach seinem Einsatz in der Gemeinde gefragt, doch niemand - Älteste, Diakone, Buchhalter oder Sonntagsschullehrer - wird vor dem Pastor gerufen. Gemeindeglieder, die das ernst nehmen, achten darum darauf, daß ihre Beziehung zum Pastor stimmt und sie sich darin üben, gute Nachfolger ihres Leiters zu sein.

# Leiten, nicht herrschen

In den wenigen genannten Bibelstellen ist eine deutliche Warnung an die Pastoren ausgesprochen. Ihnen ist ein beträchtliches Maß an Führungsautorität übergeben worden, aber weil sie auch Menschen sind, kann es vorkommen - und es kommt allzuoft vor -, daß diese mißbraucht wird. Petrus sagt, sie sollen nicht »aus Zwang« leiten, nicht »aus schändlicher Gewinnsucht« und »nicht als die da herrschen« (1.Petr. 5,2-3). Über die Gewinnsucht komme ich später nochmals zu sprechen. An dieser Stelle befassen wir uns mit der Möglichkeit, daß ein Pastor aus Zwang leitet und aus einem Leiter somit ein Herrscher wird.

Das bringt uns zu einem Punkt aus dem vorangehenden Kapitel zurück. Jesus hatte, auf die unpassende Bitte von Jakobus und Johannes hin, seinen Jüngern die Spannung zwischen Leiten und Dienen erklärt. Sie wollten einst in der Herrlichkeit zur Rechten und zur Linken von Jesus sitzen. Jesus verglich diese Bitte mit der Art und Weise, wie die Regenten der Nationen »sie beherrschen« und »Gewalt gegen sie üben« (Mark. 10,42). Nach der Formulierung von Max Weber wollten sie mit einer legalen, amtlichen Führungsstellung belohnt werden. Jesus wies sie ab und bedeutete ihnen, christliche Leiterschaft müsse charismatischen Charakter besitzen, und nur durch Dienen könnten sie diese Anerkennung erlangen.

In der säkularen Welt, in der Bibel »Nationen« genannt, wird Autorität mittels Zwang und Gewalt ausgeübt. Wer eine bestimmte Position innehat, kann andere dazu zwingen, das zu tun, was er will. Ein Chef kann anderen damit drohen, daß sie entlassen oder zurückversetzt werden, eine unangenehme Arbeit bekommen oder keine Beförderungsaussicht haben. Führer in der säkularen Welt finden genügend Mittel und Wege, die Leute im Sinne ihrer Absichten zu manipulieren. Sie sind in ihrem Wesen Tyrannen. Das ist Herrschaft, nicht aber Leiterschaft, und Jesus sagt: »So aber ist es nicht unter euch« (Mark. 10,43).

Soziologisch gesehen sind Gemeinden freiwillige Vereinigungen. Geistlich gesehen sind Gemeinden die Familie Gottes. Weder das eine noch das andere läßt einen von Zwang geprägten Führungsstil zu. Pastoren, die das nicht verstehen, bekommen Probleme. Sie sollten sich in Erinnerung rufen, daß sie Diener sind.

Ihr Handeln sollte die Zustimmung derer finden, die ihnen folgen, und der Gemeinde unmittelbar zum Besten dienen. Eine gute Beziehung zwischen Pastor und Gemeindegliedern ist für eine Gemeinde von großer Wichtigkeit. Die Menschen spüren es, ob der Pastor sie liebt oder nicht. Es ist der Heilige Geist selber, der dieses Empfinden in der Gemeinde bewirkt. Die nichtchristliche Welt kennt so etwas nicht, aber die Gemeinde kommt ohne das nicht aus. Pastor Paul Yonggi Cho, eine äußerst starke christliche Leiterperson, sagt:»In unserer Gemeinde reden wir von »Autorität in Liebe«. Wenn der Pastor die Menschen in seiner Gemeinde wirklich liebt, werden sie sich seiner Autorität unterstellen und seiner Lehre gehorchen.« So sieht Cho christliche Leiterschaft. Dann sagt er über das Herrschen:»Aber wenn der Pastor versucht, seine Autorität lediglich aufgrund seiner Stellung und mit menschlichen Schachzügen zur Geltung zu bringen, werden die Leute sich dagegen auflehnen, und er wird Schwierigkeiten bekommen.«[7]

Eine Gemeinde, die wachsen möchte, sollte um einen Pastor beten, der sowohl charismatischer Leiter wie auch Diener ist. Es besteht kein Grund zu verschweigen, daß viele charismatische Leiter die Diener-Qualifikation nicht besitzen und der Versuchung erliegen, zu Herren über die Gemeinde zu werden. Solche, die von Natur aus nicht gerne vor Menschen stehen, kommen in der Regel nicht in eine solche Versuchung. Nachdem er zehn der am schnellsten wachsenden Gemeinden in Amerika studiert hatte, stellte Elmer Towns fest, daß eines der Kennzeichen dieser Gemeinden eine charismatische Leiterschaft war. Er wies jedoch darauf hin, daß es gerade im Wesen dieses Leitungstyps liegt, in die Gefahr zu geraten, in einen autoritären Führungsstil abzurutschen. Towns meint, ein Leiter sollte *Autorität* haben, ohne jedoch *autoritär* zu sein. Der Unterschied hängt oft davon ab, woher letzten Endes die Autorität kommt.»Wenn sich der Pastor bewußt ist, daß er ein Unterhirte ist, der seine Autorität vom Wort Gottes empfängt, wird er seine Gemeinde mit *Autorität* leiten. Wenn der Pastor hingegen meint, er habe Autorität kraft seiner eigenen Persönlichkeit, wird die Art seiner Gemeindeleitung *autoritär* sein.«[8] Towns macht eine deutliche Unterscheidung zwischen Herrschaft und Leiterschaft.

# Wie man mit einem autoritären Pastor umgeht

Wo an die Stelle christlicher Leiterschaft das Herrschen getreten ist, liegen die damit verbundenen Gefahren auf der Hand. Praktisch in jeder Denomination haben mir verantwortliche Laien oft von ihren schlechten Erfahrungen mit autoritären Pastoren erzählt. Manche Gemeinden sind durch ihre Erfahrungen mit lieblosen und manipulierenden Pastoren so sehr gebrannt, daß sie einen defensiven Mechanismus entwickelt haben, um zu verhüten, daß sich so etwas in Zukunft wiederholt. Das wäre soweit in Ordnung, doch leider entstand oft durch die Vorsorge, die sie getroffen haben, ein anderes Problem - sie haben damit ein neues Gemeindewachstumshindernis geschaffen. In den meisten Fällen haben die Gemeindeglieder gar nicht daran gedacht, daß sich ihr Vorgehen auf lange Sicht negativ auswirken könnte, weil sie sich ausschließlich darauf konzentrierten, das jetzt anstehende, unmittelbare Problem zwischen dem Pastor und der Gemeinde zu lösen.

Wenn eine Gemeinde sich gegen einen Pastor zur Wehr setzt, der anstatt zu führen nur herrschen möchte, entsteht für gewöhnlich eine von drei Situationen. Man verlagert das Problem auf den nächsten Pastor, überträgt die Leitungsbefugnis auf die Ältesten, oder man gibt die ganze Verantwortung der Gemeinde selbst. Wir wollen diese Reaktionen etwas näher betrachten.

## 1. Verlagerung auf den nachfolgenden Pastor

Mir tun Pastoren leid, die einen Ruf in eine Gemeinde annehmen, welche durch ihre jüngsten Erfahrungen mit einem unachtsamen und herrschsüchtigen Pastor ausgebrannt ist. Das Risiko in einer solchen Gemeinde ist groß, besonders wenn der neue Pastor keine Ahnung von den Gefühlen der Leute hat. Elmer Towns sagt:»Weil ein paar Pastoren in das eine Extrem gehen, berauben die verantwortlichen Laien den nächsten Pastor der Möglichkeit des Leitens ... Viele Gemeinden beschneiden in einem solchen Fall den wirklich begabten Pastor und gestehen ihm nicht die Freiheit zu, die Herde zu leiten.«[9]

Es steht außer Frage, daß eine Gemeinde gelegentlich eine Periode der Heilung braucht, und in dieser Zeit kann man nicht viel Wachstum erwarten. Oft erweist sich ein Pastor, der nur für kurze Zeit die Gemeinde übernimmt, als große Hilfe für eine verletzte Gemeinde. Doch wir wollen nicht vergessen, daß sich dieses Buch mit Gemeindewachstum befaßt. Die Tendenz in einer Gemeinde, die einen Heilungsprozeß durchmacht, geht dahin, daß man sich auf die Wiederherstellung von Frieden und Harmonie konzentriert und dabei die Vision für Wachstum aus den Augen verliert. »Es muß uns erst besser gehen, bevor wir größer werden«, ist die übliche Redensart, die man in Vorstandssitzungen zu hören bekommt. Aber das Besserwerden scheint kein Ende zu nehmen, und das Wachstum gerät in Vergessenheit. Gemeinden, die durch eine falsche Art von Leiterschaft Verletzungen davongetragen haben, sollten sich nach der richtigen Art von Leitung umsehen, wenn sie wachsen wollen. So sagt Elmer Towns: »Die Bibel anerkennt den Stellenwert eines begabten Menschen und lehrt, daß die geistliche Kompetenz eines Menschen, der in den Augen Gottes groß ist, sich auf seinen Dienst positiv auswirkt.«[10] Ich erinnere mich, wie G. L. Johnson, Pastor der People's Church in Fresno, Kalifornien, sagte: »Wenn der Pastor ein Siegertyp ist, wird auch die Gemeinde siegreich sein; wenn der Pastor ein Verlierer ist, wird auch die Gemeinde verlieren.« Das ist wahr und mit ein Grund, daß Gemeinden, die unglückliche Zeiten mit einem Pastor erlebt haben, sich aufraffen und Gott darum bitten sollten, einen einfühlsamen Diener als Leiter zu bekommen, der eine Sicht für den Gemeindeaufbau hat und weiß, welche Art von Autorität notwendig ist, um dieses Ziel zu erreichen.

## 2. Die Leitungsverantwortung den Ältesten übertragen

Die Übertragung der Gemeindeleitung von einem Pastor auf den nächsten erfordert für gewöhnlich einige Umstellungen und Veränderungen. Es sollten sich dabei in der Regel keine unüberwindbaren Probleme ergeben. Noch keiner hat behauptet, daß in der Bibel geschrieben stehe, man müsse ein existierendes Problem auch auf den nächsten Pastor verlagern. Es ist aber etwas ganz anderes, wenn die Leitungsverantwortung prinzipiell auf die Ältesten übertragen wird. In manchen Fällen ist so etwas das Resultat eines langen Prozesses der Kirchengeschichte und bereits zur denominationellen Tradition geworden. Es gibt auch freie Gemeinden, die von Ältesten gegründet wurden, welche eine starke Gemeindeleitung nicht besonders schätzen. Manche Gemeinden haben die Form der Leitung durch Älteste in ihren Statuten und Vorschriften fest verankert. Zur Rechtfertigung einer solchen Regelung hat man sich oft mit Nachdruck auf die Bibel berufen, und dann ist es gewöhnlich schwierig, etwas daran zu verändern.

Die Hauptbeweggründe dafür, daß die Gemeinde von einem Ältestenteam geleitet wird, sind gut. Zum einen werden dadurch Kontroll- und Ausgleichsmöglichkeiten geschaffen, so daß sich niemand je als Tyrann gebärden kann, auch wenn er es wollte. Zum zweiten wird dadurch ein Klerikalismus verhindert, der alle Dienste der Gemeinde auf die Person des Pastors fixiert. Der dritte Grund ist die Kehrseite des zweiten, nämlich der Wunsch, den Laien der Gemeinde Möglichkeiten zu einem eigenen Dienst zu schaffen. Mit solchen Motivationen kann ich mich völlig einverstanden erklären.

Es besteht jedoch eine Gefahr. Wenn alle Ältesten Leiter sind, ist keiner der Leiter. Theoretisch besitzt jeder Älteste gleichviel Autorität, und jeder leistet seinen Beitrag gemäß der Geistesgaben, die Gott einem jeden von ihnen gegeben hat. Die einen lehren, andere predigen, manche verwalten, und wieder andere leisten Seelsorgedienste oder machen Krankenbesuche. In vielen solcher von Ältesten geführten Gemeinden ist einer von ihnen zum »Pastor« oder »Lehrer« bestimmt worden. Dabei handelt es sich gewöhnlich um diejenige Person, die in den eher traditionell ausgerichteten Gemeinden als Hauptpastor bezeichnet wird, ohne daß ihr je dieser Titel gegeben worden ist. Fast immer wird eine solche Person öffentlich beteuern: »Oh, nicht ich leite die Gemeinde. Das tun die Ältesten.« Das hört sich für Menschen, die nichts anderes kennengelernt haben, durchaus biblisch an.

Zur Übertragung der Leitungsverantwortung vom Pastor hin zu den Ältesten möchte ich einige Anmerkungen machen. Erstens ist der Grundsatz, den Gemeindegliedern selbst den geistlichen Dienst zu übertragen, sehr wichtig für das Gemeindewachstum. Doch heißt das nicht, daß eine Gemeinde in einem solchen Fall keine starke Leitungsperson haben kann. Gerade weil Dienst mit Leitung verwechselt wurde, haben viele einen falschen Weg eingeschlagen. Eine der Hauptthesen dieses Buches lautet, daß beides Hand in Hand geht und beide für das Wachstum der Gemeinde sehr wichtig sind.

Zweitens ist die Gemeindeleitung durch einen Ältestenkreis sehr geeignet für kleine Gemeinden und solche, die nicht wachsen. Doch wenn eine Gemeinde stark wächst und größer wird, erweist sich diese Struktur als unangebracht. Zu dieser Erkenntnis kam auch Gene Getz von der Fellowship Bible Church in Dallas, Texas. Dort begannen sie mit einer Gruppe von acht Ältesten, die regelmäßig zusammenkamen und gemeinsam die Gemeindeleitung ausübten. Doch das Wachstum der Gemeinde nahm stark zu, und bald war die Zahl der Ältesten auf vierzig angestiegen. Eine gemeinsame Gemeindeleitung war nicht länger möglich, und Getz sah, daß man in Wirklichkeit mehr Energie darauf verwenden mußte, in lästigen und routinemäßigen Abstimmungen Harmonie zu erzielen, als positive Impulse zu setzen. Man »kam gar nicht mehr dazu, Entscheidungen zu treffen und vorwärtszugehen)«. Schließlich beschlossen sie, eine grundsätzliche Abstimmung durchzuführen und es jedem freizustellen, mit dem Ergebnis einverstanden zu sein oder auch nicht. Getz sagt: »Wenn die Gemeinde wächst, muß sie mehr und mehr zentralistisch (so sehr ich das Wort zentralistisch hasse) geleitet werden.«[11] Ich möchte nochmals betonen: Die Rolle des Hauptpastors ist um so wichtiger, je größer die Gemeinde ist.

Drittens habe ich beobachtet, daß sich in allen wachsenden Gemeinden, in denen die Leitungsverantwortung bei den Ältesten liegt, einer der Ältesten besonders profiliert hat, obwohl das eigentlich nicht hätte vorkommen sollen. Einige der fähigsten Leiter, die ich kenne, sagen: »Nein! Ich leite nicht!«, drehen sich auf dem Absatz um und tun es doch. Es besteht eine Kluft zwischen einer Bezeichnung und der eigentlichen Funktion, zwischen der Theorie und der Praxis. Das unterstreicht eigentlich den Ansatz der Befürworter einer Teamleiterschaft, weil eine der Geistesgaben, die einige Älteste vermutlich erhalten haben, diejenige der »Leitung« ist (Röm. 12,8). Das griechische Wort, das hier gebraucht wird, ist *proistemi* und bedeutet »an die Spitze treten«. Es gibt andere Worte mit ähnlichem Sinn, die aber nicht genau das gleiche bedeuten. Ein Ältester mit Leitungsgabe sollte auch leiten können. Michael Harper, der gleichfalls der Auffassung ist, daß Älteste die Gemeinde leiten sollten, meint: »Wenn jede Gesellschaft eine Führung braucht und diese Führung in den Händen eines Teams liegen soll, so soll jedes Team auch einen Kapitän haben«. Er glaubt nicht, daß dadurch das Prinzip der Teamleiterschaft verletzt wird, »denn solch ein Leiter ist stets *Primus inter pares*«.[12] Gene Getz unterstützt dies, wenn er sagt: »Was viele Leute durcheinanderbringt, ist die manchmal aufgestellte Behauptung, daß gewisse erfolgreiche Gemeinden keinen solchen Leiter haben. Ich behaupte, sie haben alle einen. Er mag wohl einen zurückhaltenden Stil pflegen und nach außen hin nicht auffallen, aber dennoch ist er der eigentliche Leiter.«[13]

Die Churches of Christ und andere Zweige der Restoration-Bewegung gehören zu den entschiedensten Befürwortern der Teamleiterschaft durch Älteste. Deshalb war ich überrascht, als ich las, was einer ihrer Leiter, D. Dewayne Davenport, in seinem Buch *The Bible Says Grow: Church Growth Guidelines for Church of Christ* schreibt. Davenport räumt ein, daß seine Aussagen »in den Augen vieler Leser kontrovers erscheinen mögen«, aber er stellt fest, daß Untersuchungen über die Churches of Christ übereinstimmend gezeigt haben, daß ein Hauptgrund für ein Nichtwachstum der Gemeinde bei der Leiterschaft zu suchen ist. »Dennoch haben wir einige der kostbarsten Menschen auf Erden als Älteste, Diakone und Prediger in den Churches of Christ.« Er sagt damit, das Problem liege nicht in erster Linie bei den Personen selber, als vielmehr bei den Organisationsstrukturen des Gemeindeverbandes.

So kommt er zu dem Schluß, daß die von den Gründern der Restoration-Bewegung aufgestellten Richtlinien in der heutigen Zeit nicht mehr befolgt würden und daß viele der heutigen Gemeinden einen falschen Weg eingeschlagen haben. »Von der richtigen Spur abgekommen sind wir vor allem dort«, so Davenport, »wo es um die Rolle des Predigers und um sein Verhältnis zu den Ältesten geht. Die Bibel lehrt, daß der hauptamtliche Prediger die Leitung in der örtlichen Gemeinde übernehmen soll.«[14] Davenports »Prediger« ist natürlich jene Person, die in den traditionell geprägten Kirchen den Titel »Hauptpastor« tragen. Dieser Titel ist jedoch in seiner Denomination nicht akzeptabel. Ob mit oder ohne Titel, jedenfalls haben die wachsenden Gemeinden alle einen eindeutigen Leiter. Davenport sagt: »Man schaue sich einmal die Gemeinden an, die wachsen, und dann werfe man einen Blick auf die Leitungsverantwortung des Predigers. In einer wachsenden Gemeinde wird man hingegebene Älteste finden, die bereit sind, den Prediger die Leitungsfunktion ausüben zu lassen, die Gott ihm zugedacht hat.«[15]

Wo ein Kreis von Ältesten die Gemeinde leitet, funktioniert dies bei großen, wachsenden Gemeinden nur so lange, wie einer der Ältesten den Kreis leitet. Die Presbyterianer glauben an die Leitungsverantwortung von Ältesten, aber einer von ihnen ist ein Ältester mit Lehramt. Er wird auch als Pastor bezeichnet und ist zum Vorsitzenden der Gemeindeversammlung bestimmt. Presbyterianer mit einer starken Leiterpersönlichkeit wissen, wie man diese Stellung zum Nutzen der Gemeinde gebraucht. Bemerkenswert ist, daß die Ältesten bis zu einem gewissen Grad auch im Sinn des Managements Leiter sind. Der Pastor delegiert wichtige Leitungsaufgaben an die Ältesten. Aber es gibt jeweils nur einen Ersten Mann in der Organisation. So sagt Davenport:»Bedeutet dies, daß die Ältesten rangniedriger sind als der Prediger? Keineswegs! Sie überlassen ihm lediglich die Leitung.« Dann erklärt er, wie die Madison Church of Christ in Madison, Tennessee, zur größten Gemeinde ihres Verbandes geworden ist, und zwar aus einem Grund.»Die Ältesten dort stellen sich nicht »über« ihren Prediger. Sie wissen, daß Gott Ira North die Gabe der Leitung gegeben hat, und sie erlauben ihm, diese auch auszuüben.«[16]

### 3. Die Leitungsverantwortung der Gemeinde übertragen

Eine weitere, oft praktizierte Methode zur Vorbeugung gegen die Gefahr, daß der Hauptpastor zum Alleinherrscher wird, besteht darin, daß man die Leitungsverantwortung anstatt dem Pastor der Gemeinde selbst überträgt. Diese Idee hat im demokratischen Amerika guten Anklang gefunden. Viele Denominationen, wie z. B. die Kongregationalisten und die Baptisten, folgen dem Grundsatz, daß die höchste Entscheidungsinstanz die Gemeinde ist. Der Pastor tut seinen speziellen Dienst erst, nachdem er ausdrücklich von der Gemeinde dazu berufen wird, und in manchen Fällen wird ihm dieser Sachverhalt durch eine jährliche Abstimmung in Erinnerung gerufen, um festzustellen, ob seine Berufung um ein weiteres Jahr verlängert werden soll.

Ich selber bin Kongregationalist und war darum in der Lage, das System aus nächster Nähe zu beobachten. Ich finde, daß sich das kongregationalistische System sehr gut für kleine, unkomplizierte Gemeinden eignet. Es ermöglicht seinem Wesen nach Kontrolle und Ausgleich, so daß ein Machtmißbrauch ausgeschlossen ist. Doch wenn die Gemeinde wächst, wird sie auch zunehmend schwerfällig. Mit zunehmender Größe tendieren kongregationalistische Gemeinden dazu, Ausschüsse und Komitees *ad infinitum* ins Leben zu rufen. Wenn diese Komitees nicht völlig in Schach gehalten werden, kann jeder Ausschuß oder jedes Komitee Entscheidungen für die ganze Gemeinde treffen, wobei auch andere Bereiche der Gemeinde mitbetroffen werden, d. h. einzelne Komitees treffen Entscheidungen, die auch in Bereichen, für die sie gar nicht direkt zuständig sind, Auswirkungen haben. Eine solche Entscheidungsvielfalt bewirkt letztlich Führungslosigkeit und ist ein echter Hemmschuh für die Gemeinde. Die Gemeindeversammlung in großen kongregationalistischen Gemeinden ist oft die langweiligste Sache des ganzen Gemeindeprogramms, weil die eigentlichen Entscheidungen bereits woanders getroffen worden sind und die Gemeindeversammlung nur dazu dient, sie routinemäßig zu genehmigen. In manchen Gemeinden ist es praktisch unmöglich, eine beschlußfähige Mitgliederzahl für die Geschäftsversammlungen zusammenzubringen.

In großen kongregationalistischen Gemeinden ist es schon lange nicht mehr so, daß die eigentliche Leitung bei der Gemeinde selber liegt. In wessen Händen aber ist sie? In den meisten Gemeinden, die kein Wachstum mehr verzeichnen, liegt sie in den Händen von Ausschüssen oder Komitees. Manchmal liegt sie im Nominierungs-Ausschuß, manchmal in den Händen des Vorstandes. Manchmal liegen die Kompetenzen in den Händen einiger weniger Personen, die eher locker auf informeller Ebene zusammenwirken. Andererseits hat in der Regel in kongregationalistischen Gemeinden, *die Wachstum verzeichnen*, faktisch der Pastor die Leitung. Normalerweise ist er ein Mensch, der schon lange herausgefunden hat, wie die Gemeindestruktur offiziell mit ihrem ganzen Apparat aufrechterhalten und unverletzt bleiben kann, und er dennoch eindeutig die Leitungsverantwortung in seinen Händen hat.

Jede Gemeinde, ungeachtet ihrer Struktur, benötigt Motivation und Anregung. Das kann durch Jahres- bzw. Quartalsversammlungen oder durch eine gewählte Gemeindevertretung geschehen. Nach meiner Meinung besteht die ideale Leitungsstruktur für große, wachsende Gemeinden darin, daß ein einziger Leitungskreis die Verantwortung trägt, wobei der Pastor der Vorsitzende dieses Leitungskreises ist. Wenn dieser Leitungsausschuß ein Spiegelbild der ganzen Gemeinde ist, so hat der Pastor die Möglichkeit, durch den Leitungskreis am Puls der Gemeinde zu bleiben. Wegen entgegengesetzter, langjähriger Traditionen kann diese Struktur in gewissen Denominationen nicht eingeführt werden, obgleich sie ideal wäre. Lyle E. Schaller ist der Ansicht, daß in großen Gemeinden das Leitungsgremium nicht mehr als zwei Dutzend Mitglieder umfassen sollte, und sind es mehr, sollte ein kompetentes Exekutivkomitee gebildet werden, um den Prozeß der Entscheidungsfindung zu erleichtern.[17]

Die Leitungsbefugnis kann nicht nur mißbraucht werden, wenn sie in den Händen des Pastors liegt, sondern auch, wenn sie in den Händen der Gemeinde liegt. Mehrere Beispiele dafür liefert uns die Auflehnung des Volkes Israel gegen ihren Führer Mose. Bei einem dieser Vorfälle, dem Aufruhr der Rotte Korah, kam eine offizielle Delegation, die die Gemeinde Israels vertrat, zu Mose und Aaron. Sie argumentierte wie folgt: »Ihr seid zu weit gegangen! Die ganze Gemeinde ist heilig, jeder einzelne von ihnen, und der Herr ist in ihrer Mitte. Warum erhebt ihr euch über die Versammlung des Herrn?« (4.Mo. 16,3). Die Antwort auf diese rhetorische Frage war, daß Mose sich nicht selbst erhoben hatte, sondern Gott hatte ihm seine Position gegeben. Ebenso verhält es sich mit der Leitung einer örtlichen Gemeinde. »Und er hat die einen gegeben als . . . Hirten [Pastoren] . . . zur Ausrüstung der Heiligen für das Werk des Dienstes« (Eph. 4,11-12). Pastoren sind deshalb Pastoren, weil Gott sie zu Pastoren gemacht hat. Die Gemeinden - auch solche, deren Leitung bei der Gemeinde selbst liegt - sollten diese biblische Wahrheit anerkennen.

# Wie man einen unliebsamen Pastor los wird

Ich habe die Begriffe Kontrolle und Ausgleich schon mehrmals erwähnt. Ich glaube zwar an die Notwendigkeit einer starken Gemeindeleitung, aber ich lehne autoritäre Leitung ab. Der Pastor muß direkt oder indirekt der Gemeinde gegenüber verantwortlich sein, weil er der Diener der Gemeinde ist. Oft reden Pastoren von der »Gemeinde, der ich *diene*«. Eine wirksame Gemeindeleitung kann nur dann aufrechterhalten werden, wenn ein klares gegenseitiges Verständnis vorhanden ist, indem der Pastor die Bedürfnisse und Wünsche der Gemeinde kennt und dementsprechend handelt.

Manchmal versagt allerdings auch ein Pastor. Dabei kann es sich um ein unsittliches, unmoralisches Verhalten handeln. Persönlicher Machthunger und Mißachtung der Gefühle der Gemeinde können zu unüberbrückbaren Differenzen zwischen dem Pastor und der Gemeinde führen. An diesem Punkt versagt der Vergleich mit dem Schafhirten. Wenn Schafe in die Obhut eines unverantwortlichen Schafhirten kommen, können sie krank werden und sterben oder von wilden Tieren zerrissen werden. Das muß beim Volk Gottes nicht unbedingt der Fall sein. Es handelt sich ja um Menschen; sie sind intelligent, und sie sind nach dem Bilde Gottes geschaffen. Sie besitzen die Fähigkeit, einen Leiter zu erkennen, dem sie aus dem einen oder anderen Grund nicht folgen können. Soll die Gemeinde in einem solchen Fall wachsen, muß der Pastor gewechselt werden. In manchen Denominationen leistet ein kirchliches Gremium Hilfe bei der Amtsenthebung eines Pastors. In anderen Denominationen hingegen liegt die Verantwortung dafür ganz bei den Mitgliedern der Gemeinde. So unangenehm eine solche Aufgabe auch sein mag, sie muß getan werden, und zwar je schneller desto besser.

## Ist »starke« Gemeindeleitung nicht typisch amerikanisch?

Wenn wir Forschungen über Gemeindewachstum anstellen, müssen wir dabei auch die kulturellen Eigenheiten des Umfeldes berücksichtigen. Verständlicherweise hat sich dieses Buch ursprünglich an eine amerikanische Leserschaft gewandt, und es sind vor allem amerikanische Beispiele zur Sprache gekommen. Mein Arbeitsgebiet ist jedoch das des internationalen Gemeindeaufbaus, und all die Jahre hindurch galt mein Interesse auch der Untersuchung von Leitungsstilen in anderen Kulturkreisen. Wenn eine starke Gemeindeleitung so biblisch ist, wie ich behauptet habe, dann sollte es sich dabei um ein Prinzip handeln, das in allen Kulturen seine Gültigkeit hat. Vermutlich gibt es Ausnahmen wie bei anderen Gemeindewachstumsprinzipien auch, aber im großen und ganzen lassen Belege aus anderen Teilen der Welt darauf schließen, daß auch dort eine starke Gemeindeleitung zum Gemeindewachstum beiträgt.

Wenn ich über Gemeindewachstum spreche, greife ich immer häufiger auf Beispiele aus Korea zurück. Korea ist einer der Brennpunkte des Gemeindewachstums in unserer Zeit. Bereits jetzt sind die weltweit größten Methodisten-, Presbyterianer- und Assemblies of God-Gemeinden in Korea zu finden, und ich erwarte, daß weitere Gemeinden anderer Denominationen folgen werden. Die Yoido Full Gospel Church von Pastor Paul Yonggi Cho ist mit ihren über 720.000 Mitgliedern (1984: 300.000) die größte Kirche der Welt. Cho spricht regelmäßig am amerikanischen Fernsehen, und ein Teil seiner Bücher ist auch auf Deutsch erhältlich. Wenn er für koreanische Pastoren in gewisser Hinsicht repräsentativ ist, dann zeigt das deutlich und klar, wie gut die Koreaner einen starken Gemeindeleiter akzeptieren.

Ich nahm bereits Bezug auf Martin Goldsmiths Feststellung, daß im politischen, industriellen und sozialen Gemeinwesen Japans eine pyramidenartige Struktur mit einer starken Führung an der Spitze als ganz normal betrachtet wird. Er glaubt, daß sich sogar eine autokratische Leiterschaft für den japanischen Gemeindeaufbau als positiv erweisen würde.[18] Unterstützt wird diese Auffassung in einer Doktorarbeit von John Merwin über die Heiligungsbewegung in Japan. Merwin sagt:»Wie in allen wachsenden Gemeinden Japans sind begabte Pastoren ein entscheidender Faktor.«[19] Lavern Snider stellt nach der Untersuchung von acht wachsenden Gemeinden in Japan fest:»In jeder dieser Gemeinden spielt der Pastor eine entscheidende Rolle, nämlich die des geistlichen und organisatorischen Leiters. Das Gemeindeleben ist gewöhnlich ein Spiegelbild der Art und Weise, wie der Pastor die Gemeinde leitet.«[20]

Hier noch einige weitere Kurz-Beipiele aus aller Welt. Allen Swanson bemerkt über die Situation in Taiwan: »Wenn Gott seine Gemeinde bauen will, fängt er immer mit einem Mann an - einem Mann mit einer Vision und einer Last, einem Mann mit dem tiefen Verlangen, den Herrn zu verherrlichen, mit einer Leidenschaft, andere zu ihm zu führen und sich nach den neutestamentlichen Gemeindewachstumsprinzipien auszurichten.«[21] Clarence Lim sagt in einer Studie über Gemeindewachstum in Singapur: »Der wichtige Faktor, der für Gemeindewachstum oder Niedergang entscheidend ist, ist die Gemeindeleitung.«[22] Mardoqueo Munoz, Guatemala, sagt: »Die Rolle des Pastors ist im Leben der Gemeinde von entscheidender Bedeutung.«[23] Gordon Moyes, Pastor der größten Gemeinde Australiens, der Wesley Central Mission in Sydney, bestätigt, daß »der Geistliche die Schlüsselperson einer wachsenden Gemeinde ist . . . Alle wachsenden Gemeinden werden von ausgeprägten Führungspersönlichkeiten geleitet«.[24]

Doch zurück in die USA. In Anbetracht der großen und steigenden Zahl ethnischer Gruppen in Amerika muß man sich fragen, ob eine starke Gemeindeleitung nur für die weißen anglo-amerikanischen Gemeinden typisch oder auch für andere Gruppen von Bedeutung ist. In den schwarzen Gemeinden Amerikas war die Notwendigkeit einer starken Leitung nie ernsthaft in Frage gestellt worden. Joseph H. Jackson, der während fast dreißig Jahren Präsident der größten schwarzen Denomination im Lande gewesen ist, nennt als einen der Gründe für seine lange Amtsdauer seinen tiefen Respekt vor Pastoren. »Jeder Pastor ist ein König«, sagte Jackson, »und man beschmutzt nicht seine Krone.« In einem ausgezeichneten Buch über Gemeindeverwaltung in schwarzen Gemeinden unterstreichen Massey und McKinney: »Der Pastor ist kraft seiner Berufung durch Gott und die Gemeinde sowie auch wegen seiner Ausbildung der Oberkommandierende. Wenn der Pastor sich nicht behauptet, so ist dies ein Zeichen von Schwäche. Der »demütige« Pastor früherer Zeiten mußte oft die Erfahrung machen, daß man ihm die Zügel der Leitung aus der Hand genommen hat.«25 Ähnliche Aussagen - vielleicht nicht ganz so drastisch ausgedrückt - kommen auch von anderen ethnischen Gruppen Amerikas.

Es scheint immer deutlicher von Untersuchungen und Beobachtungen belegt zu werden, daß eine starke Gemeindeleitung und willige Nachfolge der Gemeindeglieder eindeutig biblischer Lehre entsprechen. Das ist auch der Grund, weshalb diese Faktoren für den Gemeindeaufbau weltweit eine so bedeutsame Rolle spielen.

## Die Gemeinde für Wachstum gewinnen

Wenn der Pastor bereit ist zu leiten, und wenn die Gemeinde bereit ist zu folgen, hat die Gemeinde ein großes Wachstumspotential. Doch gewöhnlich kommt das Wachstum nicht von selber. Damit es dazu kommt, besteht darum einer der ersten Schritte darin, die Gemeinde auf das Wachstum vorzubereiten, sie darauf einzustimmen.

Zuerst gilt es, sich einen Überblick zu verschaffen, inwieweit die Gemeinde für ein Wachstum bereit ist. Lyle Schaller hat uns einige hilfreiche Vorschläge als Kriterien dafür gegeben. Hier seien vier erwähnt, die ziemlich leicht anwendbar sind:

*Stellen Sie die Zeitdauer der Gemeindezugehörigkeit der Mitglieder fest.* Wie lange gehören die Leute durchschnittlich zur Gemeinde? Wenn der Wert unter sieben Jahren liegt, sind die Aussichten auf ein Wachstum gut. Ist es über zwölf Jahre, wird Veränderung nicht leicht sein.

*Stellen Sie fest, wie lange im Durchschnitt der Kreis jener Laien dabei ist, der in der Gemeinde Mitbestimmungsrecht oder sogar das letzte Wort bei Entscheidungen hat.* Sind diese Personen länger dabei als der Durchschnitt der Gemeindeglieder, so ist das ein Signal, daß die neuen Gemeindeglieder nicht in dem Maße in die Gemeinde integriert wurden, wie es sein sollte. Das bedeutet Mehrarbeit, wenn die Gemeinde wachsen soll.

*Stellen Sie fest, wie sich die Besucherzahl der Gottesdienste entwickelt hat.* Steigt die Tendenz, wird auch zukünftiges Wachstum leichter möglich sein.

*Stellen Sie das Alter der Gemeinde fest.* Je älter die Gemeinde ist, desto mehr Anstrengungen werden nötig sein, um mit einem Gemeindeaufbau-Programm zu beginnen.[26]

Die Ergebnisse dieser Einschätzungen werden einfach einige Hinweise auf das liefern, was Ihnen bevorsteht. Sie dienen nicht dazu, Wachstum oder Nichtwachstum vorauszusagen, sondern eine realistische Vorstellung von der Aufgabe zu erhalten. Aber auch dann, wenn die Antworten im Blick auf ein Wachstum negative Tendenzen aufzeigen, können Sie etwas tun, um die Situation zu verändern. Ich habe drei Vorschläge zu machen, wie man die Gemeinde auf Wachstum vorbereitet.

## 1. Achten Sie darauf, daß die Gemeindeglieder ihre Aufgabe erkennen

Zum Wesen des Glaubenslebens gehört die Selbstlosigkeit. Christen müssen immer wieder daran erinnert werden, daß, wenn sie in ihrer Beziehung zu Gott und einander glücklich sein wollen, sie diesen Segen mit anderen teilen sollten. Im ersten Kapitel habe ich nachdrücklich versucht, mit biblischen und theologischen Gründen dafür zu argumentieren, warum Gemeinden wachsen sollten. Das kann man der Gemeinde durch Predigten, durch Lehre in Schulungsabenden und in Hauskreisen vermitteln. Nehmen Sie sich Zeit und unterhalten sich einzeln mit den maßgeblichsten Meinungsmachern der Gemeinde, sprechen Sie mit ihm über die langfristigen Pläne für die Gemeinde.

Es passiert nur allzu leicht, daß eine Gemeinde mit sich selbst und dem Status quo im großen und ganzen zufrieden ist. Es gehört zu den Verantwortlichkeiten des Pastors, solch einer selbstzufriedenen Gemeinde deutlich zu machen, daß Gott viel mehr von ihr erwartet.

## 2. Achten Sie darauf, daß die Gemeindeglieder Verbindung mit Gott haben.

Gemeindewachstum entsteht nicht bloß als Ergebnis menschlicher Anstrengungen. Jesus sagte: »Ich will meine Gemeinde bauen.« Er ist es, der es tut und gebraucht dabei Menschen als seine Werkzeuge. Deshalb ist es nötig, daß die Gemeindeglieder eine enge Verbindung zu Gott haben. Der Pastor ist dafür verantwortlich, daß dies der Fall ist.

Es kommt in manchen Gemeinden vor, daß eine beträchtliche Anzahl von Gemeindegliedern wenig von einer Hingabe an Christus wissen. Sie nehmen zwar am Gemeindeleben teil, sind aber nicht wiedergeboren. Sie mögen vieles über Gott wissen, aber sie kennen ihn nicht aus persönlicher Erfahrung. Sie stehen nicht in Kontakt mit der Kraft des Heiligen Geistes. Wo dieses Problem existiert, besteht eine der wichtigsten Aufgaben darin, diese Menschen zu einer ganzen Hingabe an Christus zu führen.

Angenommen, die Glieder der Gemeinde kennen Jesus Christus als ihren persönlichen Heiland und Herrn und beten regelmäßig für Menschen, die Christus nicht kennen. Ich werde in einem späteren Kapitel mehr über geistliche Zurüstung sagen, möchte jedoch an dieser Stelle erwähnen, daß es in den Vereinigten Staaten einen ermutigenden Trend zu einem aktiveren und tieferen Gebetsleben unter den Christen zu geben scheint. Wohl bedarf der Zusammenhang zwischen Gebet und Gemeindewachstum noch eines eingehenderen Studiums, aber die meisten Pastoren der Gemeindewachstumsbewegung haben ein starkes intuitives Empfinden, daß ein viel tieferer Zusammenhang zwischen beiden Dingen besteht, als wir denken.

### 3. Achten Sie darauf, daß die Gemeindeglieder ermutigte Christen sind.

Pastor Charles Mylander von der Rose Drive Friends Church in Yorba Linda, Kalifornien sagt, daß »Ermutigung sehr wichtig ist für eine wachsende Gemeinde«. Meine eigenen Beobachtungen bestätigen dies. In einer wachsenden Gemeinde herrscht oft eine prickelnde Atmosphäre, wie man sie in einer stagnierenden Gemeinde kaum findet. Mylander weist auch darauf hin, daß der Effekt kreisläufig ist: »Ermutigte Christen wirken ansteckend, und die Gemeinde wächst. Das wiederum begeistert die Menschen noch mehr, was ein weiteres Wachstum fördert und so fort.«[27] Wie kann eine Gemeinde ermutigt werden? Mylander gibt dazu drei Hinweise. Erstens: Ermutigung geschieht dort, wo in einer Gemeinde ansteckende Erwartung herrscht. Der Kern der Sache ist ein von Liebe, Achtung und Begeisterung gekennzeichnetes Verhältnis zwischen dem Pastor und der Gemeinde. Zweitens: Die Gemeinde wird ermutigt durch eine Reihe guter Erfahrungen. Sehr wichtig ist dabei die Selbstlosigkeit der Gemeindeglieder, z. B. im Bereich des Gebens. Und drittens: Eine Gemeinde wird ermutigt, wenn Gott es schenkt, daß sie ihre Ziele erreicht. Sich Ziele setzen und sie auch zu erreichen steckt an und begeistert Menschen, sich für das Wachstum der Gemeinde einzusetzen.[28]

## Die Bedeutung des Dienstes der Laien

Alle Ampeln scheinen auf grün zu stehen. Der Pastor besitzt gute Voraussetzungen und möchte, daß die Gemeinde wächst. Er ist bereit, den Preis dafür zu zahlen. Die Gemeindeglieder sind sich ihrer biblischen Rolle als Nachfolger bewußt und willig, sich von ihrem Pastor anleiten zu lassen. Die ganze Gemeinde ist für Wachstum motiviert. Nun kommt die eigentliche Arbeit.

*Der Hauptbeitrag der Laien zum Wachstum der Gemeinde läßt sich in einem Wort zusammenfassen: Dienst.* Diese Tatsache wird in der Bibel ausdrücklich gelehrt. Zusammen mit anderen geistlichen Leitern wie Apostel, Propheten, Evangelisten und Lehrern wurden Pastoren der Gemeinde von Gott als Gabe gegeben und mit einer besonderen Funktion betraut: »Der Ausrüstung der Heiligen für das Werk des Dienstes« (Eph. 4,12). Die Heiligen sind natürlich das Volk Gottes, die Glieder der Gemeinde. Jedes Gemeindeglied soll ein aktiver Diener sein. Das ist der Grund, weshalb ich den Gemeindeleiter lieber *Pastor* nenne als etwa *»berufener Diener der Kirche«*. Ich möchte mich aber nicht auf einen Streit über die Terminologie, wie sie anderswo üblich ist, einlassen. Im biblischen Sinn sollten wir uns eine Gemeinde jedenfalls nicht als eine Gruppe mit ein oder zwei Dienern vorstellen, sondern als eine Gruppe, in der *jeder* ein Diener ist.

Zu beachten ist bei der zitierten Bibelstelle, worin der Zweck des Dienstes eigentlich besteht: »Die Auferbauung des Leibes« (Eph. 4,12). Auferbauung heißt aufbauen. Die Gemeinde wird in ihrer Qualität und Quantität aufgebaut. Das heißt mit anderen Worten: Die Pastoren leiten und das Volk dient, damit die Gemeinde wächst.

Diese biblische Aussage findet sich mitten in einer Schlüsselstelle über die Geistesgaben. Ich glaube nicht, daß es irgendeine andere Dimension des Glaubenslebens gibt, die die Verbindung der Lehren der Bibel mit dem Alltag der Christen herstellt als gerade die Geistesgaben. Der Dienst der Gläubigen geschieht durch ihre geistlichen Gaben. Wenn deshalb ein Pastor eine Gemeinde zum Wachstum führen will, dann muß es eines der wichtigsten Ziele seiner Leitungsverantwortung sein, darauf zu achten, daß jedes Gemeindeglied seine bzw. ihre geistlichen Gaben entdeckt, entfaltet und gebraucht.

Auch wenn die Gemeinde durch das bloße Zusammenkommen von Menschen zahlreichen Prinzipien des Managements unterworfen ist, ist sie doch viel mehr als eine bloße menschliche Organisation. Sie ist der Leib Christi. Sie ist ein Organismus, dessen Haupt Christus ist und dessen Glieder mit einer oder mehreren Geistesgaben ausgestattet ist. Gott fügt die Menschen in den Leib Christi nicht als Zuschauer ein. Er erwartet von ihnen, daß sie am Leben und am Wirken der Gemeinde teilnehmen, so wie die verschiedenen Glieder unseres physischen Leibes zum Wohlergehen des Ganzen beitragen.

Wir können uns als Christen nicht einfach eine Gabe, die wir gerne haben möchten, auf Bestellung besorgen. Es ist Gott, der in seiner Gnade und Weisheit bestimmt, welches Glied an seinem Leibe jeder von uns ist, und der uns dann die notwendigen Gaben schenkt. Darum besteht unsere erste Aufgabe darin, daß wir unsere Gaben entdecken. Anleitungen dazu gibt es in zunehmendem Maße, denn immer mehr Leiter fangen an zu erkennen, wie wichtig Gemeindeglieder sind, die ihre Gaben entdeckt haben. In vielen Denominationen gibt es heute Arbeitsmaterial als Hilfe zum Entdecken von Gaben, das auf das Leitbild der betreffenden Denomination zugeschnitten ist. Es gibt auch Material, das durchaus in vielen Denominationen verwendet werden kann. Ich erachte dieses Anliegen als so wichtig, daß ich einen beträchtlichen Teil meines Dienstes der Entwicklung von Arbeitsmaterial widme, um Christen zu helfen, ihre geistliche Gaben zu entdecken und einzusetzen. Ich habe aus diesem Grunde ein Buch geschrieben mit dem Titel *Die Gaben des Geistes für den Gemeindeaufbau.* Kaum eine Woche vergeht, ohne daß ich von irgend jemand einen Brief erhalte, in dem er mir schreibt, wie sehr ihm das Buch geholfen habe, ihn zu einem sinnvollen Dienen in der Gemeinde anzuleiten. Es gibt weiteres Material über Geistesgaben, dessen sich jeder bedienen kann, wenn er einer Gruppe dabei helfen will, ihre Gaben zu entdecken. Einige dieser Unterlagen benutzen Fragebögen, mit deren Hilfe man unter Berücksichti-

# Der Dienst des Pastors

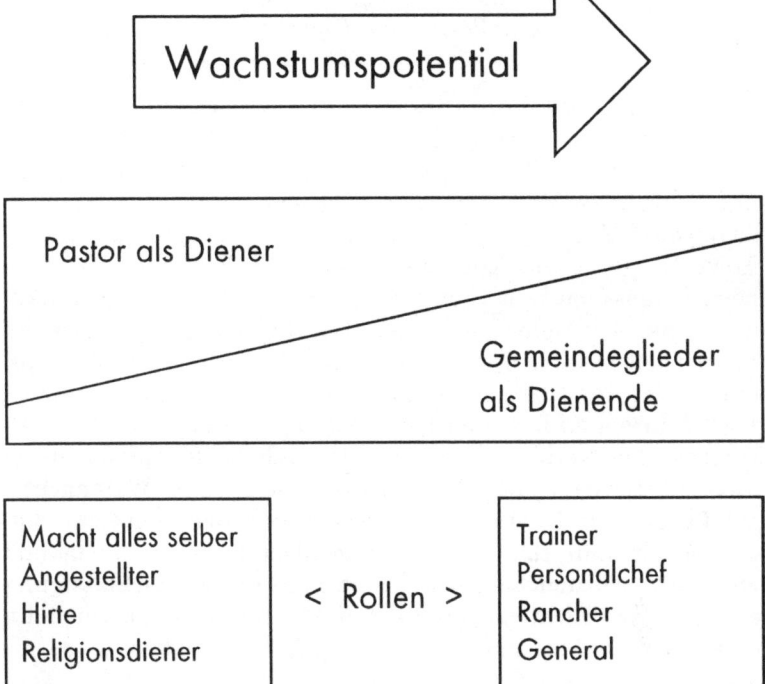

Abb. 2

gung früherer Erfahrungen erkennen kann, was für Gaben Gott einem wahrscheinlich gegeben hat. (Auf Deutsch erhältlich sind z.B. der »Gaben-Fragebogen«, Institut für Gemeindeaufbau, Gießen, oder »Der Gaben-Test« von Christian A. Schwarz, C&P Verlag, Mainz).

Dort, wo Christen Hilfestellung zur Entdeckung ihrer geistlichen Gaben angeboten wurden, hat dies in vielen Gemeinden eine Trendumkehr ausgelöst, und bisher stagnierende Gemeinden begannen zu wachsen. Das ist zwar nicht immer der Fall; zum Gemeindeaufbau tragen oft sehr verschiedene Faktoren bei. Die Lehre über die Geistesgaben ist kein Allheilmittel für kranke

Gemeinden, obgleich es in den meisten Fällen sehr nützlich sein kann. Vielen Gemeinden hat eine sorgfältige Schulung in diesem Thema wirklich weitergeholfen.

Um zu sehen, wie die Wirkungsweise der Dienstrollen in der Gemeinde aussieht, wollen wir das Diagramm auf Abb. 2 betrachten.

Auf der linken Seite des Spektrums ist der Pastor derjenige, der den geistlichen Dienst tut. Das bedeutet, von ihm wird erwartet, daß er alles in der Gemeinde selbst tut, mit der einen Ausnahme, daß er während des Gottesdienstes nicht auf der Kirchenbank sitzen darf. Von ihm wird erwartet, daß er Menschen zu Christus führt, Seelsorge an solchen tut, die Probleme haben, die Kranken besucht, das Glaubensleben eines jeden Christen im Auge behält, das Dankgebet beim Gemeindenachmittag spricht, den Gemeindebrief selber schreibt und herausgibt, die Rechnungen bezahlt, einmal im Jahr bei jedem Gemeindeglied einen Hausbesuch macht, Briefe an Besucher der Gemeinde schreibt, die Buchhaltung erledigt, Verbindung zu den Gemeindegliedern pflegt, die im Moment studieren oder Militärdienst leisten, in der Weihnachtszeit Lebensmittel an Bedürftige verteilt und außerdem 48 Predigten im Jahr hält. In einer Gemeinde, die auf unserem Schaubild eher links einzuordnen wäre, hört man bei Vernachlässigung einer dieser Pflichten unweigerlich: »Wofür bezahlen wir denn eigentlich den Pastor?«

In Gemeinden, wo vom Pastor erwartet wird, daß er den ganzen Dienst in der Gemeinde alleine tut, ist das Gemeindewachstumspotential - besonders bei einer Zahl der aktiven Mitglieder um 200 Personen - außerordentlich gering. Kleinere Gemeinden können zwar durchaus mit diesem Ein-Mann-System leben, aber die Möglichkeiten für das Wachstum der Gemeinde sind sehr beschränkt.

Das Wachstumspotential steigt hingegen bei Gemeinden, die auf der Skala rechts stehen und wo der Pastor immer mehr den Dienst der Gemeinde überträgt. Das heißt nicht, daß er seinen Dienst vernachlässigt, sondern daß sich die Gemeindeglieder gemäß ihren geistlichen Gaben am Dienst beteiligen. Dort, wo Christen ihre Gaben - wie etwa die des Lehrens, des Ermahnens, des Dienens, der Barmherzigkeit, der Heilung, der Gastfreundschaft, des Gebens, des Leitens usw. - entdecken, wird der Leib Christi lebendig. Das Ergebnis: Die Gemeinde wächst.

Wenn ich sagte, daß der Pastor den Dienst immer mehr der Gemeinde überträgt, so meine ich damit nicht, daß er seine Geistesgaben nicht gebraucht. Gerade hier ist die Gabe des Glaubens und der Leitung besonders wichtig. Oft ist der Pastor auch ein begabter Lehrer. In einem solchen Fall ist der Pastor dann mehr ein »Gemeinde-Trainer«, der andere anleitet, statt alles selbst zu machen. Anstatt von der Gemeinde als ihr »Angestellter« betrachtet zu werden, sehen sie in ihm den Personalchef, der andere für die anfallenden Aufgaben in der Gemeinde gewinnt. Wie ich schon oben ausgeführt habe, muß der Pastor, wenn die Gemeinde die 200er Grenze überschreiten soll, mehr und mehr die Funktion eines »Ranchers« ausüben und immer weniger diejenige eines »Hirten«. Im schlimmsten Fall (ganz links im Spektrum) kümmert er sich um alle Kasualien wie Taufe, Trauungen, Beerdigungen und ist öffentliche Repräsentationsfigur, hat aber keine Leiterfunktion. Auf der rechten Seiten jedoch ist der Pastor, um es im Militärjargon auszudrücken, der »General«, der mit strategischem Überblick die Front übersieht.

## Zusammenarbeit von Pastor und Gemeinde

Im letzten Kapitel ging es darum, daß der Pastor seine Rolle als Leiter und Gemeindetrainer wahrnimmt. In diesem Kapitel ging es um die Nachfolge und den Dienst der Laien.

Betrachten wir die beiden Diagramme einmal gemeinsam, so bekommen wir eine Perspektive des Ganzen. In Abb. 3 zeigt der Pfeil des Gemeindewachstumspotentials nach links, zum Pastor hin. In Abb. 4 zeigt er nach rechts, zur Gemeinde hin. Die Hauptrolle des Pastors beim Gemeindeaufbau ist es zu leiten. Die Hauptrolle der Gemeinde beim Gemeindeaufbau ist zu dienen. Wenn auch die richtige Balance zwischen den beiden Idealen nicht alle Probleme für jede Gemeinde lösen kann, so hilft sie jedoch mit, große Wachstumsmöglichkeiten in vielen Gemeinden zu eröffnen, in denen die Situation gegenwärtig wegen eines unbefriedigenden Verhältnisses zwischen Pastor und Gemeinde festgefahren ist.

# Stellung des Pastors

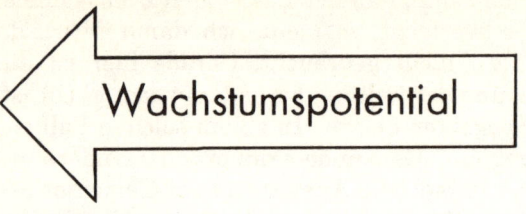

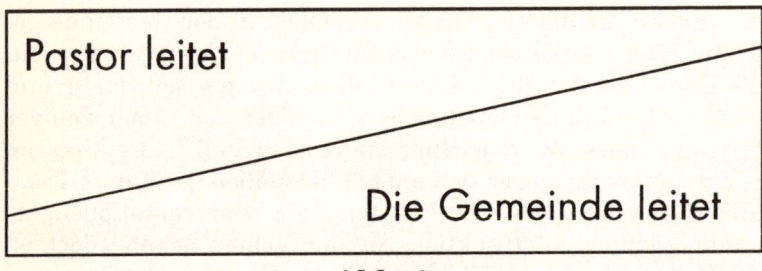

**Abb. 3**

# Der Dienst des Pastors

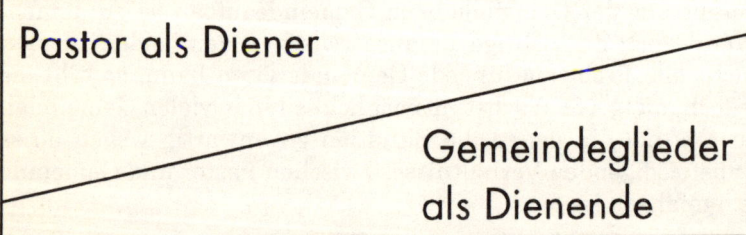

**Abb. 4**

# Anmerkungen

**1.** Michael Griffiths, *»The Church and World Mission«* (Zondervan Publishing House, Grand Rapids, 1982), S. 63.

**2.** John Bisagno, *»How to Build an Evangelistic Church«* (Broadman Press, Nashville, 1971), S. 19.

**3.** Phillip Keller, *»Psalm 23 - Aus der Sicht eines Schafhirten«* (Verlag Hermann Schulte, Wetzlar, 1977), S. 17.

**4.** ebd., S. 14.

**5.** »The Changing Focus of Church Finances«, Interview mit Lyle E. Schaller, *Leadership*, Frühling 1981, S. 14-15.

**6.** Leon Morris, *»The First and Second Epistles to the Thessalonians«* (Wm. B. Eerdmans Publishing Co., Grand Rapids, 1959), S. 167.

**7.** Paul Yonggi Cho, *»Successfull Home Cell Groups«* (Logos International, Plainfield, NJ, 1981), S. 94.

**8.** Elmer L. Towns, *»America's Fastest Growing Churches«* (Impact Books, Nashville, 1972), S. 215.

**9.** ebd.

**10.** ebd.

**11.** »A Biblical Style of Leadership?«, Debatte zwischen Larry Richards und Gene Getz, *Leadership*, Frühling 1981, S. 72-74.

**12.** Michael Harper, *»Let My People Grow: Ministry and Leadership in the Church«* (Logos International, Plainfield, NJ, 1977), S. 212.

**13.** »A Biblical Style of Leadership«, a.a.O., S. 77.

**14.** D. Dewayne Davenport, *»The Bible Says Grow: Church Growth Guidelines for Church of Christ«* (Church Growth/Evangelism Seminar, Williamstown, WV, 1978), S. 33.

**15.** ebd., S. 34.

**16.** ebd.

**17.** Lyle E. Schaller, *»The Multiple Staff and the Larger Church«* (Abingdon Press, Nashville, 1980), S. 27.

**18.** Martin Goldsmith, *»Can My Church Grow?«* (Hodder & Stoughton, London, 1980), S. 55-56.

**19.** John Jennings Merwin, »The Oriental Missionary Society Holiness Church in Japan 1901-1983« (Doktorarbeit, Fuller Seminary School of World Mission, Pasadena, Kalifornien, 1983), S. 543.

**20.** K. Lavern Snider, *»It's Happening in Japan Today: The Story of 8 Growing Churches«* (Japan Free Methodist Mission, Osaka, 1980), S. 141.

**21.** Allen L. Swanson, *»I Will Build My Church: Ten Case Studies of Church Growth in Taiwan«* (Taiwan Church Growth Society, Taiwan, 1977), S. 12.

**22.** Clarence Lim, »Leadership Developement and Church Growth« (unveröffentlichtes Manuskript, 1982), S. 28.

**23.** Mardoqueo Munoz, »Senales y Maravillas in la Vida e Historia del Presbiterio Central . . .« (unveröffentlichtes Manuskript, 1983), S. 14.

**24.** Gordon Moyes, *»How to Grow an Australian Church«*, 2. Aufl. (Vital Publications, Australien, 1978), S. 45.

**25.** Floyd Massey und Samuel Berry McKinney, *»Church Administration in the Black Perspective«* (Judson Press, Valley Forge, 1976), S. 35

**26.** Lyle E. Schaller, »Measuring Resistance and Receptivity to Church Growth«, *Church Growth:* America, Mai/Juni 1981, S. 4-8.

**27.** Charles Mylander, »Secrets for Growing Churches« (Harper & Row Publishers, San Francisco, 1979), S. 2.

**28.** ebd., S. 7-25.

# 5.
## FREIE WERKE UND GEMEINDEN

Einen wichtigen Schlüssel zum Verständnis der verschiedenen Formen von Gemeindeleitung findet man, wenn man die wesentlichen strukturellen Unterschiede zwischen einer örtlichen Gemeinde und einem freien Werk, einer »paragemeindlichen« Organisation analysiert. Leider sind diese Unterschiede nicht sehr bekannt, weil sie weder in der Literatur über praktische Theologie noch in den theologischen Ausbildungsstätten ausreichend berücksichtigt werden.

Ich gebrauche die Ausdrücke *Gemeinde* und *Freies Werk* nur ungern. Wie ich noch erklären werde, gefallen sie mir nicht besonders, weil ich glaube, daß beides, sowohl die Gemeinde als auch das Freie Werk, Erscheinungsformen desselben Leibes Christi sind. Der Ausdruck »Freies Werk« bedeutet aber nicht, daß die eine Struktur die wirkliche Gemeinde ist, während die andere etwas anderes ist als Gemeinde. Der Unterschied zwischen den beiden Formen darf nicht durch die Sprache an unwesentlichen Details festgemacht werden. Wenn ich dennoch diese Ausdrücke verwende, so deshalb, weil ich vor ihrem häufigen Gebrauch kapituliere. Sie haben sich längst eingebürgert.

## Zwei unterschiedliche Strukturen

Vor einigen Jahren formulierte Ralph D. Winter, jetzt Direktor des »U. S. Center for World Mission« in Pasadena, Kalifornien, zwei neue Begriffe, die mit größerer begrifflichen Klarheit den Sachverhalt beschreiben, als dies mit den Ausdrücken Gemeinde und Freies Werk möglich ist. Es handelte sich um die englischen Begriffe *modality* und *sodality*. Weil beides so geheimnisvolle Worte sind, haben viele den Vorschlag gemacht, doch lieber von *Gemeindestrukturen* und *Missionsstrukturen* zu reden. Wenn wir die grundlegenden Unterschiede zwischen *modalities* und der entsprechenden Form von Leiterschaft einerseits und *sodalities* und der dafür benötigten Leiterschaft andererseits erkennen, dann werden wir eher verstehen, warum viele der größten Gemeinden der Welt so starkes Wachstum erleben.

Die englischen Ausdrücke wurden verschiedenen Quellen entnommen. Der Ausdruck *modality* wird in Gebieten wie der Anthropologie, Musik, Logik und Medizin benutzt. Im religiösen Sinn kommt er normalerweise nicht zur Anwendung. Winter, ein Anthropologe, übernahm dieses Wort, um damit etwas zu bezeichnen, was wir als Gemeindestruktur, die organisatorische Verfaßtheit einer Lokalgemeinde kennen. Auch der Ausdruck *sodality* ist geläufig. Man versteht darunter eine Genossenschaft oder Bruderschaft, wie zum Beispiel einen römisch-katholischen Orden, und in diesem Sinne wird dieses Wort auch von mir verwendet. Eine *sodality* meint demnach im auf den religiösen Bereich übertragenen Sinn eine Missionsstruktur, oder die Verfaßtheit eines Freien Werkes.

Es ist hilfreich, wenn wir zunächst überlegen, wie die Gesellschaft verfaßt und organisiert ist. Hier sind eindeutig beide Strukturen - die der Lokalgemeinde (modality) und die des Freien Werkes (sodality) zu beobachten.

1. Die *Gemeindestruktur* in der Gesellschaft ist die Stadt, die Kommune. Es könnte auch die Provinz, das Bundesland, der Staat oder sogar die Vereinten Nationen sein; aber der Stadtbegriff liegt uns näher und ist auch leichter zu verstehen. Das eigentliche Wesen der Stadt besteht darin, daß sie eine *beziehungsorientierte Struktur* darstellt. Die Bewohner der Stadt werden in sie hineingeboren, sie brauchen sich nicht um eine Aufnahme zu bewerben. Wenn Menschen in die Stadt ziehen und hier ihren Wohnsitz nehmen, werden sie automatisch zu Einwohnern und können mit ihrem Stimmrecht bei kommunalen Angelegenheiten mitreden. Es gibt nur sehr wenige Pflichten, denen ein Einwohner einer Stadt nachzukommen hat. Ich erinnere mich an eine Wahl von Stadtratsmitgliedern von Los Angeles, an welcher sich nur 15 Prozent der wahlberechtigten Bürger beteiligten. Die große Mehrheit machte nicht Gebrauch von ihrer Bürgerpflicht, wurde dafür aber nicht bestraft. Eine kommunale Struktur ist nicht besonders straff organisiert; relativ wenig Menschen kommen wegen Verstößen gegen die Bürgerpflicht ins Gefängnis. Der Hauptzweck der Struktur besteht darin, es den Einwohnern der Stadt recht zu machen, indem man sich nach Kräften für Frieden, Harmonie und Gerechtigkeit einsetzt. Diese Struktur baut auf einem demokratischen Konsens auf. Wer

Bürgermeister werden will, weiß in der Regel, was die Menschen wollen, und er wird sein Bestes tun, damit sie es auch bekommen. Im Idealfall regiert »das Volk«.

2. Die Struktur eines *Freien Werkes* in der Gesellschaft hingegen ist wesentlich anders. Ein Freies Werk ist nicht beziehungsorientiert, sondern aufgabenorientiert. Dementsprechend ist eine solche Organisation völlig anders aufgebaut als eine Kommune. Man wird zum Beispiel nicht automatisch Mitglied eines Freien Werkes, etwa eines Vereins oder einem Verband. Man muß der betreffenden Organisation bewußt beitreten. Jeder hat eine wohlüberlegte Entscheidung zu treffen und muß sich entschließen, sich um die entsprechende Mitgliedschaft zu bewerben. In einer Stadt würden hier zum Beispiel Lebensmittel- und Produktionsgenossenschaften, Krankenhäuser, Theater, Restaurants und soziale Vereinigungen genannt werden müssen. Sie sind in der Regel rechtlich unabhängig von der Kommune. Andere Vereinigungen und Organisationen werden hingegen von der Stadt unterhalten, wie zum Beispiel öffentliche Einrichtungen, Kabelfernsehen und der öffentliche Verkehr. Wieder andere Gruppen, wie zum Beispiel die Polizei oder die Feuerwehr, erfüllen einen besonderen Dienstauftrag, den sie von der Stadt erhalten. Das Entscheidende hierbei ist, daß bei all diesen Gruppen die Organisation selbst letztlich wichtiger ist als die in ihr tätigen Menschen. Die Menschen, die zu einer Genossenschaft, einem Verein oder einer Organisation gehören, können vor die Tür gesetzt werden, wenn sie die Ziele der betreffenden Gruppe nicht unterstützen. Bei vielen Personen, die aus solchen Gruppen entlassen werden, handelt es sich um sehr nette Mitmenschen und ordentliche Bürger - aus der Sicht der Kommune. Doch wenn sie der ihnen gestellten Aufgabe nicht gerecht werden, müssen sie gehen. Sie verlassen damit das Freie Werk, die Organisation, den Verein, aber nicht die Kommune. Die Kommune ist beziehungsorientiert und stellt wenig Anforderungen, die man verletzen und damit sein Bürgerrecht verlieren kann. Die Verpflichtungen in einer Organisation, einem Freien Werk oder einem Verein sind allerdings zahlreich, und es herrscht in der Regel strenge Disziplin. Die Verantwortlichen verlangen von den Mitgliedern Rechenschaft und kontrollieren ihre Tüchtigkeit. Die Führung kümmert sich nicht sehr viel darum, daß es jedem recht gemacht wird. Viel

wichtiger ist ihnen, daß die Aufgabe, für die die Organisation ins Leben gerufen wurde, erfüllt wird.

## Lokalgemeinden und Missionswerke

Wenn wir diese Konzepte auf den Gemeindebereich übertragen, finden wir zwei ähnliche Strukturen: die Kirche und das Missionswerk. Die Gemeindestruktur (modality) ist der örtliche Pfarrbezirk, die Parochie, der Distrikt, die Diözese, das Kirchenamt, die Konferenz oder die Denomination. Die Gemeindestruktur beschreibt sowohl die Lokalgemeinde als auch eine Gruppe von Gemeinden, eine Kirche. Ähnlich wie bei der politischen Kommune besteht der eigentliche Charakter der Gemeindestruktur darin, daß sie *beziehungsorientiert* ist. Neue Mitglieder werden durch Sozialisation in die Gruppe integriert. Sind die Eltern Mitglieder, so hat man für deren Kinder ein sorgfältig ausgedachtes Eingliederungsverfahren entwickelt. Diese werden z. B. als Kinder eingesegnet oder getauft, beziehungsweise später als Erwachsene konfirmiert und getauft. Welchen Weg man auch immer beschreitet, es wird für gewöhnlich größten Wert darauf gelegt, den Weg in die Gemeinschaft so breit und so leicht wie möglich zu machen, weil das die beste Möglichkeit ist, daß die Eltern zufrieden sind. Wer bislang zu einer anderen Kirche oder Gemeinde gehört hat, kann ohne viel Schwierigkeiten einen Übertritt vollziehen.

Die beste Form der Leitung einer Gemeindestruktur ist die demokratische Abstimmung, weil die Menschen selbst ja das Wichtigste sind. Die Glieder einer Gemeinde können sogar den Pastor entlassen, wenn ihre Verärgerung groß genug ist. Ähnlich wie in der politischen Kommune ist das Pflichtenheft der Mitglieder verhältnismäßig dünn. Statistisch gesehen werden weniger Personen exkommuniziert, als daß Menschen ins Gefängnis kommen. Die beständige Mitgliedschaft ist nur an wenige Bedingungen geknüpft. Manche Gemeindestrukturen erlauben es, daß man Personen auf der Mitgliederliste führt, die die Gottesdienste kaum noch besuchen oder so gut wie keine finanziellen Beiträge leisten. Die Gemeinden der Southern Baptists zum Beispiel sind dafür bekannt, daß sie Mitglieder haben, die gar nicht mehr an dem Ort wohnen, wo sich die Gemeinde befindet (das betrifft immerhin ungefähr 30 Prozent ihrer Mitglieder).

Die Struktur eines Missionswerkes (sodality) - ist etwas völlig anderes. Ein solches Freies Werk ist seinem eigentlichen Wesen nach *aufgabenorientiert*. Niemand wird automatisch in ein Freies Werk hineingeboren. Alle Mitglieder müssen sich um die Aufnahme bewerben. Es muß sozusagen eine zweite Glaubens-Entscheidung getroffen werden. (Die erste Entscheidung meint hier den Entschluß, Teil der Gemeinde zu werden, indem man Christus annahm.) Die Aufnahme in ein Freies Werk ist von der Eignung abhängig. Meine Frau und ich wurden in zwei Missionswerken aufgenommen, in unserem Fall ging es um klassische Missionsgesellschaften (äußere Mission). Jedes Missionswerk verlangte von uns bei der Bewerbung eine vollständige Krankheitsgeschichte. Im Laufe der Jahre beantragten wir die Aufnahme in sechs verschiedenen Lokalgemeinden. Nicht eine einzige von ihnen verlangte eine Krankheitsgeschichte von uns! Im Reich Gottes ist - symbolisch gesprochen - Platz für den Lahmen und den Blinden - aber nur in den Gemeinden, nicht jedoch in den Missionswerken. Sind Mitglieder des Missionswerkes nicht imstande die Aufgabe physisch, geistig oder geistlich zu unterstützen, ist eine Zugehörigkeit ausgeschlossen. Menschen sind zwar wichtig, aber nicht so wichtig wie die Aufgabe. Man achtet darauf, was eventuelle Bewerber tatsächlich an Begabungen mitbringen. Hier ist kein Platz für Namenschristentum, und Hingabe und Verpflichtung haben einen sehr hohen Stellenwert.

Beispiele für solche Werke sind Campus für Christus, die Wycliffe-Bibelübersetzer, World Vision International oder die Bibelgesellschaften, um nur einige Gruppen zu nennen, die nicht von kirchlichen Strukturen abhängig sind. Andere Werke hingegen sind in unterschiedlichem Maß abhängig von der Kirche oder von Gemeindeverbänden, zum Beispiel römisch-katholische Orden, kirchliche oder denominationell gebundene Missionswerke, das Evangelisations-Team einer örtlichen Gemeinde oder die ihr angeschlossene christliche Bekenntnisschule.

Die Unterschiede zwischen der Struktur einer Gemeinde und einem Freien Werk sind jetzt klar. Doch jetzt stoßen wir auf einen interessanten Punkt, der zudem weitreichende Auswirkungen auf unsere Vorstellungen von der Gemeindeleitung hat. Ich möchte es mit den Worten von Richard Hutcheson sagen, der einer der weniger Autoren ist, die hierüber geschrieben haben: »In einem gewissen Sinn kann die Ortsgemeinde selber . . . ein Missionswerk (sodality) genannt werden.«[1] Viele Gemeinden sind tatsächlich so aufgebaut und strukturiert, als seien sie Missionswerke! Das hat einen deutlichen Einfluß auf ihr Wachstum. Pastor und Glieder einer Gemeinde müssen sich einer entscheidenden Frage stellen: Sind wir bereit, es zuzulassen, daß unsere Gemeinde die Charakteristiken eines Missionswerkes annimmt? Längst nicht alle werde hier ja sagen, wie wir noch sehen werden.

## Zweigleisigkeit oder göttliche Fügung?

Neben der Existenz von Kirche auch die Missionsstruktur anzuerkennen ist nicht dasselbe, wie zu befinden, ob sie auch ihre Berechtigung hat. Ralph Winter glaubt ja, aber George W. Peters ist da anderer Meinung. Ein Vergleich der Standpunkte dieser beiden bekannten Missionswissenschaftler wird dazu beitragen, Klarheit in die Diskussion zu bringen.

George Peters stellt die Missionsgeschichte der Kirche als die Geschichte großer Persönlichkeiten und Missionsgesellschaften dar. Er beklagt, daß »sie nur in Ausnahmefällen die Geschichte der missionierenden Kirche gewesen ist«. Er nennt dies »eine unglückliche und abnormale geschichtliche Entwicklung, welche autonome, nicht missionierende Gemeinden auf der einen Seite und autonome, kirchlich ungebundene Missionsgesellschaften auf der anderen Seite hervorgebracht hat«.[2] Nach Peters Auffassung wurzeln die Ursachen dieses Problems einmal in der reformatorischen Theologie, die keine ausgeprägte Missiologie entwickelte; weiter im Versäumnis der Reformatoren, eine vom Staat unabhängige Kirche ins Leben zu rufen (Peters selbst ist Mennonit), und schließlich in der mangelnden Bereitschaft der geistlich nicht sehr lebendigen Reformationskirche, missionarisch aktiv zu werden. Manche Reformatoren, so behauptet er, lehrten, daß Mission die Verpflichtung von einzelnen sei und nicht die der Kirche als Ganzes. Dadurch wurde ein kirchliches Umfeld geschaffen, das solche außerordentlichen Persönlichkeiten wie Hudson Taylor und Roland Bingham, als sie ihre Berufung zur äußeren Mission erhielten, dazu zwang, sich außerhalb des kirchlich vorgegebenen Rahmens zu bewegen und neue Missionsgesellschaften zu gründen, die von der Kirche unabhängig waren.

Ralph Winter ist nicht damit einverstanden, daß Missionswerke an sich unglücklich oder abnormal seien. In seinen Augen sind sowohl die Lokalgemeinde als auch das Missionswerk zwei berechtigte »Strukturen der erlösenden Mission Gottes« (so lautet auch der Titel eines wichtigen Artikels, der vor einigen Jahren erschien und die ganze Frage offenlegte).[3] Darin zeigt Winter auf, wie jede dieser beiden Strukturen bereits seit biblischer Zeit existiert.

Wir finden im Neuen Testament keine Anweisungen, wie eine neutestamentliche Gemeinde zu organisieren ist, weil - so argumentiert Winter - die jüdischen Gläubigen nie die Synagogenstruktur aufgegeben hatten. Das Synagogenmodell wurde mit Gottes ausdrücklichem Segen zum Gemeindemodell. Es war ihnen so vertraut, daß die biblischen Schreiber nie an die Notwendigkeit dachten, es zu erklären. Nach Auffassung Winters umfaßte diese kommunale Struktur der Synagoge in sich Alte und Junge, Männer und Frauen, ehemalige Juden und Nichtjuden, Griechen sowie Familien im biologischen Sinn.

Um Synagogenmitglied zu werden reichte es aus, als Jude geboren worden zu sein, vorausgesetzt, man hatte sich den etablierten Initiationsriten wie Beschneidung und Bar Mitzwa (beides für männliche Juden) unterzogen. Die christliche Gemeinde setzte dies fort. Es ist aufschlußreich zu beachten, wie minimal die Anforderungen waren, um die Mitgliedschaft in den neutestamentlichen Gemeinden zu erwerben und zu behalten. Das Bereuen der Sünde, Bekenntnis zu Jesus als Herrn und Heiland sowie die Wassertaufe schienen die einzigen Aufnahmebedingungen gewesen zu sein. Obwohl Jesus gesagt hatte: »An ihren Früchten sollt ihr sie erkennen«, hielt man sich nicht an übermäßig strenge Maßstäbe, wenigstens was die Aufrechterhaltung der Mitgliedschaft in der Gemeinde betraf.

In diesem Zusammenhang ist der Fall der korinthischen Gemeindemitglieder zu nennen. Sie, die von Paulus als »Heilige« und als »in Christus Jesus geheiligt« bezeichnet wurden (1.Kor. 1,2), hatten unter sich fleischliche Spaltungen, aßen Op-

ferfleisch in heidnischen Tempeln, betranken sich beim Abend-
mahl, kleideten sich wie Prostituierte, ignorierten die Armen und
Bedürftigen, mißbrauchten die Geistesgaben und leugneten die
Lehre von der Auferstehung. Dennoch empfahl Paulus, als er sich
eingehend mit der dortigen Lage befaßte, lediglich den Ausschluß
einer einzigen Person, nämlich eines Mannes, der öffentlich mit
seiner Stiefmutter zusammenlebte. Wohl wies Paulus die anderen zurecht, glaubte aber nicht, daß sie wegen solcher Praktiken
das Recht auf Gemeindemitgliedschaft verwirkt hätten. Es gibt
andere Stellen, wo Paulus sehr wohl hohe Anforderungen an
*Leiter*, nicht aber an gewöhnliche Gemeindeglieder stellt. Innerhalb der Gemeindestruktur kam es damals wie heute selten vor,
daß ein Mitglied ausgeschlossen wurde.

Winter ist überzeugt, daß das neutestamentliche Missionsteam
typisch ist für das, was wir heute als Missionswerke kennen. Die
Missionsarbeit von Paulus ist das deutlichste Beispiel dafür. Sie
nahm - wie die Gemeinde - ihren Anfang, indem eine bereits
existierende jüdische Struktur übernommen wurde, wobei besonders die Gruppe der jüdischen Proselyten zu erwähnen ist. Auf
diese nahm Jesus Bezug, als er zu den jüdischen Pharisäern sagte:
»Denn ihr durchzieht das Meer und das trockene Land, um *einen*
Proselyten zu machen« (Matth. 23,15). Die Juden waren im ersten Jahrhundert viel missionarischer, als sie es heute sind. Das
ist auch der Grund, weshalb das Neue Testament die Organisation des Missionsteams nicht im Detail erklärt - der gleiche Grund,
weshalb die Gemeindeorganisation nicht definiert wird. Es war
nichts Neues, sondern es wurde einfach als allgemein bekannt
vorausgesetzt.

Das Missionsteam von Paulus unterschied sich beträchtlich
von den neutestamentlichen Gemeinden. Paulus beharrte auf
anspruchsvollen Aufnahmebedingungen und überwachte die
Tätigkeit der Teammitglieder. Er konnte solche, die den Anforderungen nicht genügten, entlassen und tat dies auch, wie besonders im Fall von Johannes Markus deutlich wurde (s. Apg. 15,36-
40). Johannes Markus mußte gehen, weil er in einer aufgabenorientierten Gruppe mitarbeitete und einen unbefriedigenden
Beitrag an diese Aufgabe leistete. Die Aufgabe war eindeutig
wichtiger als die Person. Bald verließ auch Barnabas das Team,
weil er und Paulus Meinungsverschiedenheiten hatten. Uneinig-

keit unter den Leitern eines Missionsteams konnte nicht geduldet werden. Weshalb? Sie würde der Erreichung des Zieles im Weg stehen. Zu beachten ist, daß Markus zwar aus dem Missionsteam, aber nicht aus der Gemeindestruktur ausgeschlossen wurde. Die Gemeinde selbst ist beziehungsorientiert, nicht aufgabenorientiert.

## Wie kommt es zu einem fruchtbaren Zusammenwirken?

Ich stimme Ralph Winter zu. Ich betrachte sowohl Lokalgemeinden als auch Missionswerke als Bestandteil von Gottes Heilsplan für die missionierende Gemeinde. Wenn jedoch der Missionsauftrag erfüllt werden soll, müssen sowohl die Lokalgemeinden als auch die Freien Werke zu einer dynamischen Zusammenarbeit finden.

Beides sind Strukturen, die das Volk Gottes lebens- und handlungsfähig machen. Es sind Strukturen, die die Königsherrschaft Gottes widerspiegeln sollen. Ihre Berechtigung besteht allein in der Verherrlichung Gottes. Beide Formen sind im wahrsten Sinne des Wortes Teil der *Gemeinde*. Aus diesem Grunde spreche ich auch nicht gerne von Gemeinden und *para*-gemeindlichen Organisationen, sondern von Lokalgemeinden und Freien Werken. Der Ausdruck *para*-gemeindlich oder *para*-kirchlich bedeutet soviel wie »neben der Gemeinde herlaufen«. Mit diesem Ausdruck wird eine konkurrenzierende Parallelstruktur angedeutet und impliziert, daß es sich hier nicht um die christliche Gemeinde selbst handelt. Mir ist bewußt, daß Personen wie George Peters Probleme mit dieser Art von Ekklesiologie haben; dennoch sollte das kein Hindernis sein, die grundlegenden Leitungsprinzipien der angesprochenen Strukturen zu verstehen. Peters selbst ist ein starker Befürworter von Missionswerken, auch wenn er eigentlich wünscht, sie wären nicht notwendig.[4]

Der entscheidende Punkt besteht darin, daß Freie Werke und Lokalgemeinden wie in einer symbiotischen Beziehung aufeinander angewiesen sind, wenn der missionarische Auftrag der ganzen Gemeinde erfüllt werden soll. Symbiotische Beziehung heißt, daß jeder zum Wohl des anderen beiträgt. Sie ist das Gegenteil einer parasitären Beziehung, bei der der Parasit den Gastgeber ausnutzt und ihn schließlich zerstört. Leider werden die Freien Werke von manchen als Parasiten angesehen. Vielleicht gibt es auch wirklich Freie Werke, bei denen man diesen Verdacht nicht ganz von der Hand weisen kann. Doch hierbei handelt es sich um eindeutigen Mißbrauch und um extreme Fälle. Man sollte hier das Kind nicht mit dem Bad ausschütten. Die beiden Srukturen »Missionswerk« und »Gemeinde« sind ganz auf eine gesunde Beziehung miteinander angelegt.

Die Hauptaufgabe der Lokalgemeinde besteht darin, *einen breiten Überblick* zu haben und zu vermitteln. Ähnlich dem Bürgermeister einer Stadt, muß der Pastor einen Gesamtüberblick haben und dafür sorgen, daß alles zusammenpaßt. Besteht ein Bedarf nach einem neuem Restaurant, so eröffnet der Bürgermeister nicht selber eines, sondern sorgt dafür, daß die nötigen Bedingungen zur Eröffnung von Restaurants geschaffen werden. In gleicher Weise muß der Pastor dafür Sorge tragen, daß Teams aktiviert werden, damit bestimmte Aufgaben erledigt werden. Die Gemeinden müssen dafür die Mittel zur Verfügung stellen; dazu gehören Gebet, Personal, Finanzen und moralische Unterstützung. Normalerweise gründen Missionsteams oder spezielle Gruppen und Freie Werke nicht selbst wiederum weitere Missionsteams. Das ist und bleibt die eigentliche Aufgabe der christlichen Gemeinden, die hier den Gesamtüberblick haben muß.

Pastoren großer, wachsender Gemeinden sollten nicht versuchen, mehr zu tun, als ein Bürgermeister tun kann. Damit alle nötigen Aufgaben auch getan werden, sollten sie Verantwortung an solche Personen delegieren, die die nötige Begabung dazu haben. Mir ist keine andere Gemeinde bekannt, die den Bürgern der umliegenden Wohngegend so viele Dienstleistungen offeriert wie die *Crystal Cathedral* in Garden Grove, Kalifornien. Sie kann das aber nur deshalb tun, weil Pastor Robert Schuller verstanden hat, was Spezialteams sind. Er hat die Voraussetzungen für die Entwicklung von nicht weniger als achtzig gemeindeeigenen missionarischen Teams und Arbeitsgruppen geschaffen, die die verschiedensten Dienste ausüben. Dazu gehört die Herstellung und Übertragung des Fernsehprogramms der Gemeinde, die »Hour of Power«, ein Weiterbildungsprogramm, die sog. *Crystal Cathedral Academy*, ein Seelsorgezentrum, *The New Hope Coun-*

*selling Service*, eine Gruppe von Personen, die anderen Lesen und Schreiben beibringen, sowie das *Institute for Successfull Church Leadership* oder auch den sozialdiakonischen Dienst *Helping Hands*, der Nahrungsmittel und Kleidung an Bedürftige verteilt, und so weiter.

Die Lokalgemeinde hat die breite Vision zu vermitteln, während dies von missionarischen Teams und Arbeitsgruppen nicht erwartet wird. Das wäre gegen ihre Natur. Das eigentliche Wesen eines guten Freien Werkes besteht geradezu in einer konkreten, spezifischen und damit *begrenzten Vision*, der Ausrichtung auf eine spezielle Aufgabe. Richard Hutcheson dazu:»Sie fangen in der Regel bei Null an, entstehen um eine charismatisch begabte Leiterpersönlichkeit herum und widmen sich ganz einer einzigen Aufgabe«.[5] Aufgrund ihrer Aufgabenorientiertheit und ihrer naturgemäß begrenzten Vision zeichnen sich die Leiter von gut funktionierenden Freien Werken gewöhnlich durch drei besondere Merkmale aus:

1. *Sie glauben, ihre Aufgabe sei das Allerwichtigste im Reich Gottes.* Sie respektieren zwar, was andere tun. Aber sie haben ihren Ruf mit einer solchen Eindringlichkeit erlebt, daß sie sich nicht vorzustellen vermögen, es könnte irgendeinen anderen Dienst geben, der ebenso wichtig wäre wie der ihre. Aus diesem Grunde können sie alles - was immer es auch sei - mit einer Leidenschaft und speziellen Hingabe angehen, die diejenige des Gemeindepastors bei weitem übertrifft.

2. *Sie glauben, sie seien die einzigen, die eine bestimmte Aufgabe wirklich richtig machen.* Nur wenige sagen das so offen, weil es nach Unbescheidenheit aussieht. Sie behandeln Leiter vergleichbarer Werke zwar mit großem Respekt und sprechen von ihnen in ausgesucht diplomatischer Weise. Doch wenn sie gute Werksleiter sind, sind sie in ihrem Herzen völlig davon überzeugt, daß ihre Arbeitsweise allen anderen weit überlegen ist. Sollten sie auch nur für einen Moment daran zweifeln, würden sie sofort etwas unternehmen, um die Situation zu korrigieren.

Die beiden obengenannten Haltungen umschreiben exakt die Bedingungen, die zu einer überdurchschnittlichen Führung eines Freien Werkes nötig sind. Doch mit ihrer Hingabe an eine konkrete Aufgabe bringen sich Leiter dieser Bewegungen oft selbst in Schwierigkeiten. Sie sind geradezu prädestiniert, durch ihre gottgegebene Einseitigkeit die Gemeindeleiter sowie andere Leiter von Freien Werken zu irritieren. Dort, wo sie dies nicht tun, ist ihr Dienst für gewöhnlich auch nicht sehr erfolgreich. Die Gemeindeleiter sollten sich dadurch jedoch nicht zu sehr irritieren lassen. Ihre Verpflichtung besteht darin, die Gesamtheit der Aufgaben im Reich Gottes im Blickfeld zu behalten. Gerade dann werden sie erkennen, wie ungeheuer kostbar die Einstellung und Hingabe der Leiter von Freien Werken für alle anfallenden Aufgaben im Reich Gottes sind.

3. *Das dritte Merkmal, das einen guten Werksleiter kennzeichnet, ist seine Unabhängigkeit.* Werksleiter oder Teamleiter sind häufig Einzelgänger, die nicht besonders auf enge Beziehungen mit anderen Menschen aus sind. Damit meine ich insbesondere, daß sie persönlich und psychologisch kein besonderes Bedürfnis nach tiefen, langfristigen und freundschaftlichen Beziehungen zu Personen außerhalb ihres unmittelbaren Familienkreises haben. Sie wissen bewußt oder unbewußt, daß sie in dem Maß, wie sie in engere und intensivere Beziehungen zu ihren Mitarbeitern treten, jene kühle Objektivität verlieren, die sie zur Überwachung der Arbeitsweise und Funktion des Werkes benötigen. Es ist für sie immer eine Versuchung, ihr Hauptaugenmerk von der Aufgabe weg zu den Mitarbeitern, also zu Menschen hin zu verlieren. Das bedeutet natürlich nicht, daß einige Werksleiter sich davon abhalten ließen, ganz gezielt mit begabten Mitarbeitern Zeit zu verbringen und sich unter persönlichem Einsatz in diese Personen im Sinne einer biblischen Jüngerschulung zu investieren. Das tun sie in der Regel allerdings nur, wenn sie sehen, daß dadurch die Aufgabe, die das Werk sich gestellt hat, leichter zu bewältigen ist.

Bill Bright, ein Werksleiter *par exellence*, könnte unmöglich Pastor einer Lokalgemeinde sein. Wäre er vom Typ her Leiter einer Gemeinde, würde Campus für Christus nicht das sein, was es heute ist.

Geht man den Dingen etwas nach, so stellt man fest, daß die drei genannten Merkmale bei den Gründern eines Werkes in hohem Maße anzutreffen sind. Bei den Leitern der zweiten und dritten Generation hingegen ist dies weniger der Fall. Welche

Vorsorge trifft ein begabter Gründer und Leiter für einen geeigneten und ebenbürtig begabten Nachfolger? Das ist in der Regel ein unlösbares Problem, wie Max Weber schon vor Jahrzehnten erklärt hat. Ich möchte jedoch auf diese wichtige Frage in einem späteren Kapitel etwas detaillierter eingehen.

## Ein kurzer geschichtlicher Überblick

Wie wir sahen, kann man die gleichzeitige Existenz der Lokalgemeinde und der Freien Werke oder Missionsteams bis in die neutestamentliche Zeit hinein zurückverfolgen. Zum besseren Verständnis ist es hilfreich, einen kurzen Blick auf die darauffolgenden geschichtlichen Epochen zu werfen. Einige der wirksamsten Missionswerke der christlichen Geschichte waren die Klöster. Wenn man genau recherchiert, so waren es gerade die Klöster, derer sich Gott in der Zeit zwischen dem Untergang des Römischen Reiches bis nach der Reformation des sechzehnten Jahrhunderts als Hauptwerkzeuge zur Ausbreitung des Evangeliums in der Welt bediente. Der Historiker Kenneth Scott Latourette, der die Dynamik der unterschiedlichen Grundstruktur der Lokalgemeinde und des Freien Werkes sehr gut verstanden hat, dokumentiert dies in zahlreichen Arbeiten auf hervorragende Weise. Auch Ralph Winter hat sich mit diesem Thema eingehend befaßt.

Bedauerlicherweise sahen die protestantischen Reformatoren bzw. die von ihnen gegründeten Kirchen in der Evangelisation und der Weltmission nicht ihre Haupttätigkeit. Wir haben einige der Gründe betrachtet, die George Peters dafür nennt. Aber es gibt vielleicht noch einen anderen, noch wichtigeren Grund. Martin Luther, der als Augustinermönch Mitglied eines Ordens - also eines Werkes - war, wandte sich so radikal gegen die römisch-katholische Kirche, daß er dabei das Kind mit dem Bade ausschüttete. Er sagte sich zwar von den katholischen Orden los, unterließ es aber, sie durch protestantische Gegenstücke - protestantische Orden und Werke - zu ersetzen. Der lutherische Historiker Jarislaw Pelikan bestätigt, daß Luther nicht imstande war, »einen Vorschlag zu machen, wie die Missionsorden, deren monastische Regeln er verworfen hatte, durch andere Strukturen zu ersetzen seien, welche die Ausführung des Missionsbefehls hätten übernehmen können ... Anderthalb Jahrhunderte sollten verstreichen, bevor seine Anhänger damit beginnen konnten, solche Strukturen aufzubauen«.[6] Das Christentum breitete sich zwar auch in jenen 150 Jahren aus, aber zumeist durch die römisch-katholische Kirche und ihre Orden und Werke. Luthers gesunde Theologie war leider keine gesunde Missiologie.

Auch die Wiedertäufer verbreiteten das Evangelium im 16. Jahrhundert, besonders unter den Namenschristen. Nie verloren sie ihren Missionseifer. In den Schriften der Wiedertäufer nimmt der Missionsbefehl eine besondere Stellung ein. Doch zu beachten ist, daß die Wiedertäufer-Bewegung ganz die Struktur eines Freien Werkes hatte. Obgleich sie eine Kirche waren, verlangte man von denen, die aufgenommen werden wollten, eine zweite Entscheidung der Erwachsenen. Die Kindertaufe, ob bei Katholiken, Lutheranern oder Reformierten, wurde abgelehnt. Alle Mitglieder mußten als Erwachsene getauft beziehungsweise wiedergetauft sein, und zwar durch völliges Untertauchen im Wasser. Auf die Einhaltung von moralischen Regeln für die Lebensführung wurde streng geachtet. Namenschristentum wurde nicht geduldet, nicht einmal bei den Kindern von Gläubigen. Man schloß auch durchaus Mitglieder von den Gemeinden aus. Trotz Verfolgung wies diese Kirche ein enormes Wachstum auf.

Wegen der strukturellen Unterschiede taten sich die Gemeinden und Kirchen historisch gesehen schwer, Seite an Seite mit den Freien Werken zu leben. Die Kirchen und Gemeinden neigten dazu, die Freien Werke zu verschlucken, und die Freien Werke ihrerseits hatten die Tendenz, sich in ihren Strukturen und in ihrer Einstellung mehr und mehr den Kirchen und Gemeinden anzugleichen.

Die Wiedertäufer sind dafür ein gutes Beispiel. Wenn man die Wiedertäufer-Bewegung mit all ihren Zweigen heute betrachtet, erkennt man eine Vernetzung von Freien Werken. Manche davon haben sich so abgekapselt und sind so in sich selbst gekehrt, daß der Zugang zu diesen Gruppen für Neubekehrte fast zwangsläufig verschlossen bleibt. Andere Gruppen haben sich so stark mit dem Rest der Christenheit identifiziert und angeglichen, daß der Eifer der Gründergeneration nur noch zum Gegenstand wehmütiger Erinnerung geworden ist. Einige jedoch, etwa die Mennoniten, haben neue Missionswerke geschaffen, die etwas von dem einstigen Eifer der Bewegung zurückkehren ließen, den der gesamte Gemeindeverband einmal besessen hatte. Wenn alte Werke schwach werden, in ihrem Einfluß verblassen oder gar verschwinden, müssen neue gebildet werden, um deren Platz einzunehmen.

Ein anderes Beispiel sind die Methodisten. John Wesley, der Begründer, war anglikanischer Priester, dem es gar nicht in den Sinn gekommen war, eine Denomination ins Leben zu rufen, die mit den Anglikanern in Konkurrenz treten würde. Er predigte das Evangelium und sammelte seine Bekehrten, vermutlich alles Anglikaner, in sog. *»Klassen«*. Diese Klassen waren nichts anderes als kleine Gruppen mit besonderer Aufgabe, stellten damit also jede für sich ein »Werk« dar. Doch nach Wesleys Tod zeigte sich die Anglikanische Kirche dem Phänomen nicht gewachsen, und die Klassen nahmen die Gestalt einer neuen Denomination an, die am Anfang die Funktion eines Freien Werkes hatte. Doch ein paar Jahrhunderte später weist die Vereinigte Methodistenkirche die klassische Gemeindestruktur auf. Die Freien Werke sind verschluckt worden.

Sozialwissenschaftler bezeichnen im Anschluß an die Arbeiten von Ernst Troeltsch die ursprüngliche Gruppe (das »Werk«) als »Sekte« und die daraus entstehende Gemeindestruktur als »Kirche«. Die Spannung von »Kirche und Sekte« ist in der Religionssoziologie detailliert untersucht worden, und die historischen Entwicklungen, wie sie oben beschrieben sind, haben vielfache Bestätigung gefunden. Fast immer sind solche »Sekten« nach einer gewissen Zeit zu Kirchen geworden.

Eine Anzahl von Beobachtern hat zum Beispiel darauf hingewiesen, daß die fundamentalistische Bewegung des frühen 20. Jahrhunderts die Merkmale einer »Sekte« im religionssoziologischen Sinn trug. Doch unterdessen weist die daraus entstandene evangelikale Bewegung viele Merkmale einer Kirche auf. So haben sich auch etliche sog. Fundamentalisten in jüngerer Zeit von ihrem gesellschaftlichen Sekten-Ethos gelöst, sehr zur Bestürzung der alten Garde. Die klassischen Pfingstdenominationen begannen in diesem Sinn ebenfalls als Sekten, in der neueren

Entwicklung jedoch, wobei die Bewegung immer mehr an Respekt gewinnt, werden sie immer mehr zu Kirchen.

All das würde lediglich eine Kuriosität der Geschichte sein, wenn es nicht so wichtig für das Wachstum der Gemeinden wäre. In dem Maße nämlich, wie die freie Gruppe zur Kirche wird - oder das Freie Werk zur Gemeinde -, sinkt das Niveau des Engagements und des Eifers immer mehr ab. Gleichzeitig verlangsamt sich eindeutig die Wachstumsdynamik einer solchen Gruppe. Deshalb ist es wichtig, daß wir dieses Phänomen etwas genauer untersuchen.

## Gemeindestrukturen und Wachstumspotential

Die meisten christlichen Gemeinden sind nach dem klassischen Modell der Kommune - der Gemeindestruktur - aufgebaut. Sie sind wie eine Kommune organisiert und werden auch wie Kommunen geleitet. Die Pastoren sind beziehungsorientiert und leiten ihre Gemeinden nach demokratischen Gesichtspunkten. Das entspricht weitgehend dem, was man ihnen während ihrer theologischen Ausbildung beigebracht hat. Beide, sowohl der Pastor als auch die Gemeinde, sehen das als völlig normal an. Wird denn nicht der Pastor gerade für diesen Zweck bezahlt? Manche dieser Gemeinden wachsen, doch die meisten haben kaum Wachstum zu verzeichnen.

Während ich wachsende Gemeinden auf der ganzen Welt besuchte und beobachtete, habe ich einen Prozeß durchlebt, der mich zunächst verwirrt hat. Ich hatte angenommen, alle Lokalgemeinden seien rein nach der Struktur einer Kommune aufgebaut. Doch dann wurde mir allmählich bewußt, daß viele Pastoren wachsender Gemeinden in ihrer Persönlichkeitsstruktur den Leitern von erfolgreichen Freien Werken verblüffend ähnlich waren. Ich verstand langsam, daß es durchaus möglich ist, daß eine Lokalgemeinde wie ein Freies Werk organisiert ist, und daß sie gar, je mehr sie diese Tendenz hat, ein um so größeres Wachstumspotential besitzt. Es schien so, als ob Pastoren, je mehr sie ihre Gemeinden im Sinne eines Werkes anstatt einer Gemeinde leiten, deutlich stärkeres Wachstum erwarten können.

Ich möchte das noch etwas eingehender erklären, weil ich sonst sehr leicht mißverstanden werden kann. Betrachten Sie einmal die nachstehende Abbildung 5.

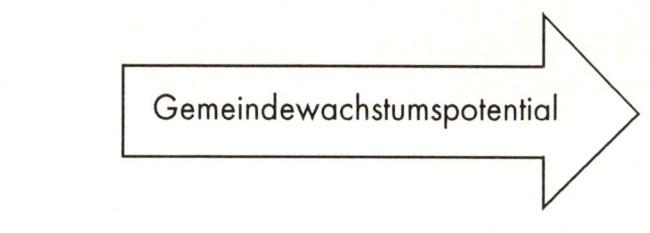

Gemeindewachstumspotential

Gemeindestruktur
Pastor als Leiter einer
Kommune

Missionsstruktur
Pastor als Werksleiter

| | |
|---|---|
| Kirche | Freies Werk |
| Pluralistisch | Einmütig |
| Akzent auf Sein | Akzent auf Tun |
| Beziehungsorientiert | Aufgabenorientiert |
| Leitung auf demokratischer Basis | Visionäre Leitung |
| Orientiert an der Bestandswahrung | Missionsorientiert |
| Biologisches Wachstum | Entscheidungs-Wachstum |
| Geringeres Engagement | Grösseres Engagement |

**Abb. 5**

Als erstes möchte ich darauf hinweisen, daß es hier um ein Spektrum geht. Es geht nicht *entweder* um eine Gemeindestruktur *oder* eine Missionsstruktur. Es geht darum, Schwerpunkte und Gewichtungen in acht verschiedenen Gebieten festzustellen. Wenn Sie Ihre Gemeinde im Hinblick auf die acht Kategorien

145

überprüfen, so werden Sie wahrscheinlich ganz unterschiedliche Betonungen feststellen. In einem Gebiet neigt die Gemeinde eher nach links auf der Skala, in einem anderen Gebiet eher nach rechts. Doch die Darstellung läßt erkennen, wie viele Merkmale eines Werkes Ihre Gemeinde bereits besitzt und wo sie sich in Zukunft weiter entwickeln sollte. Diese Betrachtungsweise läßt Sie auf Fragen und Zusammenhänge stoßen, die sonst möglicherweise unberücksichtigt geblieben wären.

Betrachten Sie Ihre Gemeinde zum Beispiel im Sinne des oben Gesagten als *Kirche* oder als *Werk*? Hat sie sich ziemlich an die umgebende Kultur angeglichen, so daß sie als »respektabel« gilt, oder sind die Gemeindeglieder in gewisser Hinsicht »anders« als der Rest der Bevölkerung? Ist Ihre Gemeinde *pluralistisch*, lassen Sie also in Ihrer Gemeinde Raum für eine große Bandbreite von Menschen mit unterschiedlichen Standpunkten? Oder ist in Ihrer Gemeinde *Einmütigkeit* großgeschrieben, wobei Sie es vor allem mit der Lehre und der Praxis sehr genau nehmen? Sind Sie pluralistisch, so sind Sie wahrscheinlich liberaler als Ihre eher auf Einmütigkeit gesinnten oder auch konservativeren Nachbarn. Glauben Sie, *sein* ist wichtiger als *tun*? Ist die Art und Weise, wie man etwas tut, wichtiger als das, was dabei herauskommt? Wenn ja, sind Sie wahrscheinlich mehr *beziehungsorientiert* als *aufgabenorientiert*.

Auf welche Weise wird Ihre Gemeinde geleitet? Haben Sie den Eindruck, daß die wichtigen Änderungen vor allem durch einen demokratischen *Konsens* der aktiven Mitglieder zustande kommen, oder orientiert man sich vor allem an der *Vision* des Pastors? Müssen alle Dinge in einem langfristigen Planungsprozeß gründlich vorbereitet werden, oder ist Raum für spontane Entschlüsse und Umorientierungen? Woran sind Sie vordringlich interessiert, an *Bestandswahrung* oder an *Mission*? Konzentrieren sich Ihr Dienst und Ihre Aktivität auf solche, die bereits zur Gemeinde gehören, oder richten Sie Ihren Dienst in erster Linie mit einiger Effizienz auf Außenstehende aus? Sind neue Gemeindeglieder in erster Linie die Kinder der Familien Ihrer Gemeinde, oder gewinnen Sie Außenstehende aus dem direkten Umfeld der Gemeinde? Das erste nennt man *biologisches Wachstum* und das andere *Entscheidungs-* oder *Bekehrungs-Wachstum*. An welchem Punkt einer Skala, deren Spektrum von *geringem Engagement* bis zu *starkem Engagement* reicht, würden Sie Ihre Gemeindeglieder einordnen?

Ich kann mir denken, daß die meisten Gemeinden, die mit diesen Fragen ringen, sich ziemlich weit links - oder auf der Seite der kirchlichen Struktur - des Spektrums befinden. In dem Grad, wie dies der Fall ist, wird auch Ihr Wachstumspotential geringer sein. Je weiter sich Ihre Gemeinde rechts- oder auf der Seite der Missionsstruktur - befindet oder bereit ist, sich in dieser Richtung zu bewegen, desto größer wird das Wachstumspotential. Um in dieser Richtung weiterzukommen sollten Sie sich etwas näher mit zwei sehr wichtigen Eigenschaften wachsender Gemeinden vertraut machen: sie werden wie ein Werk geleitet, und das Engagement der Mitglieder ist von einer anderen Qualität als in einer kommunal geleiteten Lokalgemeinde. Betrachten wir diese beiden Merkmale nun etwas genauer.

## Die Leitung von Freien Werken

Im ersten Kapitel erwähnte ich mehrere Tests, bei welchen die Kennzeichen einer gesunden Gemeinde unter die Lupe genommen wurden, die in meinem Buch *Your Church Can Grow* genannt werden. Einer dieser Tests wurde von William R. Douglass an der Seattle University durchgeführt. Das Kennzeichen, das am stärksten mit einer wachsenden Gemeinde in Beziehung stand, war ausgeprägte Leiterschaft. Douglass stellte fest, daß der Pastor einer wachsenden Gemeinde »stark aufgabenorientiert und weniger stark beziehungsorientiert sein muß. Mit anderen Worten, er muß ein Macher sein«.[7] Dies ist die Beschreibung eines Werksleiters. Das wirft jedoch eine wichtige Frage auf: Wie kann man eine Gemeinde erfolgreich leiten und gleichzeitig wenig beziehungsorientiert sein? Ist nicht die Beziehung zwischen dem Pastor und den Gemeindegliedern ein wesentlicher Bestandteil einer guten Gemeindeleitung? Natürlich. Der springende Punkt ist: Wie konzentriert man sich auf die Aufgabe und hält dennoch wichtige Beziehungen aufrecht?

Als Grundlage für unser Thema möchte ich ein sehr hilfreiches Diagramm benutzen, das einer meiner Studenten angefertigt hat, Missionar Raymur Downey aus Zaire. Downey sieht zwei Achsen,

die für die Pastoren wachsender Gemeinden wichtig sind, und
bringt sie in Beziehung zueinander (s. Abb. 6).

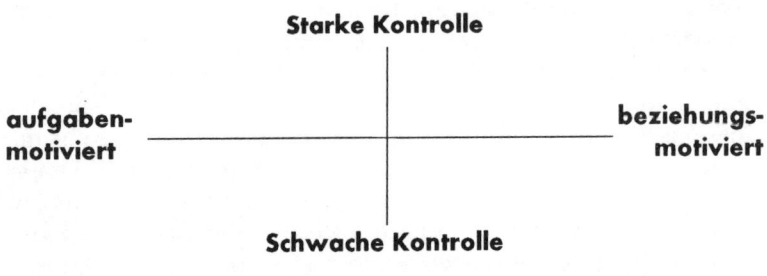

**Abb. 6**

Sehen wir uns zuerst die horizontale Achse zwischen aufgabenmotiviert und beziehungsmotiviert an. Offensichtlich beschreibt
ein aufgabenorientierter Leiter einen typischen Werksleiter. Es
bedeutet, daß der Leiter motiviert ist, eine Leitungsstellung in
erster Linie deshalb einzunehmen, weil er oder sie eine wichtige
Aufgabe sieht, die getan werden muß. Es bedeutet nicht, daß ein
aufgabenmotivierter Leiter blind wäre für das Bedürfnis nach
guten persönlichen Beziehungen. Es geht hier überhaupt nicht
um einen Mangel an Liebe zu anderen Menschen. Viele aufgaben-
motivierte Leiter können auf eine stattliche Liste von begabten
Personen hinweisen, die sie für die verantwortliche Übernahme
von Aufgaben gewinnen konnten, oder die inzwischen nicht nur
bloßes »Mitglied« sind, sondern Mitarbeiter. Zahlreiche mir persönlich bekannte Pastoren, die ihre Gemeinde allerdings wie ein
Freies Werk leiten, haben einen außerordentlich zuverlässigen
Mitarbeiterstab von kompetenten Leitern. Diese Mitarbeiter sind
ein beredtes Zeugnis dafür, mit welchem persönlichen Einsatz
sich ihr Pastor um sie gekümmert und ihnen geholfen hat, das zu
werden, was sie sind. Beziehungen sind etwas Ausgezeichnetes,
aber sie bilden nicht den Schlüssel- und Angelpunkt der Gemeinde. Die Mitarbeiter, von denen ich soeben sprach, sind sich auch
bewußt, daß sie in dem Augenblick, wo sie keinen nennenswerten
Beitrag zur Erfüllung der gestellten Aufgabe mehr leisten, ihren

Posten los sind. Sie werden in einem solchen Fall liebevoll vor die Tür gesetzt.

Schauen wir jetzt die senkrechte Achse zwischen starker und schwacher Kontrolle an. Sie bezieht sich auf das Ausmaß an Autorität, das dem Hauptpastor zugestanden wird. Erinnern Sie sich daran, was wir im letzten Kapitel über die Beziehung zwischen dem Hirten und den Schafen sagten? Die Person, die bei »starker Kontrolle« eingeordnet werden kann, ist der Hirte, der die Schafe leitet. Der Pastor ist der Leiter und die Gemeindeglieder folgen ihm. Vergessen wir jedoch nicht, wie das erreicht wird. Es muß sich dadurch verdient werden, daß der Pastor den Gemeindegliedern beweist, daß er ihr Diener ist. Je mehr die Gemeindeglieder überzeugt sind, daß ihr Pastor wirklich auch ihr Diener ist, desto höher gleiten Sie auf der Skala nach oben. Je höher Sie kommen, desto mehr ähneln Sie dem typischen Leiter eines Freien Werkes.

Sehr wenige Pastoren werden völlig aufgabenmotiviert sein und eine totale Kontrolle über die Situation besitzen. Doch je mehr Sie sich in der oberen linken Seite des Diagramms einordnen können, desto mehr leiten Sie die Gemeinde im Sinne eines Freien Werkes. Je mehr Sie sich auf der unteren rechten Seite des Diagramms wiederfinden, desto mehr sind Sie ein Leiter einer kommunal organisierten Gemeinde. Das Gemeindewachstumspotential ist natürlich größer bei Leitern, die sich im oberen linken Quadranten einordnen können, die also stark aufgabenmotiviert sind und dennoch eine starke Autorität als Pastor haben.

## Wie verbindlich ist Ihr Christentum?

Wenn Sie Ihre eigene Gemeinde mit Hilfe des Diagramms (Abb. 5) untersucht haben und gerne möchten, daß sie mehr und mehr den Charakter eines Werkes, einer Bewegung, einer Armee annimmt, so reicht es nicht nur, über die Form der Leiterschaft nachzudenken, sondern auch über die Frage der Verbindlichkeit. Eines der Hauptmerkmale von Freien Werken, wie wir sie beschrieben haben, ist ihr hoher Grad an Verbindlichkeit und Hingabe seitens ihrer Mitglieder. Namenschristentum wird dort nicht geduldet. Es herrscht strenge Disziplin. Das Motto lautet: »Steig entweder voll ein oder du steigst aus!«

Die Christenheit steht tief in der Schuld von Dean M. Kelley vom Nationalen Rat der Kirchen (USA) für sein wegweisendes Buch *Why Conservative Churches Are Growing*,[8] das in den frühen siebziger Jahren herauskam. Darin legt Kelley auf überzeugende Weise dar: Je strenger die Gemeindedisziplin ist, desto stärker ist die Gemeinde, und desto größer ist ihr Wachstumspotential. Die stärkeren Gemeinden, von denen Kelley spricht, zeichnen sich in hohem Maße durch Hingabe, Disziplin und Missionseifer aus. Es ist eine starke Gruppen-Solidarität vorhanden, und an die Mitglieder werden hohe Anforderungen gestellt. Man gehorcht dem charismatischen Leiter ohne viele Fragen zu stellen. Absolute Werte, Einmütigkeit und Enthusiasmus sind häufig zu beobachten. Es herrscht wenig Raum und Verständnis für das Austragen von Meinungsverschiedenheiten oder dem ständigen Erörtern von Gegenpositionen. Diese Merkmale finden sich fast durchgängig in aufgabenorientierten Werken, d. h. sie gehören sehr stark zur typischen Kultur eines erfolgreichen Freien Werkes. Ohne diese Verbindlichkeit der Mitglieder/Mitarbeiter könnte kein Freies Werk zielstrebig arbeiten.

Wenn Sie daran interessiert sind, daß in Ihrer Gemeinde verbindlicheres Christentum gelebt wird - wie in einem Freien Werk -, so schlage ich Ihnen zwei Maßnahmen vor:

1. *Erhöhen Sie die Anforderungen für neue Mitglieder.* Ist es leicht, Mitglied in Ihrer Gemeinde zu werden, so erschweren Sie es. Haben Sie keine Gruppe für neue Mitglieder, so rufen Sie eine ins Leben. Falls schon eine existiert, verlängern Sie ihre Dauer und stellen höhere Anforderungen an die Teilnehmer. Die meisten der wirklich erfolgreichen Gemeindeeinführungskurse für neue Mitglieder dauern bis zu zehn Wochen. Die Gestaltung dieser Gruppen oder Grundkursen des Glaubens hängt von dem Leitbild Ihrer Gemeinde ab, das ich im nächsten Kapitel behandeln werde. Lassen Sie keine Ausnahmen von der Regel zu, mag kommen wer da wolle. Ich erinnere mich noch gut an den Tag, als ich den Antrag stellte, in die Lake Avenue Congregational Church aufgenommen zu werden. Ich war schon lange Christ, ordinierter Pastor, ehemaliger Missionar, Geschäftsführer einer Missionsgesellschaft und Theologieprofessor. An den Wochenenden hatte ich also ein volles Programm. Eine der Bedingungen für eine Mitgliedschaft lautete jedoch, man müsse an sechs aufeinanderfol-

genden Sonntagen die Gruppe für neue Mitglieder besuchen. Ich erklärte dem Pastor meine Situation und hoffte, als Ausnahme von der Regel betrachtet zu werden. Man sagte mir sehr höflich, aber bestimmt, ich sei in den Gottesdiensten willkommen, müsse aber mein Programm ändern und die besagte Gruppe besuchen, wenn ich aufgenommen werden wolle. Was tat ich also? Ich änderte meinen Terminkalender. Und ich bin seither immer wieder von der inneren Stärke meiner Gemeinde beeindruckt gewesen. Ohne diese Stärke hätte sie nicht auf eine Gottesdienstbesucherzahl von über 4.500 kommen können in einer Wohngegend, die eine Bevölkerungsabwanderung zu verzeichnen hat.

2. *Heben Sie die verbindlichen Anforderungen für Ihre Gemeindeglieder an.* Es gibt dazu viele Möglichkeiten; doch eine der besten ist jene, derer sich zur Zeit Larry DeWitt, Pastor der Calvary Community of Thousand Oaks, Kalifornien, bedient. Im Laufe der letzten sechs Jahre ist die Besucherzahl in der Calvary Community von 20 auf über 2.000 angestiegen. Sie treffen sich in einem gemieteten Fabrikgebäude, besitzen aber inzwischen ein Grundstück und planen ein Gebäude für 2.500 Personen zu bauen. Die Gemeinde war von Anfang an wie ein Freies Werk entstanden und hat sich so weiterentwickelt. Inzwischen sind die Bedingungen sogar noch strikter geworden. Vor kurzem stellte DeWitt einen Plan vor, mit dem er die Gemeindeglieder für eine höhere Verbindlichkeit gewinnen möchte. DeWitt nennt dieses Projekt »Bäume der Gerechtigkeit«. Ein Künstler malte auf die Wand des Gemeindegebäudes einen großen Eichenbaum, auf dem es Platz für 1.000 Unterschriften hat. Die Voraussetzungen dafür, ein »Baum der Gerechtigkeit« zu werden, sind hoch. Man muß mit seiner Unterschrift einen Bund besiegeln und folgende sechs wöchentliche Verpflichtungen auf sich nehmen:

1. Die wöchentlichen Gottesdienste besuchen.

2. Einen reservierten Abend in der Woche mit der Familie verbringen.

3. Teilnehmen an einer Kleingruppe, die jede Woche zusammenkommt.

4. Regelmäßig und großzügig für die Gemeinde geben.

5. Entsprechend seinen geistlichen Gaben einen Dienst in der Gemeinde tun.

6. Versprechen, daß man jeden Tag seine persönliche Andacht hält.

Über die Hälfte der aktiven Gemeindeglieder der Calvary Community haben ihren Namen auf den Eichenbaum gesetzt, und ständig kommen weitere hinzu. Kein Wunder, daß die Gemeinde wächst und ihr Wachstum stetig anhält.

Wenn Sie Ihre Gemeinde zum Wachstum führen wollen, so sollten Sie versuchen, soweit das die Umstände irgend zulassen, die Gemeinde so zu leiten wie ein Freies Werk.

### Anmerkungen

1. Richard G. Hutcheson jr., »*Wheel Within the Wheel: Confronting the Management Crisis of the Pluralistic Church*« (John Knox Press, Atlanta, 1979), S. 113.

2. G. W. Peters, »*Missionarisches Handeln und biblischer Auftrag*«, (Verlag der Liebenzeller Mission, Bad Liebenzell 1977), S. 214.

3. Ralph D. Winter, »The Two Structures of God's Redemptive Mission«, *Missiology: An International Review*, Januar 1974, S. 121-139.

4. Siehe George W. Peters, »*Gemeindewachstum*«, *Ein theologischer Grundriß*, (Verlag der Liebenzeller Mission, Bad Liebenzell 1982), S. 182ff.

5. Richard G. Hutcheson jr., »*Mainline Churches and the Evangelicals: A Challenging Crisis?*« (John Knox Press, Atlanta, 1981), S. 161.

6. Jarislaw Pelikan, »*Spirit Versus Structure: Luther and the Institutions of the Church*« (Christian Classics, New York, 1968), S. 55-56.

7. William R. Douglass, »Identifying Variables Associated with Church Growth through Regression Analysis« (Forschungsdokument, Seattle University, 1978), S. 67.

8. Dean M. Kelley, »*Why Conservative Churches are Growing*« (Harper & Row Publishers, New York, 1972), S. 84.

# 6.

Wollen Sie, daß Ihre Gemeinde wächst? Wenn Sie davon überzeugt sind, daß Gott das Wachstum Ihrer Gemeinde will; wenn Sie bereit sind, den Preis dafür zu bezahlen; wenn der Pastor willig ist, die Verantwortung und Leitung des Wachstumsprozesses zu übernehmen, und wenn die Gemeinde mitzieht, dann dürften alle Zeichen auf Grün stehen.

Wo aber fängt man an? Und wie? Dieses Kapitel soll Ihnen helfen, den richtigen Anfang zu finden, damit Ihre Gemeinde wachsen kann. Im nächsten Kapitel werden wir uns damit beschäftigen, was menschlich gesehen getan werden kann, um gesundes Wachstum aufrechtzuerhalten. Selbstverständlich werden Sie hier nicht alles finden, was noch gesagt werden müßte. Doch es gibt ja inzwischen eine wachsende Anzahl von Büchern über Gemeindewachstum. Ich habe mich hier also auf das beschränkt, was ich als die entscheidensten Schritte zu einem gesunden Wachstumsprozeß betrachte.

## Den richtigen Pastor berufen

Wenn alles stimmt, was ich bisher gesagt habe, dann geht es am Anfang des Wachstumsprozesses Ihrer Gemeinde um die Berufung eines geeigneten Pastors. Leider ist das Wachstumspotential vieler Gemeinden deshalb so gering, weil der derzeitige Pastor entweder keine Perspektive für Wachstum hat oder nicht bereit ist, den Preis dafür zu bezahlen. Wo dies der Fall ist, muß entweder der Pastor seine Einstellung zum Gemeindewachstum ändern, oder der Pastor selber muß gewechselt werden. Die Einstellung eines Pastors läßt sich durchaus verändern. Das weiß ich, weil ich es oftmals in meinen Kursen und Seminaren erlebt habe. Wenn der Pastor möchte, daß sich die Dinge ändern, so stehen ihm zahlreiche Hilfsmittel dafür zur Verfügung, wie ich bereits bei anderer Gelegenheit erwähnt habe. Werden solche Hilfsmittel jedoch ignoriert, so könnte es an der Zeit sein, sich mit dem Gedanken an einen neuen Pastor anzufreunden.

## Um den richtigen Pastor beten

Der richtige Anfang, wenn man einen neuen Pastor finden will, ist das Gebet. Es ist grundlegend wichtig, daß der Pastor den Dienst in einer bestimmten Gemeinde tut, weil er dazu von Gott berufen wurde. Viele Pastoren stehen sich oft selbst im Wege, weil sie irgendwie ihre gezielte Berufung überhört haben und demzufolge nicht in der Gemeinde sind, in welcher Gott sie haben möchte. Darum ist das Gebet so wichtig. Alle Betroffenen - die Gemeinde, das für die Berufung zuständige Komitee, der Kandidat oder die Kirchenleitung - müssen ein offenes Ohr für die Stimme Gottes haben, damit unglückliche Berufungen möglichst ausgeschlossen werden. Wie kann man für die Stimme Gottes sensibel werden? Ich kenne keinen anderen Weg, als viel und inständig zu beten. Das heißt, sich viel Zeit zum Beten nehmen, was allerdings für die meisten streßgeplagten Menschen nicht leicht ist. Wir neigen dazu, das Beten so schnell wie möglich hinter uns zu bringen, so daß wir »zum eigentlichen Geschäft« übergehen können. Wir müssen es lernen, das Beten als »das eigentliche Geschäft« zu erkennen. Sonst laufen wir Gefahr, einen Pastor zu berufen, den Gott eigentlich woanders haben möchte.

## Auf die richtigen Qualifikationen achten

Der zweite Schritt besteht darin, nach einer Person Ausschau zu halten, die jene Eigenschaften besitzt, die gerade Ihre Gemeinde braucht. Häufig begehen Berufungskomitees den Fehler, eine Wunschliste mit all den idealen Eigenschaften aufzustellen, die sie gerne bei einem Pastor sehen möchten, und dann suchen sie nach jemand, der überall gut abschneidet. Auf solchen Listen ist so ziemlich alles mögliche zu finden, außer daß man vom Kandidaten verlangt, daß er auf dem Wasser wandeln können muß. In vielen solchen Fällen würde sich nicht einmal der Apostel Paulus qualifizieren können. Es ist gewöhnlich mit viel Frustration und außerordentlichem Zeitaufwand verbunden, eine lange Liste mit den gewünschten Eigenschaften des »Traumpastors« aufzustellen.

Es ist verständlich, daß jede Gemeinde von ihrem zukünftigen Pastor ganz bestimmte Vorstellungen hat. Wenn Sie einen Pastor suchen, dem Gemeindewachstum am Herzen liegt, dann schlage ich vor, auf folgende sechs Eigenschaften zu achten. Dabei erwarten Sie bitte nicht, daß ein Kandidat in jedem einzelnen Punkt die Höchstnote bekommt. Aber wenn er in wenigstens fünf der sechs überdurchschnittlich begabt ist, dann ist das eine gute Ausgangslage.

*1. Der Pastor muß ein Leiter sein.* Halten Sie die Augen offen nach einem Pastor, der bereit ist, neue Schritte zu gehen. Ich habe in diesem Buch versucht, die Eigenschaften eines solchen Leiters eingehend zu beschreiben. Es sei aber nicht vergessen, daß der eigentliche Prüfstein für einen Leiter derjenige ist, daß ihm die Leute folgen - und zwar freiwillig. Um das herauszufinden, fragt man am besten jene Gemeindeglieder, die zur bisherigen Gemeinde des betreffenden Pastors gehören. Eine weitere, biblisch belegte Möglichkeit ist, einen Blick auf die Familienverhältnisse des Kandidaten zu werfen. Ist seine Beziehung zu seiner Frau und den Kindern gut? Hat sich der Betreffende als Familienvater bewährt und ist seiner Familie ein gutes Beispiel, dann sind das sehr positive Faktoren. »Wenn aber jemand dem eigenen Haus nicht vorzustehen weiß, wie wird er für die Gemeinde Gottes sorgen?« (1.Tim. 3,5).

*2. Der Pastor muß ein Mann des Glaubens sein.* Ein Gemeindewachstumspastor muß einen lebendigen Glauben haben, wobei es keine Rolle spielt, ob er diesen aufgrund einer besonderen Geistesgabe oder durch die Reifung der Frucht des Geistes mit sich bringt. Lesen Sie, was in Hebräer 11 über

Abraham, Mose, David und andere geschrieben ist. »Ohne Glauben aber ist es unmöglich, Gott zu gefallen« (Hebr. 11,6). Ein Mensch des Glaubens ist mehr auf das Morgen als auf das Gestern ausgerichtet. Sich Ziele für die Zukunft zu setzen, ist für einen solchen Leiter etwas ganz Natürliches. Ein Pastor mit einem lebendigen Glauben ist außerordentlich zuversichtlich hinsichtlich der Richtung, die Gott mit der Gemeinde für die Zukunft einschlagen will.

*3. Der Pastor muß ein gesunder Optimist sein.* Grüblerische, zu Depressionen und zu Versagen neigende Pastoren leiten gewöhnlich keine wachsenden Gemeinden. Ist der Kandidat übermäßig kritisch und in der Grundtendenz negativ oder fast nur apologetisch, sieht er immer zunächst die Gefahren, statt die Chancen einer Situation, so steht die Ampel auf Gelb - Vorsicht! Ein geheiligter Optimismus weiß, wie man Probleme in Möglichkeiten verwandelt. Solche Menschen haben eine gute Beziehung zu anderen, weil sie genügend Selbstachtung besitzen. Der Glaube weist die Richtung, und ein gesunder Optimismus entdeckt kreative Wege, wie sich Aufgaben lösen lassen.

*4. Der Pastor muß ein guter Prediger sein.* Ich kenne zwar kaum Pastoren wachsender Gemeinden, die keine guten Prediger sind, ich muß jedoch feststellen, daß manche Berufungsausschüsse das Predigen überbetonen, und zwar so, als wäre dies die einzige Eigenschaft, auf die es ankommt. Viele Pastoren wachsender Gemeinden sind durchaus keine Spitzenredner, aber sie wissen, wie wichtig das Predigen ist - zusammen mit der Anbetung, gesunder Leitung und aufeinander abgestimmten Mitarbeitern. Vergewissern Sie sich nach Möglichkeit, ob der Prediger ein Gespür für die Bedürfnisse der Gemeindeglieder hat und seinen Dienst entsprechend gestalten kann. Verwechseln Sie nicht Kommunikationsfähigkeit - die sehr wichtig ist - mit Beredsamkeit, die weniger wichtig ist.

*5. Der Pastor muß flexibel sein.* Gemeindewachstum bedeutet beständige Veränderung. Pastoren, die sehr traditionsgebunden sind und eine Abneigung gegen alles Neue besitzen, werden kaum eine wachsende Gemeinde leiten können. Bitten Sie Gott um eine Person, die weiß, wann es gilt, sich angesichts neuer Herausforderungen für Veränderungen zu öffnen. In dieser Hinsicht ist ein gewisser »heiliger Pragmatismus« sehr wünschenswert.

*6. Der Pastor muß bereit sein, hart zu arbeiten.* Ich erwähnte diesen Faktor schon einmal, möchte ihn aber in diesem Zusammenhang wiederholen. Ich stimme Lyle Schaller zu, der sagt: »Die meisten guten Pastoren haben eine Eigenschaft gemeinsam: jeder ist ein bemerkenswert fleissiger Arbeiter.«[1]

## Achten Sie darauf, daß alle einverstanden sind

Bei der Suche nach dem richtigen Pastor besteht der dritte Schritt darin, sich zu vergewissern, daß alle betroffenen Gruppen von den gleichen Voraussetzungen ausgehen. Zwischen den Mitgliedern des Berufungsausschusses, dem Kandidaten und der zuständigen kirchlichen Behörde muß von Anfang an ein möglichst hohes Maß an Übereinstimmung bestehen. Es ist sehr verwirrend und entmutigend, viel Zeit, Mühe und Energie investiert zu haben, einen Kandidaten zu finden, der auch der richtige Mann zu sein scheint, und dann plötzlich zu merken, daß nicht alle mit der Wahl einverstanden sind. Zugegeben, es ist besser, unterschiedliche Erwartungen und Vorstellungen kommen noch zum Vorschein, bevor es zu spät ist und eine Berufung bereits erfolgt ist; doch am besten ist es, es gar nicht erst dazu kommen zu lassen. Investieren Sie lieber viel Zeit, um mögliche Spannungsfelder aufzudecken und einen gemeinsamen Nenner der Erwartungen an einen zukünftigen Pastor zu finden.

Ich möchte dazu vier Fragenkreise hervorheben, die für die Berufung eines Pastor besonders relevant sind. Alle Beteiligten sollten sich über diese vier Punkte völlig im klaren sein.

*1. Sind wir bereit, für eine angemessene finanzielle Entschädigung zu sorgen?* Die Auffassung »Man bekommt das, wofür man bezahlt« sollte eigentlich für die Anstellung eines Pastors keine Gültigkeit haben. Obgleich diese Einstellung für den christlichen Dienst sicher weniger zutrifft als für die säkulare Arbeitswelt, sollte sie dennoch nicht ignoriert werden. Mehr Pastoren als uns lieb ist wechseln die Gemeinde vor allem deshalb, weil die neue Gemeinde ein höheres Gehalt, eine größere Wohnung oder bessere Sozialleistungen bietet. Die Bibel unterstreicht, daß jeder Arbeiter seines Lohnes wert ist, und das sollten die Berufungsausschüsse schon deshalb nicht vergessen, weil die Pastoren es auch nicht vergessen haben. In Routineangelegenheiten wie Mietzuschuß oder freie Unterkunft im gemeindeeigenen Pfarrhaus, Autospesen, Versicherungen verschiedenster Art, Pensionsprämien, Umzugskosten und Urlaub sollte man sich schnell einigen, und zwar je eher desto besser.

Noch ein anderer, relativ selten beachteter Punkt soll hier genannt werden. Wenn es Gemeinde und Pastor mit dem Wachstum wirklich ernst meinen und bereit sind, den Preis dafür zu zahlen, dann schließt dieser Preis auch ein, daß der Pastor in Bezug auf seine Arbeit stets auf dem neuesten Stand der Dinge ist. Die Gemeinde sollte einplanen, einen jährlichen Betrag in die entsprechende Ausbildung des Pastors im Fachgebiet Gemeindewachstum zu investieren. Ein oder zwei Wochen Weiterbildung im Jahr, einschließlich die Kosten für Reise, Unterkunft, Stellvertretung und Sonstiges wären ein Ausdruck weiser Vorsorge seitens der Gemeinde. Wahrscheinlich wird die Gemeinde den Pastor für eine längere Dienstzeit berufen, und darum ist es wichtig, daß der Leiter auf dem laufenden ist, was sich auf dem Gebiet des Gemeindewachstums alles tut. Das sollte man nicht als eine Art Zusatzleistung oder gar als Ferienersatz betrachten, sondern dies ist ein Teil der Aufgabe des Pastors. Letztlich ist dies eine gute Investition in die Zukunft der Gemeinde selbst.

## 2. Werden wir dem Pastor erlauben, ein Rancher zu sein?

Das ist eine schwierige Frage, weil sie den traditionellen Vorstellungen von einem Pastor auf den ersten Blick zu widersprechen scheint. Doch wenn die Wachstumsziele Ihrer Gemeinde beträchtlich über die 200er Grenze hinausgehen, dann ist diese Frage berechtigt. Was bedeutet es, Rancher zu sein? Vor kurzem gab mir mein Freund Kent Tucker eine gute Antwort auf diese Frage. Tucker ist der Gründungspastor der Grace Church in Aurora, Colorado. Schon nach drei Jahren überschritten sie die 200er Grenze ziemlich mühelos. Einer der Gründe dafür ist, daß Tucker sich von Anfang an darüber mit seinen Gemeindegliedern einig war, daß er ihnen als Rancher dienen würde. Das bedeutete unter anderem, daß er keine Hausbesuche, keine Krankenbesuche und keine Einzelseelsorge machen würde. Weil es sich um eine junge Gemeinde handelte, brauchte man auch mit keiner anderslautenden Tradition zu brechen, wie es sonst in den meisten anderen Gemeinden der Fall wäre. Alle neuen Gemeindeglieder bekommen gesagt, daß dies zu »Hausordnung« der Gemeinde gehört, bevor sie sich dazu entschließen, in die Gemeinde aufgenommen zu werden.

Als guter Rancher hat Tucker jedoch Vorsorge getroffen, daß die Schafe von anderen betreut werden. Er veranlaßte, daß sich die Gemeinde in mehrere »Mini-Gemeinden« aufteilte und setzte über jede einen Ältesten, den er selber für diese Aufgabe ausgebildet hatte. Der Älteste trägt die Verantwortung für die Haus- und Krankenbesuche sowie für die Seelsorge. Er kann dies persönlich tun oder delegieren. Taucht ein Seelsorgeproblem auf, das ein persönliches Gespräch mit dem Pastor erfordert, so sucht Tucker die betreffende Person auf, aber nur in Begleitung des Ältesten, der sonst die seelsorgerische Betreuung dieser Person übernimmt.

*3. Wieviel außergemeindliche Tätigkeit wird dem Pastor zugestanden?* Die Vision von Gemeindewachstumspastoren erstreckt sich häufig über die örtliche Gemeinde hinaus. Es bildet sich ein Netz von Beziehungen, das weitere Perspektiven für den Dienst eröffnet. Sie werden ziemlich oft als Referenten und Berater eingeladen.

In Anbetracht dessen stellt sich die Frage, inwieweit die Gemeinde bereit ist, ihren Pastor mit anderen zu teilen. Wie häufig kann er auswärts sein? Darf der Pastor seine Dienstzeit zum Schreiben von Büchern verwenden? Diese Fragen sollten auf beiden Seiten von vornherein klar besprochen werden, damit zukünftige Mißverständnisse vermieden werden.

*4. Entspricht der Pastor dem sozio-kulturellen Profil der Gemeinde?* Ich habe unzählige Gespräche mit Pastoren über ihre erste Gemeinde geführt. Allzuoft kommt es vor, daß jemand, der in einer städtischen Umgebung geboren und aufgewachsen ist, nach Abschluß seines Studium angefragt wird, eine kleine ländliche Gemeinde zu übernehmen. Der Idealismus des typischen Absolventen macht ihn blind für die bedeutende Rolle der Kultur in bezug auf das eigentliche Zusammenspiel von Pastor und Gemeinde. Der angehende Pastor glaubt, daß alle Gemeinden gleich wären und sagt sich: »Ich kann meinen Dienst in jeder beliebigen Gemeinde tun.« Die Wirklichkeit aber sieht anders, schwieriger aus, und oft wird die Arbeit in seiner ersten Gemeinde zu einem Alptraum für den neuen Pastor. In der Regel bedeutet das keinen besonderen Schaden für die Gemeinde, weil die Leute an solche Pastoren gewöhnt sind. Sie haben vorher schon viele dieser Art gehabt.

Amerika ist von einer bunten Rassenvielfalt geprägt. Viele Menschen leben daher mit einer Art Schmelztiegel-Theorie, die auf die Harmonisierung der verschiedenen Volksgruppen bedacht ist, und glauben, daß es mehr und mehr zur Bildung einer einzigen Kultur, einer Mischung aus allen bestehenden Kulturen, kommen wird. Man redet nur ungern über Unterschiede in Herkunft, Klasse, Rasse, Erziehung, gesellschaftlichem Status, Volksgruppenzugehörigkeit und ähnlichem. Trotzdem sind diese Faktoren von großer Bedeutung, wenn man voraussehen will, ob ein Pastor zu einer bestimmten Gemeinde passen wird oder nicht. Hier und da kommt es zu ungewöhnlichen Ausnahmen der Regel, aber allgemein gesprochen wird das Wachstumspotential größer sein, wenn der neue Pastor einen ähnlichen sozialen und kulturellen Hintergrund hat wie der Großteil der Gemeindeglieder.

## Entwickeln Sie das Leitbild Ihrer Gemeinde

Es erleichtert die Berufung eines neuen Pastors sehr, wenn Ihre Gemeinde ein schriftliches Leitbild entwickelt hat. Somit sind die Voraussetzungen offen dargelegt, und jeder Interessierte kann sie studieren und diskutieren. Eine Gemeinde mit einer klaren Identität, die weiß, was sie ist und was sie nicht ist, was sie will und was sie nicht will, wird viel unkomplizierter zukünftige Glaubensziele anstreben und erreichen können.

Der Ausdruck »Leitbild« im Zusammenhang mit christlichen Gemeinden ist relativ neu, aber äußerst hilfreich. Er ermöglicht es, uns der Tatsache bewußt zu werden, daß jede Gemeinde, ähnlich wie jede einzelne Person, eine einmalige Persönlichkeit besitzt. Keine zwei Gemeinden sind genau gleich. Gewiß, Assemblies of God-Gemeinden gleichen sich untereinander mehr als den Mennonitengemeinden, aber auch bei den Assemblies of God ist jede Gemeinde wieder anders. So gibt es in Springfield, Missouri, dem internationalen Hauptsitz der Assemblies of God, vier große, angesehene Gemeinden der Assemblies of God. Alle zählen 500 bis 1.000 Mitglieder und sind durchweg gesunde Gemeinden. Aber alle sind verschieden. Die Central Assembly ist eine traditionelle Gemeinde mit einem wohlgeordneten Gottesdienst und jenem Prestige, auf das viele kirchliche Funktionäre und Professoren der Bewegung ansprechen. Die Calvary Assembly entstand vorwiegend durch den Dienst evangelistischer Prediger und legt den Schwerpunkt auf evangelistische Sonntagabendgottesdienste. Die Gemeinde weist einen recht hohen Altersdurchschnitt auf. Die Parkcrest Assembly wiederum ist noch ziemlich jung und liegt in einem Neubaugebiet. Die Gemeinde ist sehr familienorientiert und hat einen beträchtlichen Anteil an wohlhabenden Mitgliedern. Evangel Temple, in den sechziger Jahren von einem Professor gegründet, ist geprägt von einem sehr zeitgenössischen Gottesdienststil und ansprechender Musik, und zieht dadurch besonders Studenten und junge Erwachsene an. Alle sind wunderbare Gemeinden, und doch unterscheiden sie sich beträchtlich voneinander.

Leiter wachsender Gemeinden haben nicht nur gelernt, mit der Verschiedenartigkeit der Menschen und der Gemeindeformen zu leben, sondern sich auch darüber zu freuen. Die kulturelle und soziale Verschiedenartigkeit von am Christentum interessierten Nichtgläubigen ist so groß, daß für sie eine desto größere Möglichkeit besteht, Christus zu finden, je mehr es verschiedenartige Gemeinden gibt, die sie ansprechen.

Keine Gemeinde kann alles tun. Keine Gemeinde kann es allen recht machen. Keine Gemeinde kann allen Menschen optimal dienen. Darum müssen Entscheidungen getroffen werden, auf welche Art von Dienst man sich besonders konzentrieren will. Es ist ein Armutszeugnis und offenbart eine sehr mangelhafte Kenntnis von Evangelisation, wenn gesagt wird: »Wir wollen ein bißchen von allem anbieten - für jeden etwas.« Rundfunkstationen haben schon lange herausgefunden, daß es besser ist, sich auf ein bestimmtes Hörerpublikum zu spezialisieren. Rocksender vermischen darum ihre Sendungen nicht mit ein bißchen klassische Musik und umgekehrt auch nicht. Täten sie es, würde ihre Zuhörerschaft fast auf Null zurückgehen. Es ist besser, sich im Dienst Prioritäten zu setzen und ein paar Dinge wirklich gut zu tun, als viele Dinge mit entsprechender Mittelmäßigkeit zu versuchen.

Ich möchte als Beispiel vier Gemeinden aus der Gegend von Los Angeles nennen, für die ich große Bewunderung hege. Diesen vier Gemeinden, die eine wöchentliche Besucherzahl von 1.000 bis 8.000 Personen aufweisen, gelingt es offensichtlich, effektiv auf die Bedürfnisse einer großen Anzahl von Menschen einzugehen. Ihre Leitbilder unterscheiden sich jedoch dramatisch.

### Die »Klassenzimmer-Gemeinde«[2]

Hier konzentriert sich alles auf das Lehren des Wortes Gottes. Das Zentrum des Gottesdienstes ist die dreiviertel- bis einstündige versweise Auslegungspredigt. Gesang, Anbetung, Mitteilungen, Kollekte oder Liturgie nehmen sehr wenig Zeit in Anspruch. Aber deswegen sind die Besucher auch nicht in erster Linie gekommen, sondern weil sie mehr von der Bibel wissen möchten. Sie bringen gleich mehrere Bibelübersetzungen mit und dazu ein dickes Notizheft. Im Gottesdienst werden Blätter mit den Hauptpunkten der Predigt verteilt, und das Klicken der Ringbücher für die Notizen gehört zur normalen Geräuschkulisse. Die Dienstprioritäten der Klassenzimmer-Gemeinde sind großenteils von der *Bedürfnissen der Christen* bestimmt. Eines der besten Beispiele einer solchen Klassenzimmer-Gemeinde ist die Grace Community Church of the Valley in Panorama City, Kalifornien. An einem gewöhnlichen Sonntagmorgen strömen gegen 8.000 Menschen aus dem San Fernando Valley in die Gottesdienste, um ihren Pastor John MacArthur das Wort Gottes auslegen zu hören.

## Die »Gemeinde für Andere«

Hier ist es umgekehrt - ihre Dienstprioritäten richten sich nicht nach den Bedürfnissen der Christen, sondern der *Nichtchristen* aus. Ihr Dienst zielt vor allem auf die Kirchenfremden ab. Als Beispiel erwähne ich die Crystal Cathedral von Gardon Grove, Kalifornien, deren Pastor Robert Schuller ist. Schuller sagt, daß er nicht gerne predigt, sondern lieber Zeugnis gibt. Seine Predigten sind kurz, thematisch geprägt, mit zahlreichen Illustrationen aufgelockert. Nur selten zitiert er die Bibel, weil er vor etlichen Jahren eine Umfrage durchgeführt und festgestellt hatte, daß Nichtchristen in Orange County ja noch gar nicht an die Bibel glauben. Deshalb geht er in seinen Predigten vor allem auf ihre Bedürfnisse ein, sei es im Bereich ihrer Familien, ihres Arbeitsplatzes, ihrer finanziellen Situation, ihrer Selbstachtung oder ihres Gefühlslebens, und erklärt, wie Jesus hier helfen kann. Auch die Architektur ist hierbei wichtig. Die Kirche besteht aus 10.000 Glas-Elementen mit glitzernden Teichen und Springbrunnen, und zwar nicht nur draußen, sondern bis hinein in den Mittelgang der Kirche. Ebenso wichtig ist die Musik: die Gemeinde besitzt eine der größten und spektakulärsten Pfeifenorgeln der Welt. Eine große Rolle spielen besondere Anlässe, wie zum Beispiel der jährliche Weihnachtsumzug mit lebenden Tieren. Letztes Jahr bezahlten 80.000 Menschen je zehn Dollar Eintritt, um sich ihn anzuschauen. Auch in der Crystal Cathedral kommen gegen 8.000 Personen zum Gottesdienst zusammen.

## Die Junge Gemeinde

Ihr Zielpublikum ist die Generation aus der Zeit des Babybooms, die jetzt zwischen 23 und 35 Jahre alt ist. Ein Beispiel dafür ist die Vineyard Christian Fellowship in Anaheim, Kalifornien, deren Pastor John Wimber ist. Die freie Anbetung mit dreiviertelstündigem Chorussingen zu Beginn des Gottesdienstes ist hier gar nicht wegzudenken. Eine Pfeifenorgel werden Sie hier nicht finden können, dafür aber Gitarren, Schlagzeug und ein Keyboard, das Wimber selber spielt. Die Anbetung schafft eine Atmosphäre, in der das Wirken des Heiligen Geistes u. a. in den Weissagungen, Sprachenreden, Worten der Erkenntnis, Heilungen, Zeichen, Wundern, Befreiungen und Tanzen im Geist Raum hat. Auf formelle Kleidung wird bewußt wenig Wert gelegt. Die Männer tragen keine Krawatten, die Frauen tragen keine Röcke - die Leute sind so gekleidet, als gingen sie in ein Rock-Konzert, obwohl dort keine Rockmusik gespielt wird. Wichtig ist auch, wo der Gottesdienst stattfindet. Ursprünglich wurden die Zusammenkünfte in der Turnhalle einer Hochschule abgehalten, die für die ältere Generation zu heiß, zu stickig und zu muffig war. Heute findet der Gottesdienst in einer ehemaligen Fabrikhalle statt. Hauskreise, man nennt sie »kinship«- (= Verwandtschafts-) Gruppen, spielen eine große Rolle. Hier dienen die Gemeindeglieder einander mit den Gaben, die Gott ihnen geschenkt hat. In den ersten sechs Jahren ist die Vineyard Christian Fellowship von 17 Personen auf 5.000 angewachsen, heute zählen sich bereits mehr als 100.000 Christen zu der Bewegung.

### Die Erlebnis-Gemeinde

Das vierte Leitbild ist die »Erlebnis-Gemeinde«. Sie will Christen jede Woche eine starke, persönliche und emotionale Erfahrung mit Gott vermitteln. Als Beispiel erwähne ich die Paradise Baptist Church, eine der bekannteren schwarzen Gemeinden von Los Angeles. Als ich sie vor einiger Zeit besuchte, wurde sie von Pastor Aaron Iverson geleitet, der unterdessen gestorben ist. Die Musik spielt hier ebenfalls eine große Rolle, sie unterscheidet sich aber ziemlich stark von den Orgelklängen der Crystal Cathedral oder den schlicht arrangierten, »soften« Chorussen bei Vineyard. Sie zeichnet sich aus durch einen starken rhythmischen Beat: die Leute klatschen mit, wiegen sich im Rhythmus und halten ihre Gefühle kaum zurück. Die Predigt ist zentral, ohne daß sie jedoch speziell auf den Verstand der Christen abzielt und vor allem christliche Weiterbildung beabsichtigt. Niemand bringt ein Notizbuch mit. Die Leute lassen sich in ihren Gefühlen von der Predigt ansprechen. Sie erleben die Predigt regelrecht mit! Die Predigt wird so zur persönlichen Erfahrung. Es herrscht ein lebhafter Austausch zwischen Kanzel und Kirchenbank, etwa in Form von Zwischenrufen. Der Geräuschpegel ist extrem hoch. Männliche und weibliche Saaldiener, alle in Uniform und mit weißen Handschuhen, sind hilfsbereit zur Stelle, wenn jemand, von seinen Emotionen überwältigt, in Ohnmacht fällt. Gelegentlich werden sie aufgefordert, Menschen buchstäblich hinauszutragen, die in der Gegenwart des Heiligen Geistes schreien und sich heftig bewegen, weil tiefe Verletzungen in ihnen angerührt werden und aufbrechen. Die Gemeinde hat einen eigenen Friedhof, was in der Tradition der schwarzen Bevölkerung die beruhigende Gewißheit vermittelt, im vertrauten Kreis begraben zu werden. Auf diesen Umstand wird in dem farbenprächtig aufgemachten Prospekt der Gemeinde besonders hingewiesen. Als ich die Gemeinde besuchte, waren gegen 1.000 Personen im Gottesdienst.

Ich sprach in allen vier Gemeinden mit verschiedenen Gemeindegliedern und habe festgestellt, daß überall die Auffassung anzutreffen ist, daß ihre Gemeinde die beste ist. Sie alle halten ihr Leitbild, ihre Dienstphilosophie, für die allerbeste und die biblischste. Von meinem Standpunkt aus betrachte ich jedoch alle vier Dienstphilosophien als gut, echt und Gott wohlgefällig. Aber zweifellos sind sie alle verschieden, und jede von ihnen erreicht unterschiedliche Arten von Menschen und kann ihnen so dienen.

Ihre Gemeinde wird sich wahrscheinlich von den vier Gemeinden, die ich erwähnt habe, unterscheiden. Auch meine Gemeinde tut das. Doch worin liegt der Unterschied? Was zeichnet Ihre Gemeinde besonders aus, das die anderen Gemeinden in Ihrer Gegend nicht haben? Wenn Sie das Leitbild für Ihre Gemeinde formulieren möchten, so gilt es, viele Dinge dabei zu berücksichtigen. Ich möchte ein paar davon aufzählen, wobei ich mir bewußt bin, daß die Liste nicht vollständig ist. Dazu gehört zunächst die *Gottesdienstform*, einschließlich der Gottesdienstordnung, der Liturgie, des Geräuschpegels, die erwarteten (oder möglichen) Publikumsreaktionen, Ihr Verhältnis zur Pünktlichkeit, ein freier oder fester Ablauf sowie der Freiraum für Spontaneität und der Form, wie sich zwischenmenschliche Beziehungen etwa beim Begrüßen von Besuchern ausdrücken. Berücksichtigen Sie weiter den *Bereich der Musik*: wie ist der vorherrschenden Musikgeschmack der Gemeinde, wieviel wird gesungen, wie wichtig ist der Chor, und welche Instrumente werden benutzt? Wie ist der *Predigtstil*? Liegt der Schwerpunkt eher auf Auslegung oder Themenpredigt? Soll in erster Linie Erkenntnis oder Erfahrung vermittelt werden, ist sie nüchtern oder emotional, lange oder kurz, ist es akzeptabel, einen evangelistischen Aufruf zu machen oder nicht? Berücksichtigen Sie insbesondere die *Bedürfnisse der Zuhörerschaft*, die oft mit der sozialen und kulturellen Situation, dem Bildungsniveau und den Berufen der Mitglieder in Zusammenhang stehen. Welche Art von *Führungsstil* paßt zu Ihrer Gemeinde?

Bei der Entwicklung eines Leitbildes sollten Sie die *charismatische oder nicht-charismatische Ausrichtung* der Gemeinde berücksichtigen, besonders was den öffentlichen oder privaten Gebrauch von Geistesgaben angeht. Werden die charismatischen Gaben gefördert, geduldet oder verboten? Wie ist die *Struktur* der Gemeinde, wie steht es mit Hauskreisen, Sonntagsschulklassen für Erwachsene oder besondere Interessengruppen? Welche Rolle spielt die *Bibelstunde* oder ähnliche Kreise für Erwachsene oder Kinder? Liegt der Schwerpunkt der Kreise auf Erkenntnisvermittlung oder auf Gemeinschaft? Haben Sie eine *evangelistische Strategie*? Wie werden Gäste eingeladen? Machen Sie Hausbesuche und nehmen Sie an evangelistischen Projekten teil, entweder zusammen mit der eigenen Denomination oder mit anderen Gemeinden? Wie stehen Sie zu *ethischen Fragen* wie Politik, Diakonie, Ehescheidung, Abtreibung, Homosexualität, Rauchen, Trinken, Übergewicht usw.? Und schließlich berücksichtigen Sie die *Größe* Ihrer Gemeinde. Es sollte Teil Ihres Leitbildes sein, bewußt den Willen Gottes zu suchen, um zu erfahren, welches die optimale Gemeindegröße ist, um Ihre angestrebten Ziele erreichen zu können. Für Ihre Zukunftsplanung wird das sehr wesentlich sein.

Sobald Sie diese und andere Fragen durchdacht haben, die Ihnen wichtig sind, sind Sie soweit, daß Sie das Leitbild für Ihre Gemeinde zu Papier bringen können. Und während Sie das tun, denken Sie bitte daran, daß für ein dynamisches Leitbild fünf Regeln gelten:

*Es ist konkret.* Die Dinge müssen schriftlich fixiert sein, sie dürfen nicht einfach ohne weiteres vorausgesetzt werden. Schreiben ordnet das Denken, und während Sie das Leitbild mehrfach überarbeiten, wird Gott Ihnen neue Dinge zeigen und Sie inspirieren.

*Es gilt für alle.* Das Leitbild ist dasselbe für den Pastor wie für die Gemeindeglieder. Viele Gemeinden geraten in Schwierigkeiten und können nicht wachsen, weil der Pastor seinen Gemeindegliedern nicht klar gesagt hat, worauf er eigentlich hinauswill. Zweigleisigkeit verunsichert nur und hilft niemandem. Sie dürfen bei Ihrem Leitbild nicht zweierlei Maß für den Pastor und die Mitglieder anlegen. Es ist für alle gleichermaßen verbindlich.

*Sie sollten völlig von Ihrem Leitbild überzeugt sein.* Wenn Sie Ihr Leitbild nicht für das beste und biblischste halten, sollten Sie noch weiter daran arbeiten. Sie sollen andere Gemeinden natürlich respektieren, aber ich hoffe, daß Sie im Innersten tief davon überzeugt sind, daß Ihre Gemeinde einfach die beste ist.

*Es ist dauerhaft.* Gemeinden, die ihr Leitbild häufig wechseln, verlieren an Wachstumspotential. Wenn Sie ein Leitbild gefunden haben, dann berufen Sie einen Pastor, der von vornherein damit einverstanden ist.

*Es ist veränderbar.* Dieses Merkmal wirkt ausgleichend zum obigen. Man sollte nichts als unabänderlich betrachten. Wenn sich Schwächen zeigen, sollte man sie ausbügeln können. Mein Ratschlag ist, daß Sie bereit sein sollten, Ihr Leitbild notfalls zu ändern, aber tun Sie es nicht allzu schnell.

## Wie gesund ist Ihre Gemeinde?

Um eine Gemeinde zum Wachstum zu führen habe ich auf *die Berufung des richtigen Pastors* sowie *die schriftliche Fixierung eines Leitbildes* hingewiesen. Als dritten Vorschlag empfehle ich Ihnen, *eine Diagnose Ihrer Gemeinde zu wagen.*

Die Gemeinde wird in der Bibel oft als Leib Christi bezeichnet. Ein Leib kann, wie wir alle wissen, krank oder gesund sein. Ist er gesund, weist er die meisten der sieben Kennzeichen auf, die ich bereits beschrieben habe. In den meisten Fällen wird eine gesunde Gemeinde auch wachsen. Ist die Gemeinde nicht gesund und wächst nicht, leidet sie möglicherweise an einer Krankheit, die ihr Wachstum behindert. In einem anderen Buch mit dem Titel *Your Church Can be Healthy* habe ich versucht, acht der häufigsten wachstumshindernden Krankheiten zu beschreiben. Ich möchte sie im folgenden etwas abgekürzt aufzählen:

Das *Insel-Syndrom* ist eine der zwei tödlichen Krankheiten auf meiner Liste. Diese Krankheit wird durch starken gesellschaftlichen Wandel und die Mobilität der Bevölkerung verursacht. Diese Krankheit ist die häufigste »Todesursache« amerikanischer Gemeinden. Sie befällt besonders Gemeinden, deren Mitglieder aus der unmittelbaren Umgebung der Gemeinde stammen. Solche Gemeinden sind im Laufe der Jahre dadurch gewachsen, daß sie auf die Bedürfnisse der Menschen um sie herum eingegangen sind. Doch wegen äußerer Umstände, auf die die Gemeinde keinen Einfluß hat, hat sich die Nachbarschaft stark verändert: die einen sind weggezogen und andere sind zugezogen. Die Gemeinde paßt nicht mehr zum inzwischen veränderten Umfeld, sie wirkt wie ein merkwürdiges Relikt, ist isoliert und stellt im Vergleich zur jetzigen Bevölkerung eine entfremdete Insel dar. Die Menschen, die sich dort treffen, leben in einer völlig anderen Welt als die Menschen, die sie gerne erreichen wollen. Im fortgeschrittenen Stadium des Insel-Syndroms kommt eine große Anzahl der Gemeindeglieder von auswärts; die Gemeinde hat keine Brücke zu den neu zugezogenen Leuten in der unmittelbaren Umgebung gebaut und wurde zur fast künstlich aufrechterhaltenen Predigtstelle ohne echten Bezug zum Ort, an dem sich die Christen zum Gottesdienst versammeln. Eine solche Gemeinde wird wohl sterben.

Ähnlich wie das Insel-Syndrom führt auch *Überalterung* zum Sterben einer Gemeinde. Auch diese Krankheit entsteht durch umgebungsbedingte Faktoren. Diese Krankheit wird nicht durch den ständigen Wechsel in der Nachbarschaft ausgelöst, sondern sie tritt dort stark auf, wo sich die Bevölkerung selbst auflöst. Überalterung ist meistens eine ländliche Krankheit, während das Insel-Syndrom in erster Linie in Städten auftritt. Manche Dörfer werden kleiner und kleiner, die Geschäfte müssen zumachen und die einstigen Bauernhöfe werden von großen Genossenschaften übernommen. In einem solchen Umfeld besitzen christliche Gemeinden nur geringes oder überhaupt kein Wachstumspotential, und wenn dieser soziale Auflösungsprozeß andauert, werden sie sterben. Bitte beachten Sie, daß der Gemeindevorstand oder der Pastor gegenüber den äußeren Umständen, die zum Insel-Syndrom oder zur Überalterung führen, gar nichts tun kann. Deshalb besteht für solche Gemeinden auch kein Grund, sich wegen ihres Krankheitszustandes Vorwürfe zu machen. Sie braucht einfach besondere Pflege.

Das *Scheuklappen-Syndrom* tritt dort auf, wo Gemeinden nicht die wesentlichen kulturellen Unterschiede und Eigenheiten erkennen, durch die sich große Bevölkerungsgruppen voneinander unterscheiden. Die kulturellen Unterschiede können zu einem echten Hindernis für die Ausbreitung des Evangeliums werden. Die vollmundige Bemerkung »unsere Gemeinde ist offen für alle« klingt zwar beeindruckend, aber zeugt von wenig Verständnis für Gemeindewachstum. Gott hat Ihrer Gemeinde die besondere Fähigkeit gegeben, nur eine bestimmte Art von Menschen und Bevölkerungsgruppen zu erreichen, und dafür sollten Sie Ihr Bestes tun. Aus diesem Grunde erwähnte ich im Zusammenhang mit der schriftlichen Festlegung des Leitbildes die Notwendigkeit, sich über das soziale und kulturelle Profil Ihrer Gemeinde im klaren zu sein. Während eine biblische Ethik eine Gemeinde davor bewahren kann, rassistisch oder exklusiv zu werden, verbietet sie nicht, schwerpunktmäßig nur bestimmte Gesellschaftsschichten mit dem Evangelium anzusprechen. Jede Gemeinde hat sozusagen einen bestimmten und begrenzten Marktanteil in der Gesellschaft. In diesem Fall sollten Anstrengungen unternommen werden, daß andere Gemeinden ins Leben gerufen werden, die auch die übrigen Gesellschaftsschichten ansprechen und erreichen können. Auf diese Weise erreicht der ganze Leib die ganze Bevölkerung.

*Kooperationitis* tritt dort auf, wo eine Gemeinde meint, ihr Wachstumsproblem einfach dadurch lösen zu können, daß sie sich mit anderen Gemeinden zu einem gemeinsamen, evangelistischen Programm zusammenschließt. Man meint einfach: Dabeisein ist alles! Die bloße Teilnahme an einer evangelistischen Aktion ist jedoch kein Allheilmittel für Stagnation. Viele Untersuchungen haben nämlich gezeigt, daß die traditionellen, gemeinsamen evangelistischen Programme kaum zum Wachstum der beteiligten Gemeinden geführt haben. Es gibt keinen Ersatz für ein gutes evangelistisches eigenes Gemeindeprogramm unter Berücksichtigung der Grundsätze des Gemeindewachstums. Kooperationitis ist jedoch eine heilbare Krankheit. Es gibt inzwischen glücklicherweise einige neue Modelle für evangelistische Kooperation, die eine verheißungsvollere Zukunft erhoffen lassen.

*Koinonitis* - Gemeinschaftsfieber - wurde bereits erwähnt. Wenn Christen *koinonia* oder Gemeinschaft in einem solchen Maße entwickeln, daß all ihre Aufmerksamkeit und all ihre Energien im Kontakt mit anderen Christen aufgebraucht werden, dann ist evangelistische Kurzsichtigkeit fast unvermeidlich. Draußen vor der Türschwelle der Gemeinde sind die Verlorenen, aber man beachtet sie kaum mehr. Wenn dann einmal dennoch neue Leute in die Gemeinde kommen, erweisen sich die Kreise der Gemeinde als so verschlossen, daß neue Leute kaum Zugang zu ihnen finden können. Fremde werden von Gemeinden, die von Koinonitis befallen sind, als Bedrohung empfunden.

*Wachstumsschmerzen* kommen - wie das Wort andeutet - nur bei wachsenden Gemeinden vor, und zwar dann, wenn es die räumlichen Verhältnisse der Gemeinde nicht mehr erlauben, die Besucher alle aufzunehmen. Die räumliche Enge beginnt die Gemeinde zu erdrücken. Die Sitzkapazität einer Kirche ist damit eine der Grenzen, an denen sich eine wachsende Gemeinde wundreiben kann. Wenn in einem normalen Gottesdienst über 80 Prozent der Plätze besetzt sind, kann die Gemeinde bereits mögliche Mitglieder verlieren. Ihre »Bindekraft« läßt nach.

*Geistliche Unterernährung* tritt in Gemeinden auf, in denen das Wort Gottes unzureichend verkündigt wird. Wenn in der Bibel steht: »Gott gibt das Gedeihen«, so bedeutet das, daß echtes Gemeindewachstum letzten Endes Gottes Werk ist. Doch in der Regel tut er sein Werk durch gewöhnliche menschliche Werkzeuge. Gott möchte Christen so gebrauchen, daß Gemeinden wachsen. Leider sind in manchen Gemeinden die Gläubigen keine geeigneten Werkzeuge, die Gott brauchen könnte. Das geistliche Niveau solcher Gemeinden ist sehr tief. Sie zeichnen sich nicht gerade durch geistliche Qualität aus. In manchen Fällen sind viele der Mitglieder nicht einmal wiedergeboren. Kein Wunder, daß es nicht zu einem normalen Wachstum kommen kann.

Der *Nominalismus* wurde zuerst in der Offenbarung des Johannes in seinen Sendschreiben an Gemeinden in Kleinasien beschrieben. Diese Gemeinden waren ungefähr vierzig Jahre alt, und bei den meisten von ihnen herrschte das Namenschristentum vor. Gemeinden der zweiten Generation, in denen nicht regelmäßig neue Glieder hinzukommen, verkrusten sehr leicht, und ihr Wachstum verlangsamt sich oder hört ganz auf. Die Mitglieder werden lau und erleben kaum noch, wie Gott sie mit Wachstum beschenkt.

Wenn Sie annehmen, daß Ihre Gemeinde eine oder mehrere dieser Erkrankungen aufweist, was können Sie dann dagegen tun? Sie könnten z. B. einen Experten herbeirufen, wie Sie es ja auch tun, wenn Sie körperlich krank sind. Gemeindeberater findet man nicht so leicht wie gewöhnliche Ärzte, aber ihre Zahl nimmt rasch zu. Mein Kollege Carl F. George, der das Charles E. Fuller Institute of Evangelism and Church Growth leitet, hat das erste professionelle Ausbildungsprogramm für Gemeindewachstumsberater ins Leben gerufen. Er beaufsichtigt jetzt ein immer größer werdendes landesweites Netz von fähigen Beratern. Diese Leute sind darin geschult, Krankheiten von Gemeinden zu diagnostizieren und geeignete Therapien vorzuschlagen, wenn die Krankheit heilbar ist. Noch sind solche Beratungen nicht ganz billig, aber immer mehr Gemeinden betrachten die Beraterhonorare als normalen Bestandteil des Preises, den es für das Gemeindewachstum eben zu zahlen gilt. Wenn Sie weitere Informationen wünschen, dann schreiben Sie an Carl F. George, Charles E. Fuller Institute of Evangelism and Church Growth, Dept. 352.230, P. O. Box 91990, Pasadena, California 91109-1990, USA, oder an das Ökumenische Gemeindeinstitut, Tatenberger Damm 71, D-2050 Hamburg 80, oder, in der Schweiz, an: Koinonia-Institut, Eichstr. 4, 8107 Buchs.

Im Bewußtsein, daß sich nicht jede Gemeinde einen Berater leisten kann, wurden eine Anzahl von Hilfsmittel zur Eigen-Diagnose entwickelt, die teilweise auf mein Buch *Your Church Can be Healthy*, das ich ebenfalls empfehle, abgestimmt sind. Mit diesen Hilfsmitteln können Sie nicht nur Ihre Gemeinde einem Test unterziehen, sondern auch ihr derzeitiges Wachstumspotential analysieren.

## Die erstaunliche Bedeutung klarer Ziele

Wenn Sie einen wachstumsorientierten Pastor in leitender Funktion haben, Ihr Leitbild kennen und von ihm überzeugt sind, und sich zudem ein nüchternes Bild vom Gesundheitszustand Ihrer Gemeinde gemacht haben, dann dürften Sie getrost in die Zukunft blicken. Was glauben Sie, wie möchte Gott wohl nach Ablauf der nächsten fünf Jahre Ihre Gemeinde sehen? Was hat er mit ihr vor?

Eine solche Frage mag harmlos erscheinen, ist es aber nicht. Leiter großer, wachsender Gemeinden sind sich auffallend darin einig, daß es nie ohne den Glauben geht, der sich konkrete Ziele setzt. Arthur Adams sagt: »Glaube ist die wichtigste Qualifikation eines Leiters. Ein Engagement für etwas, das so groß ist, daß es das Leben des Leiters völlig in Anspruch nimmt, ist ansteckend.«[3]

Einer der dynamischsten jungen Pastoren, die ich kenne, ist Rick Warren, Pastor der Saddleback Valley Community Church in Laguna Hills, Kalifornien. Ich erwähnte ihn bereits. Er gründete seine Gemeinde am Ostersonntag 1980, und das Ziel, das er sich bis zum Jahre 2020 gesetzt hat, sind 20.000 Mitglieder. Dabei handelt es sich um ein langfristiges Ziel. Alle drei Monate bewertet er den Fortschritt und setzt dementsprechend kurzfristige Ziele. Die Gemeinde hat bis heute jedes dieser Ziele erreicht. Rick Warren ist einer jener Menschen, die die Fähigkeit besitzen, zu analysieren und in Worte zu fassen, was er tut. Er sagt:»Der Glaube der Gemeinde ist nie größer als die Vision ihres Pastors.« Für Warren besteht seine Hauptverantwortung darin, von der Zukunft der Gemeinde zu träumen.»Ich kann Leute mit geistlichen Gaben anstellen, die ich nicht habe«, sagt er,»aber Gott zu vertrauen, das kann ich nicht delegieren.« Er wagt es, Gott Großes zuzutrauen.

Die größte Gemeinde der Welt, die von Pastor Yonggi Cho geleitet wird, zählte Ende 1983 über 300.000 Mitglieder. Cho's Ziel bis Ende 1984, dem hundertjährigen Jubiläum des Christentums in Korea, waren 500.000 Mitglieder. Cho sagt:»Die Hauptbedingung für ein echtes - und unbegrenztes - Gemeindewachstum ist klare Zielsetzung.«[4] Er ist natürlich nicht immer Pastor einer großen Gemeinde gewesen. Er hatte in einem Zelt angefangen. Aber Cho sagt, schon früh während seines Dienstes»hat Gott mir gezeigt, wie wichtig es ist, sich Ziele zu stecken und zu glauben, daß er für das Wachstum sorgen wird, von dem ich geträumt habe.« Das erste Jahr hatte er für 150 Mitglieder gebetet und sie auch bekommen. Er setzte sich dann für das zweite und dritte Jahr je eine Verdoppelung als Ziel und erlebte, wie die Gemeinde auf 600 anwuchs. Dann wurde sein Glaube groß genug, Gott um 3.000 in den nächsten drei Jahren zu bitten, und er erreichte auch dieses Ziel.[5] Inzwischen (1991) ist die Mitgliederzahl auf über 720.000 gestiegen.

Ziele setzen ist ein nie endender Prozeß. Glaube wirkt neuen Glauben. Robert Schuller sagt:»Setzen Sie sich unbedingt Ziele, die *über* Ihre Ziele *hinausgehen*. Wenn Ihnen Hindernisse im Wege stehen, die Sie davon abhalten wollen, größere

Ziele zu erreichen, dann sollten Sie sich bewußt machen, daß diese Hindernisse um jeden Preis beseitigt werden müssen - oder Sie müssen sich mit der Tatsache abfinden, daß der Tod bereits im Topf ist.«[6] Es ist ein trauriger Tag für eine Gemeinde, wenn die letzte Hypothek endlich bezahlt ist und man noch immer keine neuen Erweiterungspläne gemacht hat.

Die erstaunliche Dynamik, die durch eine klare Zielsetzung frei wird, ist eine Sache. Nun muß es aber auch praktisch werden, sich solche Glaubensziele auch wirklich zu setzen. Achten Sie darauf, daß die Ziele, die Sie sich stecken, gute Ziele sind. Prüfen Sie sie anhand folgender fünf Kriterien:

*1. Ihre Ziele müssen relevant sein.* Es müssen die sachlich richtigen Ziele sein. Bestehen Sie darauf, daß zum Beispiel Ihr Evangelisationsprogramm nicht nur Entscheidungen für Christus, sondern auch verbindliche Jüngerschaft zum Ziel hat. Gewöhnlich trifft man auch, was man anvisiert. Um relevant zu sein, müssen Ziele realistisch sein. Die Grundlage für relevante Ziele erhält man durch eine gründliche Diagnose des Gesundheitszustandes der Gemeinde.

*2. Ihre Ziele müssen meßbar sein.* Es hat wenig Wert, sich vage Ziele zu setzen, die so unkonkret sind, daß niemand feststellen kann, ob sie jemals erreicht wurden. Ziele sollten deshalb auch auf ein bestimmtes Datum hin gesetzt werden. Jedes lohnende Ziel muß an einen klar festgelegten Termin gebunden sein. Und schließlich gehört ein gewisses Maß an Verantwortlichkeit zu diesem Prozeß. Dies ist oft ein Problem, weil ein Risiko damit verbunden ist. Sorgen Sie dafür, daß Sie nicht nur sich selbst gegenüber Rechenschaft ablegen müssen für die Erreichung des Zieles, wenn die Frist vorbei ist, sondern daß es außer Ihnen noch jemand gibt, dem Sie verantwortlich sind. Eine Möglichkeit besteht z. B. darin, sein Ziel öffentlich bekanntzugeben, wie es Rick Warren und Paul Yonggi Cho getan haben. Damit ist die Frage der Verantwortung mit Sicherheit gelöst.

*3. Ein gutes Ziel ist auch ein großes Ziel.* Geben Sie sich nicht für allzu bescheidene Ziele her. Lernen Sie, Gott große Dinge zuzutrauen. Zu einem kritischen Zeitpunkt während der Aufbauphase der Church on the Way bekam Pastor Jack Hayford ein besonders Wort von Gott. Als er seinerzeit dem Ruf in die Gemeinde gefolgt war, glaubte er, eine unbedeutende, kleine Pastorenstelle angetreten zu haben. Da redete Gott mit ihm, während er mit dem Auto auf der Autobahn unterwegs war, und sagte: »Du sollst nicht zu gering denken, sonst wirst du mir im Wege stehen; ich habe mir vorgesetzt, ein großes Werk zu tun.«[7] Nach dieser Erfahrung wagte Hayford nicht mehr, kleinkariert zu denken. Er setzte sich große Ziele und leitet heute eine der größten Gemeinden Amerikas. Wenn das Ziel groß genug ist, die Situation nachhaltig zu verbessern, dann wird nicht nur der Pastor in seinem Glauben neu inspiriert und gestärkt, sondern mit ihm auch die ganze Gemeinde.

*4. Das Ziel muß erreichbar sein.* Ein Ziel ist nicht etwas, das sich offensichtlich unserer Reichweite entzieht. Wer Luftschlösser baut und sich utopische, ja lächerliche Ziele setzt, wirkt nur kontraproduktiv und schafft soviel Frustration, daß manche Leute mit Zielsetzungen nichts mehr zu tun haben wollen. Das andere Extrem wäre dann, daß man sich vor lauter Vorsicht in der Unbedeutsamkeit verliert. Es ist besser, etwas Großes zu versuchen und es nicht zu schaffen, als überhaupt nichts zu versuchen. Elmer Towns erzählt, daß Pastor Jerry Falwell von der Thomas Road Baptist Church in Lynchburg, Virginia, kühn genug war, sich als Ziel 12.000 Sonntagsschulteilnehmer zu setzen. Dieses Ziel wurde nicht erreicht, und Falwell sagte: »Das ist das erste Mal, daß ich mich dafür zu entschuldigen habe, daß nur 9.172 in der Sonntagsschule sind.«[8]

*5. Gute Ziele werden schnell von anderen aufgegriffen.* Achten Sie darauf, daß Personen, die für die Erreichung des Zieles wichtig sind, die Ziele zu ihren eigenen machen. Viele

Pastoren stecken sich Ziele, an die sie selbst zwar glauben, aber ihre Gemeinde glaubt nicht daran. Solche Ziele erleiden dann natürlich Schiffbruch. In welchem Maße sich die Mitglieder die Ziele der Gemeinde zu eigen machen, läßt sich daran beurteilen, wieviel Zeit, Geld oder Energie sie aufwenden, um die Ziele zu erreichen. Das ist wichtig, und all die Begabungen und Leitungsfähigkeiten, die in anderen Abschnitten dieses Buches beschrieben worden sind, werden nötig sein, um ein gutes Ziel auch wirklich zu erreichen.

Die meisten Gemeindeleiter haben mit Zielsetzungen, die diesen Prinzipien entsprechen, nicht viel Probleme. Wer darüberhinaus zusätzliche Hilfe haben möchte, für den mögen einige Hilfsmittel von Interesse sein.»*Der Gemeinde-Test*«von Christian A. Schwarz wird Ihnen helfen, anhand von acht Basisprinzipien die Stärke und Schwäche der eigenen Gemeinde zu bestimmen (erhältlich beim C & P Verlag, Mainz). Ein zweites Hilfsmittel ist das Arbeitsheft, das Bob Waymire und ich zusammengestellt haben mit dem Titel *Handbuch für Gemeindeanalyse*. Dieses Handbuch wird Ihnen dabei helfen, den Zustand Ihrer Gemeinde zu diagnostizieren und Sie dann Schritt für Schritt zu einer wachstumsorientierten Entwicklung anleiten. (Erhältlich beim Wolfgang Simson Verlag, Lörrach.)

### Anmerkungen

**1.** Lyle E. Schaller, *»The Pastor and the People«* (Abingdon Press, Nashville, 1973), S. 27.

**2.** Die englischen Äquivalente der Bezeichnungen »Klassenzimmer-Gemeinde« und »Gemeinde für Andere« stammen aus *All Originality Makes a Dull Church* von Dan Baumann (Vision House, Ventura, CA, 1976), ein ausgezeichnetes Buch, das leider vergriffen und nicht mehr erhältlich ist.

**3.** Arthur Merrihew Adams, *»Effective Leadership for Today's Church«* (Westminster Press, Philadelphia, 1978), S. 1.

**4.** Paul Yonggi Cho, *»Successfull Home Cell Groups«* (Logos International, Plainfield, NJ, 1981), S. 162.

**5.** ebd, S. 2.

**6.** Robert H. Schuller, *»Your Church Has Real Possibilities«* (Regal Books, Ventura, CA, 1974), S. 83.

**7.** Jack W. Hayford, *»The Church on the Way«* (Chosen Books, Lincoln, 1982), S. 24.

**8.** Elmer L. Towns, *»America's Fastest Growing Churches«* (Impact Books, Nashville, 1972), S. 205.

# 7.
# KONTINUIERLICHES WACHSTUM IST MÖGLICH

Dieses letzte Kapitel richtet sich vor allem an Pastoren, aber auch Laien werden von seiner Lektüre Nutzen haben. Vorausgesetzt, daß Sie bereit sind, den Preis für Wachstum zu bezahlen und daß Sie die im letzten Kapitel beschriebenen Schritte umgesetzt haben und daß ein gewisses Wachstum eingesetzt hat, habe ich sieben Bereiche ausgewählt, die Pastoren unbedingt im Auge behalten müssen, damit das Wachstum anhält und nicht an Dynamik verliert. Es liessen sich leicht mehr als sieben Bereiche aufzählen, und es gäbe noch viel mehr zu diesem Thema zu sagen. Doch ich habe längst gelernt, daß man unmöglich alles in einem einzigen Buch sagen kann, und deshalb habe ich versucht, mich stark zu beschränken und jene Bereiche hier anzusprechen, die ich für die wichtigsten halte. Zunächst jedoch möchte ich noch einige prinzipielle Dinge zu der Person sagen, ohne die jeder Fortschritt in den sieben Bereichen, die ich nennen werde, wenig Sinn machen wird.

## Der Pastor - die Schlüsselperson für das Wachstum

Ich war ziemlich überrascht, als ich die Ergebnisse einer Untersuchung sah, die das Verhältnis von amerikanischen Pastoren zu Programmen und Konzepten aller Art untersuchten. Je mehr ich darüber nachdenke, desto realistischer erscheint mir inzwischen das Ergebnis. Die Untersuchung kam zum Schluß, daß nur 5 Prozent der amerikanischen Pastoren christliche Programme und Projekte *selbst entwickeln*. Sie sind kreativ und erfinden eigene Programme. Weitere 15 Prozent *übernehmen* solche Programme und eignen sie sich an. Sie sind innovativ und besitzen die Fähigkeit, Prinzipien und Programme, die nicht von ihnen selber stammen, in ihrer eigenen Situation flexibel und angepaßt anzuwenden. 80 Prozent der Pastoren hingegen sind *Mitmacher*. Sie sind nicht sonderlich daran interessiert, eigene Programme zu entwickeln oder an bestehenden Programmen Änderungen vorzunehmen. Sie haben nur die Zeit und die Fähigkeit, ein übernommenes Programm mit wenig oder gar keinen Änderungen aufzugreifen, und tun dies häufig sogar sehr geschickt. In meinen Gemeindewachstums-Kursen und Büchern versuche ich, Pastoren dabei behilflich zu sein, von den 80 Prozent der »Mitmacher« wegzu-kommen und zu den 15 Prozent »Übernehmern« zu stoßen. Die Gruppe der »Erfinder« ist nochmals eine Welt für sich.

Pastoren, die versuchen, die Grundsätze des Gemeindewachstums in ihren Gemeinden zur Anwendung zu bringen, sind im gewissen Sinne Reformatoren. Mit anderen Worten: Sie stehen einer Gruppe (der Gemeinde) gegenüber, die im Laufe der Jahre bestimmte Traditionen des Gemeindelebens entwickelt hat. Diese Traditionen sind mehr oder weniger Bestandteil ihres Selbstverständnisses geworden. Etliche dieser Traditionen sind ziemlich schwer zu verändern; sie müssen aber dennoch verändert werden, damit die Gemeinde wächst. Wie kann das geschehen?

Wenn man eine Gemeinde auf einen neuen Kurs bringen möchte, so besteht, wie schon gesagt, der erste Schritt darin, daß man sich zunächst das Recht verdient, die Gemeindeglieder auf diesem Weg anzuleiten. Dies geschieht, indem man nachweist, daß man der Diener der Gemeinde ist. Dazu benötigt man in der Regel drei bis sechs Jahre, obwohl es auch schneller gehen kann. In dieser Phase ist eine gute Portion Geduld, Liebe, Einfühlsamkeit und Ausdauer nötig. Ist man einmal als Leiter anerkannt, dann ist man auch in der Lage, Neuerungen einzuführen. Jede größere Veränderung bedingt jedoch wenigstens vier Schritte.

*1. Teilen Sie Ihre Vision mit anderen.* Die Vision, wohin Gott die Gemeinde führen möchte, wird für gewöhnlich über den Pastor in die Gemeinde hineinkommen. Wohl gibt es Ausnahmen, doch praktisch jede Studie über Gemeindeaufbau hat das bestätigt. Damit die Vision des Pastors aber auch Wirkung zeigt, muß sie an andere so weitervermittelt werden, daß ihr Interesse geweckt wird und sie motiviert werden, ihren Teil zur Verwirklichung der Vision beizutragen. Die Kommunikationskanäle sind von Gemeinde zu Gemeinde verschieden. Eine Kanzel jedoch findet sich fast überall. Was von der Kanzel herab öffentlich gesagt wird, besitzt eine gewisse Endgültigkeit. Aber die Kanzel allein ist noch keine Garantie dafür, daß die Gemeinde das tut, was von dort gesagt wurde. Deshalb müssen Sie unbedingt darauf achten, daß eine gute Vorarbeit geleistet worden ist, bevor Sie Ihre Ziele und Visionen von der Kanzel verkünden. Viele Pastoren haben ein ganzes Jahr gebraucht, um den Weg dafür zu bahnen, von der Kanzel ein größeres neues Projekt anzukündigen, wie zum Beispiel den Bau eines Gemeindehauses. Natürlich gibt es auch die Mitteilungsblätter und Gemeindebriefe. Papier ist aber kein Ersatz für einen Pastor, der von einer Vision so stark erfaßt ist, daß er jeden, der mit ihm in Berührung kommt, unweigerlich damit ansteckt. Visionen werden nicht durch Belehrung aufgegriffen, sondern durch »Bekehrung«: Menschen werden davon erfaßt und erleben eine regelrechte Wende in ihrem Leben, eine Hinkehr zu einem neuen Ziel.

*2. Verschaffen Sie sich einen guten Überblick.* Es ist sehr weise, einen größeren Kreis von Beratern zu haben. Wenn Gott Ihnen eine Vision gegeben hat, so ist sie gewöhnlich erst im Keim vorhanden und bedarf einer sehr ins Einzelne gehenden Verfeinerung, ehe sie Wirklichkeit wird. In dieser Phase benötigen Sie den Rat Ihrer Mitarbeiter. Sie sind nicht nur auf die Ideen ihrer Mitarbeiter angewiesen, sondern Sie müssen ihnen auch das Gefühl vermitteln können, daß es auch ihre Vision ist, für die sie sich gemeinsam einsetzen. Das bedeutet auch, daß Sie anderen Gelegenheit geben sollten, ihre eigenen Vorstellungen einzubringen, sie mögen viel wert sein oder auch nicht. Setzen Sie also viel Zeit dafür ein, Ihren Mitarbeitern und den Gemeindegliedern den Puls zu fühlen, um zu spüren, was sie denken. Sie sind dringend auf das Feedback ihrer Mitarbeiter angewiesen.

Ich erwähnte bereits meinen Freund Kent Tucker, Pastor der Grace Church in Aurora, Colorado. Er ist ein geschickter Reformer. Ich konnte eingehend beobachten, wie hervorragend er es verstand, die Meinung seiner Gemeinde herauszufinden, als es darum ging, ob man in ein neues Gebäude umziehen soll oder nicht. Während sieben Wochen verteilte er jeden Sonntagmorgen ein- bis vierseitige persönliche Stellungnahmen an die ganze Gemeinde. Jedesmal war ein Antwortabschnitt beigefügt, auf dem es hieß: »Wie stellen Sie sich dazu? Wir wünschen und brauchen Ihre Vorschläge.« Nach zwei Monaten hatte Tucker nicht nur einige sehr gute Ideen, die von den Gemeindegliedern gekommen waren, sondern er hatte die Gemeinde auch ganz auf seiner Seite, weil die Mitglieder das Gefühl hatten, persönlich an der Planung beteiligt zu sein. Doch das war nicht alles. Tucker sorgte auch dafür, daß er während dieser Zeit durch gemeinsame Frühstückstreffen und ähnliche Anlässe Kontakt mit all jenen Personen in der Gemeinde bekam, die er als Meinungsmacher identifiziert hatte. Dazu gehörten solche, die eine gewisse Verantwortung in der Gemeinde trugen, aber auch solche, die über das inoffizielle Beziehungsnetz in der Gemeinde Einfluß ausübten.

*3. Fördern Sie die Harmonie in der Gemeinde.* Als Reformer müssen Sie sich bewußt sein, daß die Leute Ihrer Gemeinde ein weites Spektrum von Radikalen und Progressiven auf der einen Seite bis hin zu Konservativen und Traditionalisten auf der anderen Seite vertreten. Wenn Sie wissen, zu welcher Kategorie die Menschen gehören, mit denen Sie zu tun haben, dann erleichtert dies die Entscheidung darüber, wie Sie am besten vorzugehen haben. Die Radikalen müssen Sie ein klein wenig bremsen. Tun Sie das nicht, werden sie Sie so ungestüm bedrängen, daß die Harmonie der ganzen Gruppe gestört wird. Die Progressiven sind Ihre natürlichen Verbündeten. Sie sind für eine angemessene Veränderung. Die Konservativen halten Sie von einem allzu schnellen Vorgehen ab. Sie lassen Veränderungen zu, aber nicht so ohne weiteres. Sie helfen Ihnen, Ihre Argumente für das, was Sie tun, zu verfeinern. Die Traditionalisten, die gegen jegliche Neuerung sind, können zu Ihrem größten Problem werden. Sie sollten Ihr Bestes tun, um sie auf Ihre Seite zu ziehen. Wenn Ihnen das aber nicht gelingt, so müssen Sie entweder mit ihrem »Nein« leben oder sich in gewissen Fällen mit der Möglichkeit anfreunden, daß solche Leute in eine andere Gemeinde übersiedeln sollten, weil sie der Gemeindeharmonie im Wege stehen. Es ist jedoch recht schwer, eine solche Position einzunehmen.

*4. Entwickeln Sie ein Gespür für den geeigneten Zeitpunkt.* Es gibt kein Rezept dafür, wie man feststellen kann, wann der richtige Zeitpunkt da ist, um eine entscheidende Abstimmung durchzuführen oder eine wichtige Mitteilung von der Kanzel zu machen. So etwas läßt sich nur erfühlen. Ich meine damit, daß Sie sich bewußt von einer Intuition abhängig machen, die von Gott kommt, und aus diesem Grund sollten Sie sich in dieser Sache viel Zeit zum Gebet nehmen. Wenn Sie die Gewißheit haben, daß die Gemeindeglieder Sie in Ihrer Zielsetzung ernst nehmen, dann ist das für Sie der beste Hinweis, jetzt den nächsten Schritt zu wagen. Wenn die Gemeinde merkt, daß sie ein Teil des ganzen Reformprozesses geworden und von der Vision angesteckt ist, dann können Sie sie auch dafür mobilisieren, Zeit, Energie und Finanzen aufzubringen, um die Vision in die Praxis umzusetzen.

Je weiter der Veränderungs- oder Erneuerungsprozeß fortschreitet, desto mehr sollten Sie sich darum bemühen, in den sieben in diesem Kapitel genannten Bereichen konkrete Schritte zu unternehmen. Wie ich schon gesagt habe sind diese Bereiche und Themen ganz entscheidend dafür, ob Ihre Gemeinde wachsen wird und ob einmal begonnenes Wachstum weiter anhält.

# 1. Wie groß ist Ihr Glaube wirklich?

Im Jahre 1977 hatte Pastor Al Henson sein Studium am Liberty Baptist Seminary in Lynchburg, Virginia, abgeschlossen. Er war bereits unter den Studenten als ein Mann des Gebetes und des Glaubens aufgefallen. Schon vor Studienbeginn hatte er von Gott den Auftrag erhalten, in Nashville, Tennessee, eine neue Gemeinde ins Leben zu rufen. Während den drei Jahren auf dem Seminar betete er immer wieder darüber. Nach Beendigung seines Studiums zogen Al Henson und seine Frau nach Nashville und begannen mit ersten Gottesdiensten in einem Gemeinschaftsraum ihres Wohnungskomplexes. Sie begannen mit 41 Besuchern, und in fünf Jahren wuchs die Besucherzahl auf 1.000 Personen an. Einer der Gründe für das Wachstum dieser Gemeinde, der Lighthouse Baptist Church, war ernstliches, anhaltendes Gebet.

Elmer L. Towns erzählt, daß Henson, als die Gemeinde erst zwei Monate alt war, eines Tages an einem Grundstück direkt an einer Bundesstraße vorbeikam. Er betete darum, daß Gott ihm dieses Grundstück für die Gemeinde zur Verfügung stellen sollte. Der Besitzer lehnte es jedoch rundweg ab, das Grundstück zu verkaufen. Also begab sich Henson wieder zum Grundstück zurück, marschierte einmal um das Gelände und betete. Der Herr legte ihm aufs Herz, drei Tage lang zu fasten und dafür zu beten, daß Gott das Herz des Grundstückbesitzers anrühren möge. Nachdem er das getan hatte, suchte er diesen nochmals auf und erzählte ihm von seiner Vision, Nashville für Christus gewinnen zu wollen. Am nächsten Tag rief der Besitzer Henson an und sagte: »Gott hat zu mir in einer Weise gesprochen wie nie zuvor. Ich weiß, es ist sein Wille, daß Sie das Grundstück bekommen.« Der Besitzer knüpfte den Verkauf jedoch an sehr schwere finanzielle Bedingungen, die nur dadurch erfüllt werden konnten, daß Gott während der nächsten 90 Tage wiederholt auf wunderbare Weise eingriff.[1]

So wie ich die Zusammenhänge in diesem Fall beurteile, hätte die Lighthouse Baptist Church ohne Pastor Hensons spezielle Gebets- und Fastenzeit heute wohl kaum annähernd 1.000 Gottesdienstbesucher. Gebet ist ein sehr entscheidender Faktor für das Wachstum von Gemeinden. In der Gemeindeaufbau-Literatur ist dies noch längst nicht genügend berücksichtigt worden. Im Moment liegen noch keine genauen und konkreten Umfrageergebnisse vor, doch es sieht so aus, als wären die meisten amerikanischen Pastoren sehr unzulängliche Beter. Gemäß einer Untersuchung betet ein durchschnittlicher Pastor etwa eine Stunde pro Woche, das sind acht bis neun Minuten jeden Tag.[2] Koreanische Pastoren, die in aller Regel zwischen einer und drei Stunden täglich beten, wären darüber entsetzt. Wir haben tatsächlich noch eine Menge zu lernen.

Ein ebenfalls stark vernachläßigtes Thema in unseren Gemeinden ist das Fasten. Ohne Zweifel werden durch Gebet und Fasten Dinge geschehen, die ohne Fasten nicht geschehen würden. Paul Yonggi Cho sagt:»90 Prozent der Gebete in unserer Gemeinde, die eindeutig Erhörung gefunden haben, sind solche Gebete, die von Fasten begleitet waren.«[3] Viele Gemeindeglieder der Yoido Full Gospel Church in Seoul, Korea, fasten regelmäßig einen Tag in der Woche. Manche fasten hin und wieder drei Tage, andere haben fünfzehn bis zwanzig Tage gefastet, und einige wenige sind dem Beispiel Jesu gefolgt und haben vierzig Tage lang gefastet.

Wenn Sie fasten und beten, dann sollten Sie Gott stets darum bitten, Ihren Glauben zu stärken. Ich sehe Wachstum im Glauben als einen Prozeß, der dem Christen in wachsendem Maße verschiedene Dimensionen des Glaubens eröffnet. Man erlebt sozusagen genau die Dinge, die man zu glauben vermag, gemäß dem Maß des Glaubens, das man hat. Ich sehe in diesem Prozeß vier verschiedene Bereiche, für die ein Christ Glauben aufbringen kann. Die meisten Christen, die ich kenne, leben ihren Glauben vorwiegend in den Bereichen eins und zwei aus.

1. *Der erste Bereich ist der Glaube an die Errettung.* Der Glaube an Jesus Christus und sein Heil ist der erste Schritt, der Beginn des Glaubenslebens eines Christen. »Denn aus Gnade seid ihr errettet durch Glauben« (Eph. 2,8).

2. *Der zweite Bereich ist der Glaube an Heiligung.* Glaube ist die Frucht des Geistes, ein Merkmal des Glaubenslebens, das es beständig zu pflegen gilt. Dieser Glaube befähigt den Christen, ein geheiligtes Leben zu führen und Christus zu bezeugen. Die längste Zeit meines Glaubenslebens war es mir nicht klar, daß es noch weitere Dimensionen des Glaubens gibt, die über diese zwei Glaubensbereiche hinausgehen.

3. *Ein dritter Bereich des Glaubens ist ein »heiliger Optimismus.«* Pastor Robert Schuller nennt das »possibility thinking«. Dieser Glaube sieht Möglichkeiten, die andere Menschen nicht sehen. Es ist *spezifischer Glaube, der sich konkrete Glaubensziele setzt.* Es ist Glaube, der eine Verwirklichung dessen ist, was man hofft, so wie wir

es in Hebr. 11,1 lesen. Diesen Glauben meinte ich, wenn ich im letzten Kapitel von Glaubenszielen sprach. Es ist der Glaube eines Al Henson von der Lighthouse Baptist Church. Robert Schuller drückt das so aus:»Heiliger Optimismus« ist ein schöpfungsgemäßer, optimaler Umgang mit den gottgegebenen Möglichkeiten an Phantasie und Vorstellungskraft des Menschen, um an ein bestimmtes Ziel zu gelangen.« Schuller weist darauf hin, daß Jesus wohl genau diese Art von Glauben meinte, als er davon sprach, Glaube könne Berge versetzen.[4]

4. *Den vierten Bereich des Glaubens bezeichne ich als Glauben der vierten Dimension*, wobei ich eine Anleihe bei einem der Titel von Yonggi Chos Büchern mache, *Die vierte Dimension*. Dieser Glaube rechnet mit dem menschlich Unmöglichen, etwa mit dem übernatürlichen Eingreifen Gottes. Dieser Glaube wundert sich nicht über Zeichen und Wunder. Er ist das »Langschild des Glaubens«, mit dessen Hilfe wir den Fürstentümern, Mächten und Herrschern der Finsternis dieses Zeitalters widerstehen können, wie es in Eph. 6,10-17 beschrieben wird. Dieser Bereich des Glaubens hat sich mir persönlich dadurch erschlossen, daß Pastor John Wimber seit 1982 im Fuller Institute einen Kurs unter der Bezeichnung »MC510: Zeichen, Wunder und Gemeindewachstum« gehalten hat. Wir haben nicht nur Gottes übernatürliches Eingreifen mitten im Klassenzimmer erlebt, sondern wir begannen auch in unseren Forschungsarbeiten auf Zusammenhänge zu stoßen, die uns bislang verborgen geblieben waren. Wo Christen Gott auch für das menschlich Unmögliche vertrauen, kam und kommt es häufig zu erstaunlichem Wachstum christlicher Gemeinden.[5] Viele unserer heutigen Kirchen und Freikirchen entstanden gerade durch Umstände, in denen Gott den Glauben von Menschen im Bereich dieser »vierten Dimension« geehrt hat. Wir sollten das nicht vergessen. Ich bin davon überzeugt, daß wir im zuende gehenden Jahrtausend noch viel mehr mit dem Glauben in diesem Bereich vertraut werden. Wenn dem so ist, werden unsere Gemeinden wohl wachsen wie nie zuvor.

## 2. Sich auf Probleme einstellen

Wer eine Vision für den Gemeindeaufbau hat, ist deshalb noch lange nicht vor Problemen gefeit. Je mehr Sie jedoch im Glauben wachsen, desto eher werden Sie spüren, daß Probleme eigentlich nichts anderes sind als Chancen. Wenn Sie im Sinn haben, Ihre Gemeinde zum Wachstum zu führen, sollten Sie genügend Zeit einplanen, um Schwierigkeiten zu beseitigen und Probleme zu lösen. Wenn Sie selbst der Gemeindeleiter sind, wird Ihnen das nicht erspart bleiben.

Es wird Ihnen sehr dabei helfen, Probleme zu lösen, wenn Sie klare Ziele haben. Eines der Geheimnisse der Problembewältigung besteht darin, ein entstehendes Problem sehr frühzeitig zu erkennen, bevor es einem entgleitet und über den Kopf wächst. Wenn Sie ein solches Problem entstehen sehen, das sich Ihnen in den Weg zu stellen droht, dann zögern Sie nicht, es anzupacken, so unangenehm dies auch sein mag. Eine gute Möglichkeit dafür besteht darin, daß Sie sich selbst genau beobachten, wie Sie auf dem Weg zu Ihrem Ziel Fortschritte machen, und sich beständig realistische kurzfristige Ziele setzen. Gesunde Kurskorrekturen sind hier äußerst wichtig, wenn man den mühsam errungenen Wachstumsschub nicht gleich wieder verlieren will.

Die Gemeindewachstumsbewegung hat stets den Pragmatismus betont und tut es immer noch, obgleich dies von vielen kritisiert worden ist. Es geht jedoch überhaupt nicht um die Art von Pragmatismus, der es moralisch zu rechtfertigen versucht, daß Menschen als Mittel zum Zweck mißbraucht werden können. Das wäre unmenschlich. Es geht der Gemeindewachstumsbewegung um einen heiligen Pragmatismus, der hartnäckig christliche Methoden und Programme überprüft und nicht davor zurückschreckt, die peinlichen Fragen zu stellen. Wenn christlicher Dienst oder evangelistische Aktivitäten die anvisierten Ziele nicht erreichen, dann sagt uns dieser heilige Pragmatismus, daß hier etwas nicht stimmt und einer Korrektur bedarf.

Lassen Sie mich nochmals auf Pastor Rick Warren von der Saddleback Valley Community Church zurückkommen. Mir gefällt sein Pragmatismus. Er ist ein Leiter, der klare Ziele hat und es einfach nicht akzeptiert, daß man den Spruch »Das haben wir früher nie so gemacht« als Ausrede für Nichtstun, Mittelmäßigkeit oder Trägheit benutzt. Und das soll etwas heißen, vor allem deshalb, weil Rick Warren zu den Southern Baptists gehört. Von allen amerikanischen Denominationen sind die Southern Baptists der Gemeindeverband mit den strengsten Traditionen und Vorschriften. Warren steht ganz zu diesen Traditionen - es sei denn, daß Traditionen und Regeln dem Wachstum der Gemeinde im Wege stehen. Dann sind diese traditionellen Vorschriften höchstens dazu da, daß sie ignoriert werden. Er hat beim Aufbau seiner Gemeinde wenigstens vier traditionelle

Prinzipien dieses Gemeindeverbandes bewußt und mutig übertreten - sehr zum Entsetzen einiger seiner Kollegen.

*Erstens hat Warren sich entschlossen, nicht den Namen »Baptist« in der Bezeichnung seiner Gemeinde zu tragen.* Theoretisch und praktisch gesehen ist seine Gemeinde durch und durch baptistisch, aber sie trägt eben den Namen Saddleback Valley Community Church. Warren war aufgefallen, daß die Bezeichnung »Baptist« für die säkulare Bevölkerung im Südteil von Kalifornien keinen besonders guten Klang hatte. Würde seine Gemeinde im Bundesstaat South Carolina (einer Hochburg der Baptisten in den Vereinigten Staaten) liegen, würde er sie garantiert baptistisch nennen - persönlich hat er gar nichts gegen den Namen.

*Zweitens: Bei den Southern Baptists ist traditionsgemäß die Sonntagsschule der eigentliche Schwerpunkt der evangelistischen Bemühungen der Gemeinden.* Doch das ist anscheinend nicht der beste Weg, um die Bevölkerung in und um Laguna Hills mit dem Evangelium zu erreichen. Deshalb hat Warren den Schwerpunkt der Evangelisation auf Zeitungs- und direkte Briefwerbung verlegt. Über 40 Prozent der neuen Gemeindeglieder hörten zum erstenmal von seiner Gemeinde durch solche Werbeaktionen.

*Drittens: In jeder Gemeinde der Southern Baptists ist es üblich, nach der Predigt im Gottesdienst einen evangelistischen Aufruf zu machen und die Zuhörer zur Bekehrung, zu erneuter Lebensübergabe, zur Taufe und zur Gemeindemitgliedschaft aufzurufen.* Warren bemerkte, daß die an christliche Gottesdienste nicht gewöhnte Bevölkerung in seiner Gegend daran Anstoß nahm. Deshalb verzichtet er auf evangelistische Aufrufe und bittet die Besucher stattdessen, eine Antwortkarte auszufüllen, die sie zurücklassen oder später mit der Post zurückschicken können. Das Resultat ist ebenso gut wie der beste Aufruf traditioneller Art.

*Viertens: Verglichen mit anderen Gemeinden und Denominationen ist es in den Vereinigten Staaten sehr einfach, bei einer Gemeinde der Southern Baptists Mitglied zu werden.* Wenn man bereits getauft ist, kann man sich einfach nach dem Gottesdienst melden und auf der Stelle Mitglied werden. Rick Warren hat die Prinzipien des Gemeindewachstums genau studiert und dabei auch verstanden, wie wichtig es ist, hohe Anforderungen für neue Mitglieder zu stellen. Ich habe dieses Prinzip bereits weiter oben erklärt. Er verlangt von Menschen, die neue Mitglieder werden wollen, die Teilnahme an einem sechswöchigen Kurs. Er hat dabei herausgefunden, daß die Anhebung der

Schwelle zur Mitgliedschaft tatsächlich ein sehr praktikables Prinzip für das Wachstum von Gemeinden ist.

### 3. Planen Sie effektive Evangelisation

Ihre Gemeinde hat den Menschen vor Ort etwas Wichiges zu sagen: Das Evangelium ist tatsächlich gute Nachricht! Darum ist es Ihre heilige Pflicht, beständig zu überprüfen, ob Sie tatsächlich die besten Wege gehen, das Evangelium den unbekehrten Menschen um Sie herum so nahezubringen, daß sie es verstehen. Was können Sie tun, damit Sie sich dessen sicher sind?

*Erstens: Lernen Sie aus der Erfahrung.* Natürlich ist es angebracht, wenn Sie nach neuen Evangelisationsmethoden Ausschau halten, aber achten Sie darauf, ob dadurch auch tatsächlich Menschen zum Glauben kommen. Machen Sie es nicht wie jener Pastor, von dem Monica Hill, Herausgeberin des englischen Church Growth Digest, erzählt. Dieser Pastor hatte ein paar seiner Gemeindeglieder motiviert, mit christlicher Literatur von Haus zu Haus zu gehen und so zu evangelisieren. Im ersten Vierteljahr hatten sie 2.000 Haushalte besucht. »Wie war das Echo?«, fragte Monica Hill. »Wie viele echte Kontakte sind durch diese Arbeit entstanden?« Die Antwort des Pastors war: »Keiner - darum werden wir unsere Anstrengungen auch verdoppeln. Im nächsten Vierteljahr wollen wir 4.000 Haushalte aufsuchen!«

*Zweitens: Stellen Sie fest, wo die Bedürfnisse der Nichtchristen an Ihrem Wohnort liegen.* Es gibt dafür eine einfache und wirksame Methode. Führen Sie bei wenigstens 100 Haushaltungen in der Umgebung Ihrer Gemeinde eine Meinungsumfrage durch. Achten Sie bei der Auswahl der Haushalte, die befragt werden, darauf, daß möglichst solche Haushalte besucht werden, die eine gewisse äußere Ähnlichkeit mit den Mitgliedern Ihrer eigenen Gemeinde aufweisen. Je mehr Übereinstimmung die besuchten Haushalte in Punkten wie Rassenzugehörigkeit, sozialer Schicht, Bildungsniveau, Alter und Wohnort mit den Mitgliedern Ihrer Gemeinde aufweisen, desto besser. Besuchen Sie diese Nachbarn und stellen Sie ihnen einige Fragen. Die meisten werden Ihnen bereitwillig Antwort geben. Sie können dazu die Fragen benutzen, mit denen auch Rick Warren arbeitet (die dieser übrigens von Robert Schuller, der sie vor Jahren benutzte, übernommen und angepaßt hat). Diese Fragen lauten:

1. *Gehen Sie regelmäßig in den Gottesdienst einer christlichen Gemeinde in der Nähe?* Lautet die Antwort ja, so ist das Interview an dieser Stelle zu Ende. Wünschen Sie der Person alles Gute, und vergessen Sie nicht, daß Sie ja daran interessiert sind, die Meinung von der Kirche entfremdeten Menschen zu erfahren.

2. *Was ist Ihrer Meinung nach die größte Not in . . .* (fügen Sie den Namen Ihrer Gegend oder Ihres Wohnorts ein)?

3. *Weshalb besuchen viele Leute Ihrer Meinung nach nicht regelmäßig einen christlichen Gottesdienst?* Achten Sie darauf, daß Sie den Wortlaut dieser Schlüsselfrage nicht verändern.

4. *Wenn Sie eine Gemeinde in dieser Gegend suchen würden, auf welche Dinge würden Sie dann besonders achten?*

5. *Welchen Rat würden Sie mir als Pastor einer christlichen Gemeinde am Ort geben? Was könnte ich zum Beispiel für Sie tun?*

Machen Sie sich während des Gespräches Notizen und lassen Sie ein Faltblatt oder einen Informationsbrief mit einer Beschreibung Ihrer Gemeinde zurück, bevor Sie gehen. Wenn Sie ungefähr 100 Fragebogen ausgefüllt haben, studieren Sie diese sorgfältig und mit betendem Herzen. Sie sollten sich nun ein gutes Bild von den Bedürfnissen der Nichtchristen in Ihrer Umgebung machen können.

Mein dritter Rat ist, daß Sie Ihre Anstrengungen auf die Bevölkerungsgruppe ausrichten, die für das Evangelium am aufgeschlossensten ist. Gehen Sie nicht verschwenderisch, sondern systematisch vor, wenn es darum geht, Zeit und Mühe in die Evangelisation zu investieren. Eines der Prinzipien des Gemeindewachstums ist die Orientierung der Evangelisation an der unterschiedlichen Rezeptivität, dem Maß der Offenheit von Bevölkerungsgruppen für das Evangelium. Es geht hier vor allem darum, nach Möglichkeiten zu suchen, wie die Offenheit von Bevölkerungsgruppen für das Evangelium bewertet und, wo möglich, aufgrund von bestimmten Anhaltspunkten in gewissem Sinne vorhergesagt werden kann. Die folgenden Zielgruppen haben sich seit langer Zeit als überdurchschnittlich offen erwiesen:

Freunde und Verwandte der Gemeindeglieder, insbesondere das persönliche Umfeld von Neubekehrten. Viele nennen diese persönliche Evangelisation des engsten Umfeldes »*Oikos*-Evangelisation« (oikos = griechisch für Haushalt). Sie hat sich sehr bewährt.

Die Neuhinzugezogenen an Ihrem Wohnort. Vielleicht müssen Sie erst ein wenig suchen, um herauszufinden, wie diese Gruppe von Menschen ausfindig gemacht werden kann, aber die Mühe lohnt sich. Sie werden sicherlich einen Weg finden.

Die Besucher und Gäste Ihrer Gemeinde. Nehmen Sie sich fest vor, mit neuen Gottesdienstbesuchern, die in der näheren Umgebung der Gemeinde wohnen, möglichst gleich am jeweils nächsten Tag Kontakt aufzunehmen.

Menschen, denen durch Ihre Gemeinde in einer speziellen Not geholfen werden kann. Die von Ihnen durchgeführte Meinungsumfrage soll ja dem Zweck dienen, Ihnen einen Überblick über die ganze Bandbreite von Problemen und Nöten vor Ort zu verschaffen. Denken Sie gut darüber nach, in welchen Bereichen Ihre Gemeinde wohl am ehesten helfen könnte, und tun Sie auf diesen Gebieten Ihr Bestes.

Menschen, die eine schwierige Phase in ihrem Leben durchmachen und eine besonders liebevolle und teilnahmsvolle Zuwendung brauchen.

Zwei befreundete Pastoren liessen sich etwas sehr Kreatives einfallen, um Berührungspunkte mit Nichtchristen in ihrer Nachbarschaft herzustellen, wobei sich jeder anfänglich besonders auf die Kinder konzentrierte. Einer der Pastoren arbeitet in Denver. Er veranstaltete in einer benachbarten Schule einen Kinderjahrmarkt. Es war eine fröhliche Zeit mit allerlei Buden und Spielen mit Pfeilen, Säcken, nassen Schwämmen und Flaschen. Jedes Kind konnte ein Photo im Stil der Science-Fiction-Filmfigur E.T. von sich machen lassen. Später brachte ein Helferteam der Gemeinde persönlich die entwickelten Fotos den Eltern vorbei und sprach mit ihnen über die Gemeinde und über Jesus Christus.

Der andere Pastor ließ durch einen Künstler ein Wandgemälde an die Außenwand seiner Kirche malen. Es zeigte Jesus, wie er Kinder segnete. Ein Helferteam der Gemeinde machte anschließend die Runde durch die Nachbarschaft und fragte die Eltern, ob sie gerne ein gemaltes Bild von ihrem Kind mit Jesus haben möchten. Wer wollte, konnte seinen Jungen oder sein Mädchen für ein handgemaltes Bild Modell sitzen lassen. In praktisch jedem der Fälle entstand ein wertvoller Kontakt zu einer weiteren Familie. In beiden Fällen machten diese Gemeinden den Kindern eine Freude, und die Eltern wußten das zu schätzen.

## 4. Neue Personen in die Gemeinde einbinden

Es gibt zahlreiche Gemeinden mit regen evangelistischen Aktivitäten, die trotz allem nicht wachsen. Es werden zwar viele Menschen getauft und neue Mitglieder kommen zur Gemeinde hinzu, aber die Besucherzahl bleibt von einem Jahr zum anderen ziemlich konstant. Ein solcher Zustand ist gewöhnlich ein Symptom dafür, daß die Gemeinde Schwierigkeiten hat, neue Personen einzugliedern. Mit anderen Worten: Es kommen zwar ständig Besucher duch die Vordertür, aber die Hintertür der Gemeinde ist weit offen. In einem solchen Fall sollten Sie dringend etwas unternehmen, um die Hintertür zu schließen.

Es gibt in der Regel zwei Möglichkeiten, um zu gewährleisten, daß neue Mitglieder eingegliedert werden. Die eine Möglichkeit besteht darin, ihnen eine Aufgabe zu geben. Wenn jemand eine Verantwortung übernimmt, die zum Wohl der Gemeinde beiträgt, wird die betreffende Person wahrscheinlich bleiben. Wenn die Gemeinde jedoch wächst, wird es immer schwieriger, die Aufgaben in der Gemeinde neuen Mitgliedern zu übertragen. In größeren Gemeinden sind es deshalb in der Regel die kleinen Gemeinschaftsgruppen, die die meisten Betätigungsmöglichkeiten für neue Mitglieder bieten. Die zweite Möglichkeit besteht also darin, solche Hauskreise und Gruppen ins Leben zu rufen.

Ein sehr ernsthaftes Wachstumshindernis entsteht dann, wenn sich eine Gemeinde ständig vor Augen hält, daß sie ja nichts anderes ist als »eine große Familie«. Lyle Schaller beobachtet, daß es in vielen Gemeinden als völlig normal gilt, so zu denken. Diese Einstellung ist sozusagen »eingebaut«.[6] Natürlich sind kleine Gemeinden mit einer Ein-Zellen-Struktur längst darauf festgelegt, daß sie »eine große Familie« sind und das auch bleiben werden. Das ist auch der Grund, warum ihr Wachstumspotential so gering ist.

Zu den sieben Kennzeichen einer gesunden Gemeinde, die ich in meinem Buch *Your Church Can Grow* aufgezählt habe, gehört das richtige Gleichgewicht zwischen dem großen Segnungs- oder Anbetungsgottesdienst (dem *Fest*), der Gemeinde und der Zelle (celebration, congregation, cell). Ich sehe hierin im Wesentlichen drei verschiedene Ebenen oder Erscheinungsformen von »Gemeinde«, die sich vor allem durch die numerische Größe voneinander abheben. Das Fest ist der Gottesdienst, wo alle Glieder der Gemeinde zusammenkommen, um Gott zu begegnen. Die Grundfunktion des *Festes* ist die Anbetung, obwohl auch Platz für andere Dinge ist. Alle sind zu diesem

Fest der gemeinsamen Anbetung Gottes herzlich willkommen - je mehr kommen, desto besser. Die Grundfunktion der *(Lokal- oder Regional-)Gemeinde* besteht darin, für echte Gemeinschaft der Mitglieder zu sorgen. Die ideale Größe einer solchen Lokalgemeinde ist zwischen 35 und 80 Personen, weil diese Größe sehr gute Möglichkeiten für das Erleben tieferer Gemeinschaft bietet. Die Grundfunktion der *Zelle* geht darüber noch weit hinaus. Es geht hier nicht nur darum, daß man sich kennt, sondern um die Verbündung der Herzen. Hier ist Platz für allergrößte Offenheit und Verantwortlichkeit füreinander. Die optimale Größe für solche Zellen ist acht bis zwölf Personen.

In gewissen Situationen gibt es natürlich Ausnahmen von dieser Regel (etwa in Gegenden mit wenig Mobilität, in denen sich an den sozialen Verhältnissen wenig ändert und wo viele Groß-Familien in der gleichen Gegend leben). Im Prinzip jedoch ist die Entwicklung einer solchen dreifachen Struktur - sowohl auf dem Lande wie auch in der Stadt - ein sehr wichtiger Schlüssel zur Einbindung neuer Mitglieder. Es ist für das Gemeindewachstum unerläßlich, daß Pastoren diese Tatsache beständig im Auge behalten. Am besten wäre es, wenn die Gruppen - auf allen drei Ebenen - eine eigene Vision für Wachstum und Multiplikation hätten und sich regelmäßig selbst vervielfältigen würden. In Wirklichkeit geschieht das jedoch selten. Allzu leicht wird aus *koinonia* Koinonitis, und es kann vorkommen, daß sich die Kleingruppen und Hauskreise jeder Veränderung widersetzen. Nur dort, wo beständig und engagiert von der Gemeindeleitung darauf hingearbeitet wird, werden sich regelmäßig neue Gruppen bilden. Bei der Gründung neuer Gruppen sollte darauf geachtet werden, daß die Bedürfnisse einzelner Gruppen, wie z. B. Studenten, Angestellte, Arbeiter, Auszubildende und Akademiker, nicht übergangen werden.

Es ist sehr wichtig, daß die Leiter und Mitglieder von Lokalgemeinden oder Hauskreisen ihre Verantwortung für die Einbindung neuer Mitglieder erkennen. Mir gefällt das Modell, das mein Freund Frank Barker von der Briarwood Presbyterian Church in Birmingham, Alabama, entwickelt hat. Seine Gemeinde hatte zum Zeitpunkt der Abfassung dieses Buches eine Besucherzahl von 2.500 Personen. Pastor Barker hat - in Anlehnung an die Struktur des biblischen Volkes Israel - zwölf Gemeindeältesten die Verantwortung für einen »Stamm« übertragen. Jeder dieser Ältesten ist für ein bestimmtes Gebiet zuständig, das wiederum in kleinere Regionen unterteilt ist. Jeder »Stamm« besteht aus mehreren »Herden«, die jeweils von einem »Regional-Ältesten« geleitet werden. Diese Pastoren sind direkt dem zuständigen Stammesleiter verantwortlich. Ein ausführliches »Hirten-Handbuch«, von Barker selber verfaßt, schreibt vor, daß jedes Mitglied der Gruppe wenigstens einmal im Monat besucht wird und daß regelmäßige Zusammenkünfte der »Herden« (Lokalgemeinden) stattfinden, um die Gemeinschaft untereinander zu fördern. In diesem Handbuch heißt es wörtlich: »Sie tragen die Verantwortung für die Eingliederung neuer Mitglieder in Ihrem Gebiet.« Wenn jemand ein neues Mitglied der Gemeinde werden möchte, so hat die betreffende Person einen Kurs zu durchlaufen, der an sechs aufeinanderfolgenden Sonntagen stattfindet. Der Pastor der Lokalgemeinde (der »Regional-Älteste«) nimmt ab dem vierten Sonntag ebenfalls an diesem Kurs teil und betreut von dort an das neue Mitglied aus seiner Region. Das neue Mitglied wird ihm vorgestellt, und er geht mit ihm das für neue Mitglieder bestimmte Unterrichtsmaterial durch. Der Älteste hat dann die Aufgabe, herauszufinden, welches die Interessen und geistlichen Gaben des neuen Mitgliedes sind, und der betreffenden Person die verschiedenen Betätigungsmöglichkeiten zu zeigen, die die Gemeinde anbietet. Dieser Laien-Pastor ist auch dafür verantwortlich, daß das neue Mitglied sich einem Hauskreis anschließt. Kein Wunder, daß die Hintertür in der Briarwood Presbyterian Church verschlossen bleibt.

Ich möchte darauf hinweisen, daß das Seelsorgesystem in dieser Gemeinde nur deshalb funktioniert, weil Frank Barker nicht die Funktion eines Hirten, sondern die eines Ranchers ausübt. Seine Gemeinde ist mit diesem System sehr zufrieden. Ähnlich ist es in der Yoido Full Gospel Church in Seoul, Korea. Paul Yonggi Cho sagt: »In unserer Gemeinde ist es unmöglich für mich, mit allen Mitgliedern persönlichen Kontakt zu haben. Aber durch die Hauskreisleiter stehe ich dennoch in einem indirekten Kontakt mit ihnen. Ich bin überzeugt, daß man sich um jedes unserer Gemeindeglieder ausreichend kümmert, sie ermahnt, sie geistlich ernährt und zurechtweist, wo es nötig ist.«[7] Lyle Schaller bemerkt hierzu: »Die Verantwortung des Ranchers oder Bischofs besteht darin, daß er den vollständigen Überblick hat und sich vergewissert, daß alles getan wird, anstatt alles selber zu tun.«[8] Es ist Teil dieser Verantwortung, dafür zu sorgen, daß neue Gemeindeglieder wirkungsvoll in das Leben der Gemeinde eingegliedert werden.

## 5. Sich um die erste Gemeindegeneration bemühen

In einem früheren Kapitel habe ich den vorhersehbaren Konflikt zwischen der ersten Gemeindegeneration und den Progressiven erwähnt, von dem manch ein Pastor unversehens überrascht wurde. Es ist sehr entscheidend, über die Dynamik dieses Konfliktherdes genau Bescheid zu wissen, wenn der Kampf für das Wachstum der Gemeinde positiv ausgehen soll. Ich vermag nicht mehr zu zählen, wie viele Pastoren mir von ihrem Konflikt zwischen der alten Garde und den Neuerern erzählt haben, und ich muß leider sagen, daß die meisten Pastoren damit nicht fertig geworden sind.

Die erste Gemeindegeneration, die alte Garde, hat bestimmte Traditionen und Bräuche zur unveränderbaren Hausordnung für die Gemeinde erhoben. Ihr Motto lautet:»So haben wir es schon immer gemacht!« Wenn die Gemeinde für eine längere Zeit stagniert, verfestigen sich diese Traditionen und Regeln immer mehr. Selbstverständlich gibt es in dieser Zeit auch keinen Konflikt, weil die Traditionen ja nicht durch Wachstum und Veränderung bedroht sind. Aber wenn eine solche Gemeinde aus bestimmten Gründen, etwa eines erwecklichen Aufbruchs, zu wachsen beginnt oder der Pastor plötzlich eine Perspektive für Gemeindewachstum bekommt, oder wenn die Gemeinde einen wachstumsorientierten neuen Pastor erhält, oder was es auch sonst sein mag, so läßt der Konflikt nicht lange auf sich warten.

Gewöhnlich bricht der Konflikt nicht sofort aus, wenn eine Gemeinde zu wachsen anfängt. Die Mitglieder des harten Kerns zeigen sich zunächst erfreut, neue Mitglieder zu sehen. Aber je mehr die Gemeinde wächst und die neuen Gemeindeglieder sich in der Gemeinde heimisch zu fühlen beginnen, werden sich die Männer der ersten Stunde bewußt, daß ihre Kontrolle über die Gemeinde gefährdet ist. Sie erwarten wie selbstverständlich, daß die neuen Gemeindeglieder die Werte und Verhaltensmuster der ersten Gemeindegeneration übernehmen, und sie sind beunruhigt, wenn es sich mit der Zeit zeigt, daß viele der Neuen ganz andere Vorstellungen besitzen.

Eine der hilfreichsten Analysen dieses Konfliktherdes, die ich kenne, stammt von Pastor Richard Hertel von der Ridgeview Hill Christian Reformed Church in der Nähe von Denver. Er macht darauf aufmerksam, daß»die Schwierigkeiten in diesem Fall bei Angehörigen der ersten Gemeindegeneration oft einen stark emotionalen

Hintergrund« haben. Wenn Streitfragen aufgeworfen und scheinbar vernünftig behandelt werden, so verbergen sich hinter dieser Fassade häufig ganz andere Gefühle persönlicher Art. Hertel berichtet dazu aus seiner Erfahrung:»Nach einer Reihe von Versammlungen in Ridgeview Hills mit einer Gruppe von aufgebrachten Mitgliedern der ersten Gemeindegeneration stellte sich heraus, daß die eigentlichen Probleme weder theologischer Natur waren noch etwas mit dem unterschiedlichen Stand der Erkenntnis zu tun hatten.« In Wirklichkeit hatten die älteren Mitglieder einfach Angst davor, »ihr reformiert-sein« zu verlieren.« Sie hatten ein holländisches Erbe, und für viele war die Zugehörigkeit zur holländisch-reformierten Kirche längst untrennbar mit der eigenen Geschichte verknüpft. Im Laufe von vier Jahren des Wachstums unter Pastor Hertel war der Anteil der Gemeindeglieder, die aus den Niederlanden stammten, durch den starken Zulauf von neuen Mitgliedern statistisch gesehen von 80 Prozent auf bloße 50 Prozent gesunken. Man kann ohne weiteres verstehen, weshalb das die Gemüter in Erregung versetzen konnte.

Dennoch: Die Gemeindetraditionen begannen sich nachhaltig zu verändern. »Unter diesen Umständen«, sagt Hertel, »sollte der Pastor wieder und wieder seine Vision erklären, die betreffenden Personen bewußt in den Veränderungsprozeß miteinbeziehen und sich gemeinsam mit ihnen auf den Weg zu machen.« Manchmal kann man die Männer der ersten Stunde einer Gemeinde gewinnen, in der Regel allerdings nicht durch gut vorbereitete Vorträge in Kirchenratssitzungen, sondern durch intensive persönliche Gespräche oder durch das Wirken des Heiligen Geistes in einem erwecklichen Aufbruch, der die Herzen schmilzt und die Beziehungen untereinander ganz neu formt und stärkt. Aber manchmal, so Hertel, »besteht die beste seelsorgerische Hilfe darin, solchen Mitgliedern bei der Suche nach einer neuen Gemeinde behilflich zu sein«.[9] Das ist natürlich die allerletzte Maßnahme. Auf jeden Fall sollten Sie auf das Ziel hinarbeiten, daß letztlich auch Mitglieder der ersten Gemeindegeneration im Leitungskreis vertreten sind. Diese Mitglieder sollten nicht nur um der äußeren Form willen im Presbyterium sein, sondern sie sollten auch praktisch Leitungsverantwortung tragen.

Von meinem Freund Pastor Don Baker von der Hinson Memorial (Baptist) Church in Portland, Oregon hörte ich von einem ungewöhnlich glücklichen Ausgang eines solchen drohenden Generations-Konfliktes. Er ist seit neun Jahren dort Pastor und hat erleben dürfen, wie die Gemeinde von 800 auf 2.800 Mitglieder angewachsen ist. Darüberhinaus wurden noch weitere 300 Mitglieder von dieser Gemeinde ausgesandt, um neue Gemeinden ins Leben zu rufen.

Als Baker seine Stelle bei der Hinson Memorial Church antrat, konnte er von den Erfahrungen profitieren, die er vor Jahren in dieser Gemeinde bereits gemacht hatte, als er dort ein Praktikum absolvierte. Er wußte also im voraus, wer in Wirklichkeit in dieser Gemeinde die Fäden in der Hand hielt. Baker wußte, daß dieser Mann sich hartnäckig und prinzipiell gegen alles Neue zur Wehr setzte. Er traf sich mit diesem Mann wöchentlich zu einem Mittagessen, widmete sich ihm eingehend und baute im Laufe der Monate eine enge Beziehung zu ihm auf. Er lud ihn zu Mitarbeitersitzungen ein und verbrachte ganze Wochenenden zusammen mit seiner Familie. Zu einem geeigneten Zeitpunkt bat Don Baker dann seinen neuen Freund, der in der Vergangenheit immer gegen jede Veränderung des Status quo gewesen war, gegen ein symbolisches Honorar von einem Dollar pro Jahr das Ressort Evangelisation in der Gemeinde zu übernehmen. Dieser nahm an und wurde in der Folge eine der Schlüsselpersonen, wenn es um wichtige Entscheidungen und Neuerungen in der Gemeinde ging. Es erübrigt sich fast zu sagen, daß er neben den anderen Gemeindegliedern auch vor allem die anderen Mitglieder aus der ersten Gemeindegeneration hinter sich brachte. Die Gemeinde ist seither um 302 Prozent pro Jahrzehnt gewachsen.

## 6. Den Mitarbeiterstab vergrößern

Die meisten Gemeinden haben zuwenig Mitarbeiter, um wirklich Wachstum erleben zu können. Sie sind dafür einfach personell unterbesetzt. Für die Pflege und Erhaltung der Gemeinde sind zwar gerade genug Mitarbeiter da, nicht aber, wenn die Gemeinde wachsen soll. Wenn Ihre Gemeinde kontinuierlich wachsen soll, so sollten Sie sehr großen Wert auf die Erweiterung und richtige Besetzung des Mitarbeiterstabes legen. In diesem Zusammenhang möchte ich auf das beste Buch hinweisen, das ich zu diesem Thema kenne: Lyle E. Schallers *The Multiple Staff and the Larger Church.* Wenn Sie irgendeine Frage zum Thema Klerus, Laienmitarbeiterschaft, den Zeitpunkt und das Wie einer Erweiterung des Mitarbeiterstabes haben, dann sollte in diesem Buch eine Antwort zu finden sein.

Bei einer wachsenden Gemeinde ist sowohl die Quantität wie auch die Qualität des Mitarbeiterstabes sehr entscheidend. Was die Quantität betrifft, sollten Sie, grob geschätzt, pro 100 aktive Mitglieder eine hauptamtliche Person angestellt haben (plus weiteres Personal als Sekretäre/Sekretärinnen). Das scheint für Sie vielleicht auf den ersten Blick sehr viel zu sein, aber das liegt daran, daß man sich an die Unterbesetzung des Mitarbeiterstabes im Hinblick auf Wachstum leider viel zu häufig bereits gewöhnt hat. In meinen Gemeindeaufbau-Seminaren empfehle ich, daß eine Gemeinde, die die 200er Grenze zu überschreiten beabsichtigt, am besten mit zwei Personen beginnt, dem Hauptpastor und einem Mitarbeiter. Wenn das unmöglich ist, sollte man zumindest einen hauptamtlichen Mitarbeiter berufen, bevor die Gemeinde 100 aktive Mitglieder zählt, und einen weiteren, wenn die Zahl gegen 200 ansteigt. In dieser Phase des Wachstums ist es weiser, in den Mitarbeiterstab zu investieren als etwa in ein neues Gebäude. Benutzen Sie gemietete Räume wo irgend möglich viel länger als sie ursprünglich geplant hatten. Als Pastor Jack Hayford seinen Dienst in der Church on the Way antrat, besuchten nur 24 Personen den ersten Gottesdienst. Er berief sofort zwei Personen in den Mitarbeiterstab. Das Wachstum dieser Gemeinde ist unterdessen zu einer lebenden Legende geworden.[10] Pastor Kent Tucker gründete die Grace Church in Aurora, Colorado, mit einem Mitarbeiterstab von zwei Personen und berief eine dritte Person hinzu, noch ehe die aktive Mitgliederzahl 200 erreichte. Natürlich sind nicht alle Gemeinden gleich und es gibt noch andere Faktoren, die in diesem Zusammenhang wichtig sind. Die genannten Zahlen sollten jedoch ein recht passabler Anhaltspunkt sein.

Was die Qualität der potentiellen Mitarbeiter angeht, so habe ich drei Vorschläge zu machen:

*Erstens: Berufen Sie neue Mitarbeiter auf der Grundlage geistlicher Gaben.* Wenn mich Pastoren fragen: »Was für einen Mitarbeiter soll ich als nächstes einstellen?« so erwarten sie für gewöhnlich, daß ich ihnen einen Chorleiter, einen Jugendpastor oder einen Verantwortlichen für die Evangelisation nenne. Das tue ich jedoch nie. Ich rate jedem Pastor in einem solchen Fall, eine Person zu finden, die geistliche Gaben bekommen hat, die man selber nicht hat. Innerhalb des Leibes Christi ergänzen sich die einzelnen Christen mit ihren unterschiedlichen Gaben komplementär, und so sollte auch das hauptamtliche Mitarbeiterteam aus Personen zusammengesetzt sein, deren Fähigkeiten sich ergänzen anstatt sich zu überschneiden. Wer noch immer von einem Pastor träumt, der alles kann, steht dem Wachstum einfach im Weg. Zurecht kritisiert Lyle Schaller theologische und kirchliche Ausbildungmodelle, »die Theologen dazu anhalten, sich dort weiterbilden zu lassen, wo sie noch Schwächen in ihrem

Dienst als Pastor sehen«. Er sagt weiter: »Konzentrieren Sie sich auf das, was Sie am besten können, und tun Sie es.«[11] Wenn alle Mitarbeiter sich auf den Gebieten, für die sie besonders begabt sind, engagieren, dann können Sie mit einem Maximum an Harmonie, Erfüllung und Effektivität des ganzen Teams rechnen.

*Zweitens: Berufen Sie neue Mitarbeiter auf der Grundlage ihrer Loyalität dem Hauptpastor gegenüber.* Seit Max Weber haben Sozialwissenschaftler immer wieder die Notwendigkeit unterstrichen, daß die Mitarbeiter einer Gruppe dem charismatischen Leiter gegenüber loyal sein sollten. Aus dieser Perspektive betrachtet erscheint es fast unglaublich, daß der Gemeinderat von Robert Schullers Crystal Cathedral (damals hieß die Gemeinde noch Garden Grove Community Church) in den Anfangsjahren der Gemeinde ohne Wissen von Schuller einen zweiten Pastor anstellte, während Schuller in den Ferien weilte. Es erübrigt sich fast zu sagen, daß nicht nur dieser Mitarbeiter, sondern bald auch der gesamte Gemeinderat abgelöst wurde. Paul Yonggi Cho hat ein ganz besonderes System, wenn sich ein Mitarbeiter dazu entschließt, hauptamtlicher Pastor einer Gemeinde zu werden. Er sagt: »Ich bezahle dem Betreffenden ein angemessenes Gehalt und stelle ihm genügend finanzielle Mittel zur Verfügung, um eine neue Gemeinde ins Leben zu rufen.« Bis 1980 wurden auf diese Weise 75 neue Gemeinden gegründet.[12]

*Und drittens: Vergewissern Sie sich, daß die neuen Mitarbeiter sich von Herzen mit dem Leitbild der Gemeinde identifizieren.* Dies ist ein weiterer Grund, warum Sie das Leitbild Ihrer Gemeinde schriftlich festhalten sollten. Es geht nicht nur darum, daß ein neuer Mitarbeiter dem Leitbild rein verstandesgemäß zustimmt, sondern daß es seiner tiefen Überzeugung entspricht. Wenn neue Leute zu vollzeitlichen Mitarbeitern berufen werden, so sollten sie überzeugt sein, daß sie sich damit einer äußerst wichtigen Herausforderung stellen.

Auf der Suche nach Mitarbeitern, die alle drei der obengenannten Voraussetzungen erfüllen, haben manche Gemeinden in den eigenen Reihen gesucht und gefunden. Mir sind einige große Gemeinden bekannt, die praktisch ihren gesamten Mitarbeiterstab aus der eigenen Gemeinde berufen konnten, so zum Beispiel die First Baptist Church in Modesto, Kalifornien, unter Pastor Bill Yaeger, und die Grace Community Church of the Valley in Panorama City, Kalifornien, unter Pastor John McArthur. Die Vorteile liegen auf der Hand. Man ist über die geistlichen Gaben des Kandidaten bestens im Bilde, und es besteht kein Zweifel an der loyalen Einstellung gegenüber dem Hauptpastor oder dem Leitbild der Gemeinde.

Als erster auf der amerikanischen Szene hat wahrscheinlich Pastor Norman Boschoff von der Hoffmantown Baptist Church (Southern Baptists) in der Nähe von Albuquerque, New Mexiko, Paul Yonggi Chos besonderes System der Hauszellen übernommen. Er hat auch eines der progressivsten und herausforderndsten Programme für die Gewinnung neuer Mitarbeiter eingeführt, das ich je gesehen habe. Er macht Gliedern der Gemeinde den Vorschlag, versuchsweise ein sogenannter Nachbarschaftsgruppenleiter zu werden. Zur Funktion dieser Hauskreise gehört, daß sie beständig neue Hauskreise ins Leben rufen müssen. Ist man ein erfolgreicher Gruppenleiter und geistlicher Vater von insgesamt 16 neugegründeten Hauskreisen, dann macht die Gemeinde das Angebot, teilzeitlicher Mitarbeiter (mit einem Gehalt von 2.900 Dollar pro Jahr) zu werden. Hat man im ganzen 32 neue Gruppen ins Leben gerufen, so macht die Gemeinde das Angebot, nun vollzeitlicher Mitarbeiter (mit einem jährlichen Gehalt von 22.000 Dollar) zu werden. Man bietet durchaus auch Theologen und Absolventen von Bibelschulen an, sich der Gemeinde anzuschließen und sich auf diesem Weg in eine hauptamtliche Stellung emporzuarbeiten, aber Diplome und Universitätsabschlüsse spielen dabei keine Rolle. Das einzige, was zählt, ist die Frucht des Dienstes. Nur wessen Dienst von Gott mit Frucht bestätigt wird, erhält eine Möglichkeit zur vollzeitlichen Mitarbeit in der Gemeinde.

## 7. Wachstum predigen

Die Bücher über Homiletik füllen zwar ganze Bücherregale, aber es gibt nur sehr wenig Literatur darüber, wie man spezifisch für Gemeindewachstum predigt. Ich möchte mich in Zukunft noch viel mehr diesem Thema widmen, doch unterdessen möchte ich es dabei belassen, fünf Vorschläge zu machen, wie Sie in Ihrer Gemeinde Wachstum predigen können.

*Erstens: Passen Sie Ihre Predigt dem Leitbild Ihrer Gemeinde an.* Einer der Vorteile eines schriftlich fixierten Leitbildes Ihrer Gemeinde besteht darin, daß es Ihnen helfen wird, die generelle Richtung und die praktischen Leitlinien zu finden, die Sie für Ihre Predigtplanung berücksichtigen wollen. Es versteht sich von selbst, daß Sie in einer »Klassenzimmer-Gemeinde« anders predigen werden als in einer »Gemeinde für Andere«. Halten Sie sich bei Ihrer langfristigen

Planung wie bei Ihrer Predigtvorbereitung die Zielgruppe für die Predigten klar vor Augen. Gehen Sie sehr konsequent vor. Sie sollten auf keinen Fall jeden Sonntag die Zielgruppe ändern, um es allen recht zu machen. Wenn Sie das dennoch tun wollen, dann rufen Sie einfach weitere Gottesdienste für bestimmte Zielgruppen Ihrer Gemeinde ins Leben. Manche Gemeinden bieten am Sonntagmorgen zwei Gottesdienste an, wobei jeder dieser Gottesdienste auf eine andere Zuhörerschaft zugeschnitten ist. Die Resonanz für dieses Vorgehen ist sehr ermutigend. Wieder andere Gemeinden haben erkannt, daß sie es ihrem Leitbild schuldig sind, gleichartige Gottesdienste anzubieten. Manche predigen zum Beispiel am Sonntagmorgen ganz bewußt evangelistisch, im Sonntagabendgottesdienst jedoch sprechen sie gezielt Christen an. Mit anderen Worten: Das Leitbild Ihrer Gemeinde sollte beständig der Ausgangspunkt für Ihre Predigtplanung sein und bleiben, wenn Sie Gemeindewachstum predigen möchten.

*Zweitens: Nutzen Sie die Kanzel, um Ihre Mitglieder für den Gemeindeaufbau zu motivieren.* Pastor Joe Harding von der Central United Presbyterian Church (United Methodist) in Richland, Washington, hat erlebt, wie in den letzten Jahren die Besucherzahl seiner Gemeinde auf 1.200 gestiegen ist. Einer der Gründe dafür war, daß seine Gemeinde Wachstum will und auch bereit ist, den Preis dafür zu zahlen. Harding ist überzeugt, daß die Vision für das Gemeindewachstum zuerst beim Pastor vorhanden sein muß, bevor der Funke auf die Gemeinde überspringen kann. »Wie weiß eine Gemeinde wirklich, ob der Pastor für Gemeindewachstum ist?« fragt Harding. »Ganz einfach: Er redet Sonntag für Sonntag auf der Kanzel darüber. In seinen Predigten spricht er davon, wie entscheidend wichtig der Missionsbefehl von Jesus Christus ist.« Nach einiger Zeit springt der Funke über und der Gemeinde gehen die Augen auf: »Sie fangen an, einen Blick für Gemeindewachstum zu bekommen.«[13]

*Drittens: Seien Sie positiv.* Das Evangelium ist gute Nachricht, also sollten auch Ihre Predigten gute Nachricht für die Zuhörer sein. Machen Sie ihnen Mut und vermitteln Sie Hoffnung. Geschickte Prediger können sogar über Sünde auf so einfühlsame Weise sprechen, wie Jesus es vorgemacht hat, als er der Ehebrecherin begegnete und als er mit Zachäus sprach. Robert Schuller rät Predigern, bei den Zuhörern bewußt positive Dinge anzusprechen, wie zum Beispiel »Liebe, Freude, Friede, Freundlichkeit, Sanftmut, Glaube, Hoffnung, Humor, Sehnen, Vertrauen, Achtung, Selbstvertrauen, Begeisterung, Ehrgeiz, Mut, Optimismus.« Er empfiehlt hingegen, negative

Empfindungen lieber nicht zu fördern, wie »Furcht, Mißtrauen, Ärger, Vorurteile, Sorge, Verzweiflung, Selbsthaß, Pessimismus.«[14]

*Viertens: Meiden Sie kontroverse Themen.* Mir ist natürlich klar, wie kontrovers es ist, wenn ich hier vorschlage, kontroverse Themen zu meiden. Manche Gemeinden haben in ihrem Leitbild bewußt verankert, daß die Prediger von der Kanzel kontroverse Themen ansprechen sollen. Doch von wenigen Ausnahmen abgesehen hat es sich bestätigt, daß apologetisches Predigen über Streitfragen im großen und ganzen eindeutig ein Faktor ist, der Wachstum hindert. Durch eine ganze Reihe von Untersuchungen, die den Gründen für den Schwund in den traditionellen Kirchen der USA während der letzten zwei Jahrzehnte nachgegangen sind, wurde dies erneut belegt. Die amerikanische Bevölkerung, Christen wie Nichtchristen, wird im Laufe einer normalen Woche schon genug mit kontroversen Dingen belastet. Die Menschen kommen unter anderem auch deshalb in den Gottesdienst, um dort von der Liebe Gottes zu hören, ermutigt zu werden und Trost zu finden.

Die Frage, was ein kontroverses Thema ist und was nicht, wird im Wesentlichen vom Leitbild der Gemeinde bestimmt. In der Gemeinde von Jerry Falwell (USA) ist weder Abtreibung noch das Schulgebet ein kontroverses Thema, da über diese Dinge in der Gemeinde Übereinstimmung herrscht. In anderen Gemeinden können diese Themen durchaus große Kontroversen aufwerfen.

*Und schließlich: Richten Sie Ihre Predigt auf persönliche Bedürfnisse aus.* Wenn Sie über die Nöte und Bedürfnisse der Menschen eines Wohngebietes Aufschluß haben möchten, dann ist die bereits erwähnte Meinungsumfrage ein guter Anhaltspunkt dafür. Sobald Sie intensiv damit beginnen, nach den eigentlichen Nöten und Problemen der Menschen um Sie her zu forschen, werden Sie auf ganz natürliche Weise sehr sensibel auf diesem Gebiet werden - und damit ergeben sich natürlich für Sie viele neue und höchst praktische Predigtthemen. Menschen brauchen Hilfe, und genau diese Hilfe können Sie ihnen in Ihren Predigten vermitteln. Benutzen Sie in Ihren Predigten die Sprache der Menschen, die Sie erreichen wollen. Schauen Sie z. B. regelmäßig »dem Volk auf's Maul«, indem Sie am Zeitungskiosk einen Blick auf die Artikelüberschriften der meistverkauften Zeitschriften werfen. Paul Yonggi Cho sagt: »Die Leute kommen immer mit großen Bedürfnissen und Nöten in die Gemeinde. Wenn der Prediger aber nur von Theologie, Geschichte und Politik redet, wird den Leuten in ihren brennenden Nöten nicht geholfen, und dabei würden sie so dringend die Botschaft des Evangeliums brauchen.«[15] Ihre Predigten müssen biblisch sein, aber auch einfach und leicht verständlich, wenn Sie auf die Bedürfnisse der Zuhörer eingehen wollen. Mir gefällt, wie es Rick Warren einmal ausdrückte: »Es ist eine Sünde, das aufregendste Buch in der Welt zur Hand zu nehmen und die Leute damit zu langweilen.«

Wenn Sie als geistliche Kost positive Predigten anbieten, die an den spürbaren Bedürfnissen der Gottesdienstbesucher anknüpfen, dann wird auch Ihre Predigt zum Wachstum der Gemeinde beitragen können.

# Anmerkungen

**1.** Elmer L. Towns, *»An Analysis of the Gift of Faith in Church Growth«* (Fuller Theological Seminary, Doctor of Ministry Dissertation, Pasadena, Ca, 1983), S. 88-89.

**2.** Merrill E. Douglas und Joyce McNally, »How Ministers Use Their Time«, *The Christian Ministry,* Januar 1980, S. 23.

**3.** Paul Yonggi Cho, *»Successful Home Cell Groups«* (Logos International, Plainfield, NJ, 1981), S. 133.

**4.** Robert H. Schuller, *»Your Church Has Real Possibilities«* (Regal Books, Ventura, 1974), S. 86.

**5.** Für weitere Informationen über *MC510: Signs, Wonders and Church Growth* bestellen Sie das Arbeitsheft *Signs and Wonders Today* von Christian Life, 396 E. St. Charles Rd., Wheaton, Il 60187, USA.

**6.** Lyle E. Schaller, *»Growing Plans«* (Abingdon Press, Nashville, 1983), S. 93.

**7.** Cho, *»Successful Home Cell Groups«,* a.a.O., S. 71.

**8.** Schaller, *»Growing Plans«,* S. 93.

**9.** Richard A. Hertel, »Pioneers and Homesteaders: Settling an Old Boundary Dispute« (Fuller Theological Seminary, Pasadena, Doctor of Ministry Paper, 1982), S. 29.

**10.** Siehe Jack W. Hayford, *»The Church on the Way«* (Chosen Books, Santa Anna, 1982), S. 11 & 16.

**11.** »The Changing Focus of Church Finances«, Interview mit Lyle E. Schaller, *Leadership,* Frühling 1981, S. 15.

**12.** Cho, *»Successful Home Cell Groups«,* S. 47.

**13.** Joe A. Harding, *»Have I Told You Lately. . .?«* (Church Growth Press, Pasadena, CA, 1982), S. 13.

**14.** Schuller, *»Your Church Has Real Possibilities«,* S. 136.

**15.** Cho, *»Successful Home Cell Groups«,* S. 156.

# Wir empfehlen Ihnen weitere Neuerscheinungen aus unserem Verlag:

**Charles H. Kraft, Abschied vom aufgeklärten Christentum. Von der Natürlichkeit des Übernatürlichen.**
Die Aufklärung ist am Christentum nicht spurlos vorübergegangen, sondern hat es in vielerlei Hinsicht gefangengelegt und blockiert. Ein Weltbild, in dem der Verstand die wichtigste Rolle spielt, ist zutiefst unchristlich. Der mutige Schritt zum kindlichen Glauben an einen großen Gott bedeutet dehalb auch kein "Abgeben des Kopfes an der Garderobe", sondern ist in Wirklichkeit ein wichtiger Schritt zu geistlicher Reife und Erfüllung. Ein leicht lesbares Buch für Christen, die entdecken wollen, was es praktisch bedeutet: »Verlaß dich auf den Herrn von ganzem Herzen, und verlaß dich nicht auf den Verstand.«
ISBN 3-927534-10-2, Pb., ca. 246 Seiten, DM/SFr. 19,80.

**Brigitte Alge, Dominik Weiss, Abenteuer in Rumänien. Schwache Schritte für einen starken Gott.**
Rumänien braucht Hilfe! Was geschieht, wenn Jugendliche »aus dem reichen Westen« das Heft selbst in die Hand nehmen und versuchen, auf *ihre* Art diesem Land und der Bevölkerung Rumäniens - vor allem den Kindern - vor Ort zur Seite zu stehen? Eine mutige Gruppe von Jugendlichen faßt hier ihre Erlebnisse und Erfahrungen zusammen. Nachahmung empfohlen!
ISBN 3-9278534-16-1, Pb., 98 Seiten, DM/SFr. 9,80.

**Wolfgang Simson, Kreative Evangelisation.**
Kreative Evangelisation bedeutet nicht, daß wir bislang »Schwarz-weiß« evangelisiert haben - und nun tun wir dasselbe »in Farbe«. Kreative Evangelisation bedeutet, dem Schöpfer gemäß zu evangelisieren. Einseitigkeit und Methodengläubigkeit entspricht jedoch kaum der Ideenvielfalt unseres genialen Schöpfers. Oft sind wir einfach verliebt in manche Evangelisationsmethoden und haben verlernt zu fragen, ob Christus tatsächlich das dadurc h bewirken kann, wonach er sich sehnt: viel Frucht. Wie lernen wir es also, kreativ zu evangelisieren?
ISBN 3-927534-15-3, Tb., 96 Seiten, DM/SFr. 9,80.

**David W. Shenk / Ervin R. Stutzmann, Neue Gemeinden. Gemein-
degründung im Neuen Testament und heute.**

Die Gemeinde ist das Missionszentrum Gottes. Und zu dieser Sendung
Gottes gehört es, daß Gemeinden sich in einem natürlichen Vermeh-
rungsprozeß multiplizieren. Das gehört zu ihrer Natur. Doch darf
Quantität hier keineswegs auf Kosten der Qualität gehen. Wir brauchen nicht nur mehr Gemeinden, sondern vor allem Gemeinden, die
ein echtes Spiegelbild der Herrschaft Gottes sind. Die Autoren legen
diese Herausforderung in der Form einer zugleich nüchtern-ausgewo-
genen als auch erregenden biblischen Studie vor.
ISBN 3-927534-12-9, Pb., 208 Seiten, DM/SFr. 19,80.

**William Lerrick, Gottes Stimme hören.**

Jesus sagt: Meine Schafe hören meine Stimme. Wenn Christen heute
die Stimme Gottes nicht mehr klar und eindeutig vernehmen können,
so stimmt etwas nicht mit ihnen. In seinem Buch gibt William Lerrick,
durch zahlreiche Vorträge in Europa bekannter Evangelist aus der in-
donesischen Erweckungsbewegung, eine praktische und inspirierende
Anleitung zu diesem wichtigen Thema.
ISBN 3-927534-11-0, Tb., 96 Seiten, DM/SFr. 12,80.

**Wolfgang Simson, Das Übernatürliche im Neuen Testament. Stu-
dienunterlagen über den biblischen Stellenwert von Zeichen und
Wundern im Gemeindeaufbau.**

Erfahrungen sind eine Sache – biblische Aussagen eine andere. Um
einem Abgleiten in eine erfahrungsorientierte und oberflächliche Theologie vorzubeugen, ist gründliches Bibelstudium unerläßlich. Dieses
umfassende Studienmaterial bietet wichtige Wortstudien, ein Kapitel
über Vorsicht und Prüfung bei Zeichen und Wundern, eine komplette
Aufstellung und Analyse aller übernatürlichen Vorkommnisse im NT,
sowie eine Untersuchung des Zusammenhangs von Wort, Werk und
Wunder in der Evangelisation.
ISBN 3-927534-13-7, Ringheftung, 100 Seiten, DM 30,– , SFr. 29,-

**C. O. Neubauer, Sex und Mord im Leben des Herodes.**

Diese spannende Erzählung, ursprünglich vom erwecklichen ungari-
schen Bischof Turóczy vorgestellt, wurde von C.O. Neubauer für die
deutsche Sprache übertragen. Sie eignet sich nicht nur zum Vorlesen
und Selber-Lesen (große Schrift!), sondern dient auch als Beispiel für
vorbildliche exegetische Interpretation eines biblischen Textes.
ISBN 3-927534-14-5. Tb., 120 Seiten, DM/SFr. 9,80.